代　文　庫

昭和天皇の戦争

「昭和天皇実録」に残されたこと・消されたこと

山田　朗
Akira Yamada

学術 469

岩波書店

岩　波　現　代　文　庫

増補
昭和天皇の戦争

「昭和天皇実録」に残されたこと・消されたこと

山田　朗

Akira Yamada

学術 469

岩波書店

はじめに――「昭和天皇実録」に残されたこと・消されたこと

本書の目的

昭和天皇の公式伝記である宮内庁編纂「昭和天皇実録」全六〇巻(以下、「実録」と記す)は、二〇一四年九月九日に一般公開された。二〇一五年三月からは、東京書籍株式会社から全一九巻(本文一八巻・索引一巻)に再構成され、小見出しを加えた「実録」の刊本(以下、刊本と記す)の出版も進められており、二〇一八年には本文が完結、一九年には索引が刊行される。(1) 全六〇巻・約一万二〇〇〇頁におよぶ膨大な「実録」については、一般公開直後から新聞・テレビでも大きく取り上げられた。また、刊本の発行が、戦時期を対象とする巻まで進んでいない時期においても、戦争と天皇の関係について「実録」を使って検討しようとする多くの書籍が刊行された。(2)

それらの中で「実録」は、過去の戦争の時代を検証する素材として使われている。「実録」は、一般には閲覧できない旧宮内省の内部史料を非公開のものまで含めて活用し、天皇の言動が詳細に記録され、日々の宮中儀式、天皇への拝謁者、慶弔のための勅使派遣、奏上者とその案件、政府と宮中の重要な決定事項が逐一盛り込まれていて、その史料的価値は相当に高い。「実録」は、天皇・宮中を中心に描いた詳細な「昭和史日録」の機能を持っていて、歴史学研究にとってもその意義は大きいといえる。また割注で人物や事項についての解説も適宜なされており、記述も比較的平易で、一般読者に一定の配慮がなされている。軍事史の分野に限っても、大本営会議の日時や主な内容など「実録」によって初めて確定できたものも少なくない。また、天皇側近でなければ記録することができない天皇の「肉声」ともいえる情報が記されているのも、「実録」ならではの特徴である。たとえば、「実録」一九四〇(昭和一五)年七月三一日の条にはこのような記述がある。

夕刻、常侍官候所にお出ましの際、側近奉仕者より昨(六)月二十二日コンピエーニュの森【前欧洲大戦における仏独停戦協定の調印地】における独仏休戦会談のニュースの話をお聞きになり、左の御感想を述べられる。
何《ど》ウシテアンナ仇討メイタコトヲスルカ、勝ツトア丶云フ気持ニナルノカ、ソレトモ国民カア丶セネハ承知セヌノカ、ア丶云フヤリ方ノ為メニ結局戦争ハ絶エヌノデハナイカ(3)

第二次世界大戦は前年九月に始まっていたが、西部戦線では「フォニー・ウォー」(いかさまの戦争)」と言われたような静寂の後、一九四〇年五月に突如としてドイツ軍による怒濤のような西方攻勢が開始され、六月にフランスはドイツの軍門に降った。ドイツ側は、第一次世界大戦の降伏文書の調印が行われた同じコンピエーニュの森に同じ客車を運び込み、そこでフランス側に降伏文書への調印を迫った。このドイツの仇討ちのようなやり方を、昭和天皇は側近への内輪話で批判したのである。また、同年一〇月一二日の条でも、昭和天皇は、わざわざ侍従武官がいない時に、宮中の側近に対して次のように自身の感想を漏らしている。

天皇は、御夕餐前後の二度にわたり、常侍官候所にお出ましになり、御談話になる。この年の米作状況・食料問題につき、米のみに依存することは如何と仰せになる。また、侍従武官の陪席がない折、支那が案外に強く、事変の見透しを皆が誤り、特に専門の陸軍すら観測を誤ったことが今日各方面に響いてきていると仰せになる。(4)

天皇は、一九三七年の盧溝橋事件から始まった日中戦争について、陸軍をはじめ皆がその見通しを誤り、それが現在(一九四〇年一〇月)まで響いていると語ったのである。これは、泥沼化した日中戦争への行き詰まり感と、事態を打開できない軍部への不信感を率直に表明したものと言ってよいであろう。「実録」には、このような天皇の内面の吐露ともいえるような記述もあり、記録として残すべきものを残しているといえる。
だが、すでに刊行されている多くの書籍においても、「植民地支配と侵略」や天皇の戦争指導を分析する素材として「実録」はまだ部分的にしか検証されていないのが実情である。そもそも「実録」は、「植民地支配と侵略」や天皇の戦争指導を分析する歴史資料となりうるものなのだろうか。とりわけ、戦争中の戦略・戦術に関する天皇の積極的な発言はどのように記録されているのか。詳しくは、本論で検討するが、たとえば、ソロモン諸島と東部ニューギニアをめぐる激しい戦闘が繰り返されていた一九四三年八月五日、参謀本部作戦課長であった真田穣一郎大佐の日記によれば、戦況奏上（参謀総長による戦況報告）の際に、天皇は、参謀総長・杉山元大将と次のようなやり取りをしたという。

御上　何《いず》レノ方面モ良クナイ　米軍ヲピシャリト叩ク事ハデキナイノカ
総長　両方面（ラエ・サラモアとムンダ方面）トモ時間ノ問題デハナイカト考ヘマス
　第一線トシテハ凡有《あらゆ》ル手段ヲ尽シテイマスガ誠ニ恐懼ニ堪エマセヌ
御上　ソレハソウトシテソウヂリヂリ押サレテハ敵ダケテハナイ　第三国ニ与ヘル影響モ大キイ　一体何処デシッカリヤルノカ何処デ決戦ヲヤルノカ今迄ノ様ニヂリヂリ押サレルコトヲ繰返シテイルコトハ出来ナイノデハナイカ
総長　海上ノ力モ十分ニ発揮シ航空ノ力モ発揮シテ「ワウ」ヲ取リ「ソロモン」方

面モ既得ノ足場ヲシッカリ堅メテ敵ヲ叩ク考ヘデアリマシタガ事志ト違ヒ申訳御座イマセヌ

御上　今度ハ一ツ今迄ノ様テナク米側ニ「必勝ダ必勝ダ」ト謂ハセナイ様ニ研究セヨ(5)

天皇は矢継早に「米軍ヲピシャリト叩ク事ハデキナイノカ」「一体何処デシッカリヤルノカ何処デ決戦ヲヤルノカ」と決戦を促している。杉山参謀総長は「恐懼ニ堪エマセヌ」「事志ト違ヒ申訳御座イマセヌ」とひたすら詫びるばかりである。五月のアッツ島「玉砕」直後から高まった天皇の決戦要求は、この時期に一つの頂点に達した。だが、これだけの激しいやり取りがなされた八月五日の「実録」の記述は、杉山参謀総長の奏上に関する限り、

午前十一時三十分、御学問所において参謀総長杉山元に謁《えつ》を賜い、我が軍の戦況並びにシチリア島における戦況につき奏上を受けられる。○侍従日誌、侍従職日誌、内舎人日誌、侍従武官日誌、陸軍上聞書控簿、百武三郎日記、尾形健一大佐日記、真田穣一郎少将日記、陣中日誌(6)

とあるだけである。「実録」においては、決戦を強く要求する天皇の発言は、完全に消されてしまっている(なお、「実録」のこの引用部分に記されているシチリア島の件は、本書第六章で触れる)。

このように「実録」では、天皇の発言を裏付ける資料『真田穣一郎少将日記』があるにもかかわらず、また、そういった資料を確実に参照しているにもかかわらず(「実録」にはしばしば『真田穣一郎少将日記』が典拠として掲げられている)、歴史叙述として採用されずに消されてしまっている。史料批判の結果、『真田穣一郎少将日記』の当該個所は採用しない、という判断は歴史叙述の常として当然あるだろう。しかし、本書で検討するように、「実録」においては、天皇の戦争・戦闘に対する積極的発言とみなされるものは、極めて系統的に消されてしまっているのである。

あえて消されてしまっている部分があることは歴史叙述としては確かに問題があるが、そのことをもって「実録」の資料的価値が低いと断じてしまうのは早計だろう。検証の仕方によっては、「実録」は、「植民地支配と侵略」や天皇の戦争指導といったことを考察する上での貴重な資料になりうると考えられる。なぜならば、昭和天皇の「正史」としての「実録」に何がどのような観点で残され、そして何があえて消されたのかを検証することで、戦後七〇年以上を経過した時点での〈戦争の記憶〉の〈公的な継承〉[7]の到達点と問題点(欠落点)が見えてくるからである。

そこで本書では、昭和天皇と戦争・軍事という要素を縦糸に、残されたこと・消されたことを横糸にして、「実録」の記述の特徴と問題点、資料としての価値について分析してみたい。

本書の構成

本書の構成と各章のねらいについて説明しておこう。

第Ⅰ部「大元帥としての天皇――軍事から見た「昭和天皇実録」の特徴」(第一章・第二章)では、昭和戦前期における天皇と国家戦略・軍事戦略との関係、天皇と国民統合・軍隊統率との関係など様々なファクターを全体的に検討し、第Ⅱ部「昭和天皇の戦争――即位から敗戦まで」(第三章〜第六章)では、天皇の戦争指導に焦点をあてて「実録」が何を歴史的記録として残し、何を残さなかった(消去してしまった)のかを検証する。

第一章「国務と統帥の統合者としての昭和天皇」においては、昭和天皇が国策・軍事戦略に深く関わった場としての国策決定のための御前会議(大本営政府連絡会議に天皇が出席し国策を決定する場)と大本営会議(軍事戦略を決定する場)、そして天皇の判断材料となったと考えられる統帥部による戦況奏上(直近の戦況についての報告)を検証する。「実録」では、これらの二種類の御前会議の日時・場所・出席者名・主な議題などについては、かなり詳しい叙述がなされているが、取り上げ方の軽重、会議・奏上内容のピックアップの仕方という点では、違いが見いだせる。重要な御前会議の決定内容の一部が叙述されていなかったり、当然、天皇が把握していたであろう重要な大本営政府連絡会議での決定事項について言及されていない、といったことが確認できる。叙述されることと叙述されないことの境界線はどこになるのかが検証のポイントとなる。

第二章「軍事と政治・儀式のはざま」においては、大元帥としての天皇が出席する様々な軍事儀式のうち観兵式と陸海軍の特別大演習に焦点をあて、その軍事的意味と政治的な役割を考察する。ここでは、「実録」ならではの記録・叙述を活用して、極めて大規模に実施されたこれらの軍事儀式において国民統合・将兵の団結に天皇が非常に重要な働きをしていること、その反面、システムとしての儀式が、天皇の健康状態や天候、宮中の服喪の習慣などによってしばしば中止されるという脆弱な側面を内包していたことを明らかにしたい。

第三章「軍部独走への批判から容認へ——満洲事変期」においては、大元帥・昭和天皇の思考・行動の基本パターンが形成される張作霖爆殺事件から二・二六事件に至る時期に焦点をあてる。この時期に天皇は、対外膨張主義に傾斜する陸軍の「暴走」を憂慮しつつも、田中義一叱責と内閣総辞職、政府方針未確認のままの熱河作戦裁可など天皇自身の勇み足もあり、非常に厳しい立場に追い込まれてしまう。天皇は、事態を憂慮しつつも、大陸における権益拡大と国威発揚ということに対しては、どのような姿勢をとったのか、具体的に検証したい。また、二・二六事件に際しては、天皇とそれを支える役割を担うはずの皇族軍人たちとの関係を考察する。

第四章「戦争指導・作戦指導の確立――日中戦争期」においては、政・戦略の統合を図るために御前会議の開催を求めたり、将官人事への介入を図るなど、日中戦争前半期（一九三七～一九四〇年）の天皇の言動に注目するとともに、張鼓峰《ちょうこほう》事件や宜昌《ぎしょう》作戦に見られるように、当初は現地軍の行動拡大を強く差し止めていたり、慎重であるかに見えた天皇が、実際に戦闘が起きるとその成功を賞賛したり、戦略的価値ありと見るや前言を翻して積極的作戦を促すなど、急角度に言動を変化させ、作戦行動に大きな影響を与えたことについて検証する。

第五章「アジアとの戦争／欧米との戦争――南進と開戦」においては、武力南進期から緒戦期（一九四〇～一九四二年）の事例を検証する。「実録」で強調される天皇の慎重・平和主義の内実を、「実録」と他の資料を比較検討することで明らかにしたい。

第六章「悪化する戦況と「国体護持」――戦争指導と敗戦」においては、前半で、ガダルカナル攻防戦からその後のニューギニア・ソロモンをめぐる天皇の決戦要求などを取り上げて、「実録」ではほとんど消されてしまっている天皇の戦争指導について検証したい。また、これも「実録」では具体的には記されていない、天皇に提供されていた軍事情報について確かめておく。さらに後半では、「終戦」の「聖断」とは、どのようなプロセスを経て実現したものなのか、「実録」の「聖断」ストーリーの欠落点を改めて明らかにしたい。

＊　＊　＊

そもそも、今日、なぜ「実録」の検討が必要なのであろうか。「実録」は、宮内庁という公の機関が、多大な時間と労力をつぎ込んで編集した昭和天皇の公式の伝記である。それが刊行された以上、昭和天皇とその時代を語る上で、一度は参照しなければならない重みのある存在にならざるを得ない。その影響は、非常に大きなものとなるであろう。一部の歴史研究者を除いて、「実録」に叙述されているのだから史実であろう、そこに記されているのだから確かなことであろうと見做されてしまう恐れもある。つまり、「実録」において書き残されたことは、疑いのない史実として継承されていく反面、そこで消されてしまったことは、無かったこと、不確実なこととして忘れ去られていく可能性が高い。

「昭和」の終焉から三〇年近くが経過したが、昭和戦後期に形成された天皇平和主義者論や「情報は天皇に達していなかった」とする見方は、依然として幅広く流布している。天皇平和主義者論は、「実録」においても拡大再生産されているが、問題は、天皇の「平和主義」の中身を考察することである。私は、これまでに昭和天皇と戦争との関わりについて研究してきたが、「実録」の公開・刊行を契機に、「実録」で書き残されたこと、消されてしまったことを整理し、残されたことは残されたことでその価値を認めるとともに、消されたことであっても、決して私たちの記憶から消してしまって良いものでないということを確認したい。そして、「実録」で書き残されたことからも軍事大国の君主としての天皇の「平和主義」の中身が見えてくるであろうし、本当に天皇は情報から疎外されていたのかを検証することができるであろう。また、「実録」で消されてしまったことを浮き彫りにすることで、書かれなかったことから、逆に歴史の真実を読み取りたい。

＊　　＊　　＊

なお、本書は、昭和天皇の戦争指導、戦争を遂行するシステムとしての天皇制ということに焦点をあてた関係上、私がこれまでに発表してきた『昭和天皇の戦争指導』(昭和出版、一九九〇年)とその増補改訂版である『大元帥・昭和天皇』(新日本出版社、一九九四年)、さらにはそのアカデミックバージョンである『昭和天皇の軍事思想と戦略』(校倉書房、二〇〇二年)などと内容において重複する部分もあることをお許し願いたい。また、天皇の軍事面での発言や国家指導層の戦争指導についてさらに詳しくは、これらをご参照いただければ幸いである。

目　次

第II部　昭和天皇の戦争――即位から敗戦まで

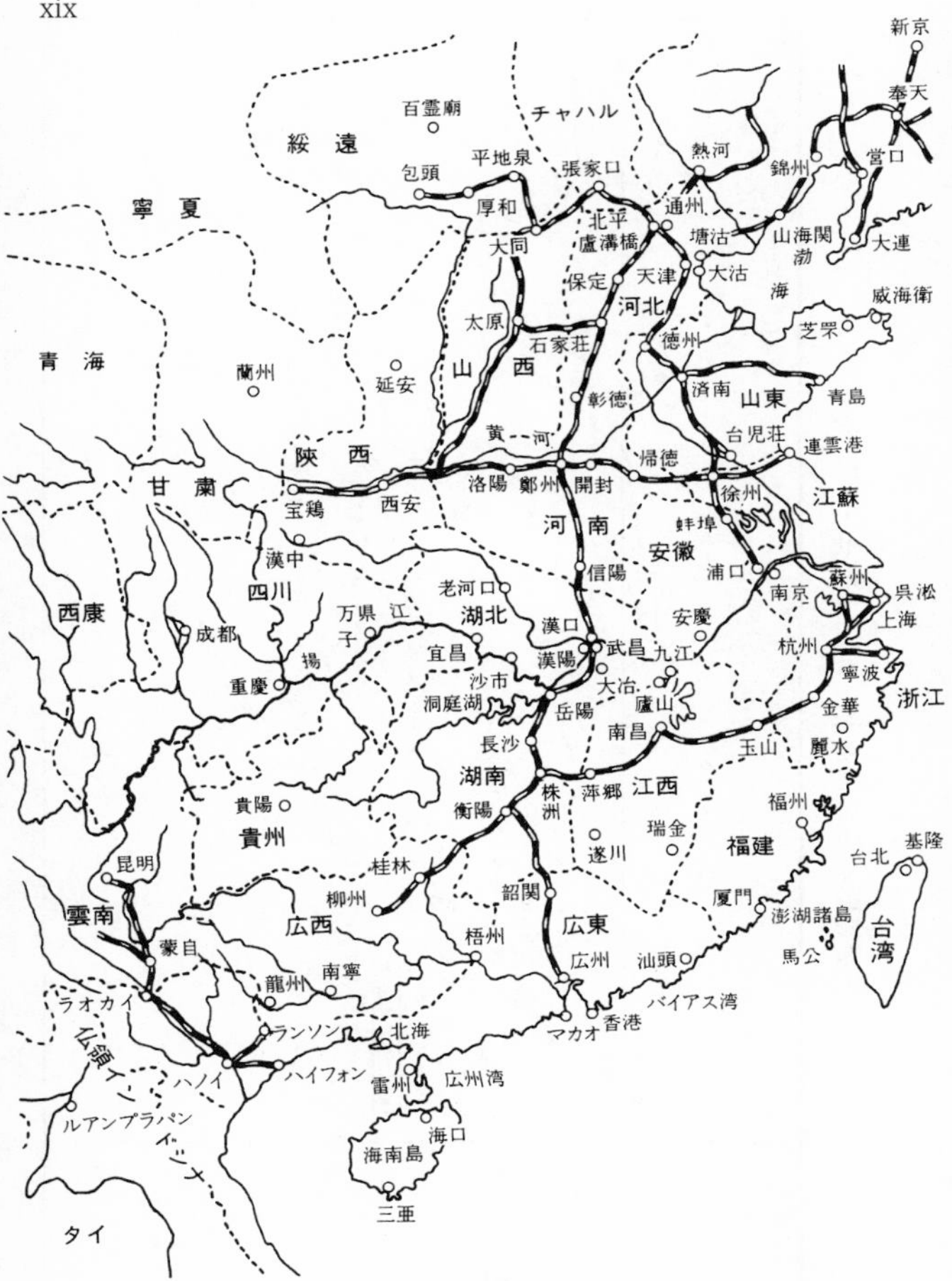

日中戦争関係地図

（江口圭一『十五年戦争小史』青木書店，1986年より）

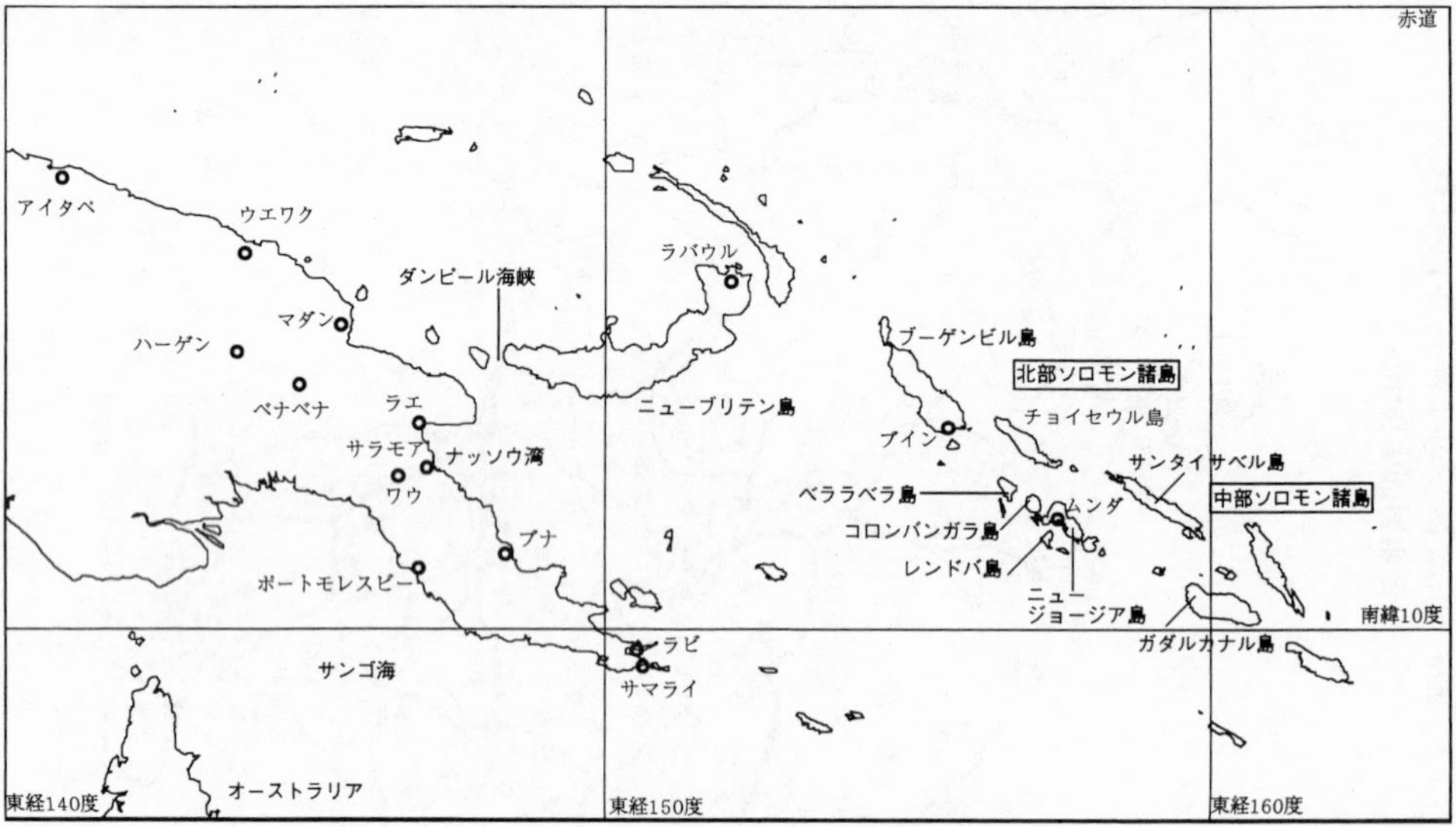

東部ニューギニア，中・北部ソロモン諸島要図

第Ⅰ部

大元帥としての天皇

――軍事から見た「昭和天皇実録」の特徴

第一章　国務と統帥の統合者としての昭和天皇

本章においては、国務と統帥の統合者としての天皇についての「昭和天皇実録」の叙述の特徴を明らかにしたい。とりわけ、「実録」で描かれた「御前《ごぜん》会議」(国策決定のための御前会議)を中心とした国家意思・国家戦略の決定、「大本営会議」(大本営御前会議)における軍事戦略の決定、諸決定の基礎となる天皇に対する「戦況奏上《そうじょう》」(戦況報告)の様相に焦点をあて、「実録」に記録として残されたこと、消されたことを検討したい。

1　国策決定のための御前会議

「実録」では、宮中における日常の行事や天皇への拝謁・奏上などの記録については、かなり丁寧な叙述がなされている。だが、「実録」が昭和天皇の公式な伝記であり、昭和史の国家的記録である以上、昭和戦前期の日本を対外戦争へと進ませた重要な国策決定(御前会議決定、大本営政府連絡会議決定)や戦略決定(大本営御前会議決定)についてどこまで具体的な記録が残されているのかが注目されるところである。

戦前期における「御前会議」には、通常、単に「御前会議」と呼称される国策決定のための御前会議と「大本営会議」と呼称される大本営御前会議があるが、本節では、国策決定のための御前会議と大本営政府連絡会議を中心に検証してみよう。

国策決定のための御前会議とは、一九三七(昭和一二)年一一月に日本陸海軍の戦時最高司令部である大本営が設置されたことにともない、大本営と政府との連絡協議体である大本営政府連絡会議が設けられ、重要事項の決定の場合には、そこに天皇の出席を仰ぎ御前会議とするとされたものである。通常の出席者は、天皇、大本営代表として参謀総長・軍令部総長・参謀次長・軍令部次長、政府代表として内閣総理大臣・外務大臣・陸軍大臣・海軍大臣・大蔵大臣・内務大臣、そして枢密院議長である(事務局員として陸海軍の軍務局長・内閣書記官長、議題によっては、他の軍部首脳・閣僚が出席することもある)。なお、後述する大本営御前会議(大本営会議)とは、大本営における軍事戦略・作戦の最高決定機関で、通常の出席者は、天皇、参謀総長・軍令部総長・陸軍大臣・海軍大臣・参謀次長・軍令部次長・参謀本部作戦部長・軍令部作戦部長(事務局員として参謀本部作戦課長・軍令部作戦課長)である。

まず、一九三八年一月一一日開催の第一回から一九四五年八月一四日開催の第一五回までの御前会議の「実録」における取り扱い(記述内容)は**表1**の通りである。

表1　御前会議についての「実録」での記述内容

回数	内閣	決定文書名	開催年月日	「実録」での記述内容
第1回	近衛	支那事変処理根本方針	1938年1月11日	出席者名，文書名とその要旨
第2回	近衛	日支新関係調整方針	1938年11月30日	出席者名と文書名
第3回	近衛	日独伊三国条約締結ニ関スル件	1940年9月19日	出席者名，文書名と審議過程
第4回	近衛	支那事変処理要綱ニ関スル件ほか	1940年11月13日	出席者名，文書名とその要旨
第5回	近衛	情勢ノ推移ニ伴フ帝国国策要綱	1941年7月2日	出席者名，文書名と決定全文
第6回	近衛	帝国国策遂行要領	1941年9月6日	出席者名，文書名とその要旨
第7回	東條	帝国国策遂行要領	1941年11月5日	出席者名，文書名と決定全文
第8回	東條	対米英蘭開戦ノ件	1941年12月1日	出席者名，文書名と審議過程
第9回	東條	大東亜戦争完遂ノ為ノ対支処理根本方針	1942年12月21日	出席者名，文書名とその要旨
第10回	東條	大東亜政略指導大綱	1943年5月31日	出席者名，文書名とその要旨
第11回	東條	今後採ルヘキ戦争指導ノ大綱ほか	1943年9月30日	出席者名，文書名，決定の一部引用，一部要旨(注)
第12回	小磯	今後採ルヘキ戦争指導ノ大綱ほか	1944年8月19日	出席者名，文書名と天皇発言
第13回	鈴木	今後採ルヘキ戦争指導ノ基本大綱	1945年6月8日	出席者名，文書名と決定全文
第14回	鈴木	(ポツダム宣言受諾の可否について)	1945年8月10日	出席者名と審議過程
第15回	鈴木	(ポツダム宣言受諾の最終決定)	1945年8月14日	出席者名と審議過程

注：第11回御前会議は，「今後採ルヘキ戦争指導ノ大綱」は全文，「今後採ルヘキ戦争指導ノ大綱ニ基ク当面ノ緊急措置ニ関スル件」は要旨を掲載している．

表1から分かるように、国策決定のための御前会議(全一五回)についての記述で一貫しているのは出席者名と決定文書名(決定事項)であり、その決定文書の全部を引用しているもの三回、部分引用一回、要旨六回(部分引用との併用一回を含む)、審議過程四回で、文書名のみ掲載二回ということになる。つまり、同じ御前会議とはいえ、その内容の取り扱い方、とりわけ決定文書の引用や審議過程の記録は、一様ではないということである。また、御前会議の叙述に関していえば、従来、明らかになっていること以上のものはほとんどないように思われる。

それでは、天皇が直接出席していないものの、国家戦略に関わる重要決定がなされた大本営政府連絡会議を含めて考えるとどうなるであろうか。たとえば、一九四一年の重要決定事項についての「実録」での取り扱いは**表2**の通りである。

表2で明らかなように、極めて重要なものであっても、天皇が出席していない大本営政府連絡会議での決定については、全文が掲載されることはなく、文書名のみ、あるいは詳しくても要旨にとどまっている。しかし、要旨にとどまっていたとしても、非常に重要なことがピックアップされていれば、それはそれで良いであろう。その点を確かめてみよう。

「実録」では、**表2**①「対独伊「ソ」交渉案要綱」(一九四一年二月八日大本営政府連絡会議決定)については次のように記述されている(【　】は原文の割注、〔　〕は著者による補足。

表2　1941年における重要決定事項と「実録」での取り扱い

決定機関	決定文書名	決定年月日	「実録」での取り扱い
①大本営政府連絡会議	対独伊「ソ」交渉案要綱	1941年2月8日	決定の要旨を掲載(2月10日). 上奏されたが, 裁可の有無なし
②御前会議	情勢ノ推移ニ伴フ帝国国策要綱	7月2日	決定の全文を掲載(7月2日)
③御前会議	帝国国策遂行要領	9月6日	決定の要旨を掲載(9月6日)
④御前会議	帝国国策遂行要領	11月5日	決定の全文を掲載(11月5日)
⑤大本営政府連絡会議	対米英蘭蔣戦争終末促進ニ関スル腹案	11月15日	記載なし
⑥大本営政府連絡会議	南方占領地行政実施要領	11月20日	文書名のみ記載(11月26日). 独立運動の当面の抑制には触れず
⑦御前会議	対米英蘭開戦ノ件	12月1日	審議過程を掲載(12月1日)

以下同じ)。

一九四一(昭和一六)年二月一〇日　月曜日

午前十時二十分、御学問所に出御《しゅつぎょ》され、病気の首相に代わって参内の外務大臣松岡洋右《ようすけ》に一時間四十分にわたり謁《えつ》を賜う。その際、外相より自身の欧洲訪問、及び対独伊ソ交渉案要綱【二月八日大本営政府連絡会議決定】につき奏上を受けられ、外相の訪欧を御聴許になる。対独伊ソ交渉案要綱は主な内容として、ソ聯邦をして独国外相リッベントロップの提案【一、ソ聯邦は日独伊三国条約の趣旨に同調すること、一、三国及びソ聯邦は各々他方を敵とする国家を援助し、又はこの種の国家群に加わらないこと、一、将来の勢力範囲の設定に関して四国間に秘密了解を遂げること】を受諾せしめ、同国を日独伊三国の英国打倒政策に同調せしめるとともに、日ソ間の国交調整【独国の仲介による北樺太の買収、新疆・外蒙古におけるソ聯邦の利権及び北支那・蒙疆における日本の利権の相互承認、援蔣行為の放棄等】を期すること、世界を四大圏【大東亜圏、欧洲圏、米洲圏、ソ聯圏】に分割し、日本は大東亜共栄圏地帯に政治的指導者の地位を占め、秩序維持の責任を負うこと、日本は極力米国の参戦を不可能にするための行動・施策につき独国当局との了解を遂げ置くこと、日本が欧洲戦争に参加する場合には独伊等の友好国との間に単独不講和協定を締結すること、ソ聯邦が日満両国を攻撃する場合には独伊両国はソ聯邦を攻撃すること、独国は極力日本の軍備充実を援助し、日本は独国に対して原料及び食糧の供給に努めること、支那との全面的和平促進のため、さらに日独両国間に懇談を遂げること、以上諸目的の貫徹のため外相は渡欧の上、独伊ソ各国政府と交渉し、要すれば条約を締結することを掲げる。○侍従日誌、侍従職日誌、内舎人日誌、侍従武官日誌、日本外交文書、百武三郎日記、百武三郎関係資料、木戸幸一日記、侍従武官城英一郎日記、松岡外相執務日誌、杉山メモ(1)

この大本営政府連絡会議決定は、日本のこれからの国家戦略を左右する極めて重要なものであり、「実録」でも御前会議なみの詳しい記述がなされている。「実録」の記述では、この決定は二月八日となっているが、外務省編『日本外交文書』や参謀本部編『杉山メモ』(参謀本部戦争指導班が記録・保存した文書綴)では二月三日の第八回大本営政府連絡懇談会において決定されたことになっている。だが、三日の審議過程で一項目を修正することになったので、あらためて八日に最終決定がなされたもののようである。(2)外交史料館所蔵の原資料(3)には、そのことは記されていないが、『日本外交文書』掲載の同文書の末尾には「編注」として、「本文書は、昭和十六年二月三日大本営政府連絡会議懇談会での修正を経て、二月八日近衛首相、平沼内相、東条陸相、及川海相、杉山参謀総長、近藤軍令部次長の署名をとりつけたのち、二月十日に松岡外相が上奏し裁可を得たもの(4)」とあり、この文書の政府・大本営代表者における最終決定が八日であることが示されている。

なお、正式文書の重要部分は、以下の通りである。

一、蘇聯ヲシテ所謂《いわゆる》「リッペントロップ」腹案ヲ受諾セシメ右ニ依リ同国ヲシテ英国打倒ニツ　キ日、伊ノ政策ニ同調セシムルト共ニ日、蘇国交ノ調整ヲ期ス〔中略〕

三、帝国ハ大東亜共栄圏地帯ニ対シ政治的指導者ノ地位ヲ占メ秩序維持ノ責任ヲ負フ　右地帯居住民族ハ独立ヲ維持セシメ又ハ独立セシムルヲ原則トスルモ現ニ英、仏、蘭、葡等ノ属領タル地方ニシテ独立ノ能力ナキ民族ニ付テハ各其能力ニ応シ出来得ル限リノ自治ヲ許シ我ニ於テ其統治指導ノ責ニ任ス　経済的ニハ帝国ハ右地帯内ニ於ケル国防資源ニ付優先的地位ヲ留保スルモ其他ノ一般的通商企業ニ付テハ他ノ経済圏ト相互的ニ門戸開放機会均等主義ヲ適用ス

四、世界ヲ大東亜圏、欧洲圏（「アフリカ」ヲ含ム）、米洲圏、蘇聯圏（印度、「イラン」ヲ含ム）ノ四大圏トシ（英国ニハ濠洲及「ニュージーランド」ヲ残シ概ネ和蘭待遇トス）帝国ハ戦後ノ講和会議ニ於テ之カ実現ヲ主張ス

五、日本ハ極力米国ノ参戦ヲ不可能ナラシムル趣旨ヲ以テスル行動施策ニ付独逸当局トノ諒解ヲ遂ケ置クコトトス（中略）

九、松岡外相ハ渡欧ノ上独、伊、蘇各国政府ト交渉シ前記要領ノ貫徹ニ努力シ要スレハ条約ヲ締結ス(5)

すなわち、この大本営政府連絡会議決定は、世界を「大東亜圏」・「欧洲圏」（アフリカを含む）・「米洲圏」・「蘇聯圏」（インド・イランを含む）の「四大圏」に分割することを今次大戦の講和会議において主張すること、その提案（元来はドイツのリッベントロップ腹案）を

ソ連に受諾させる（ソ連を三国同盟陣営に包摂する）ことなどを決めたものである。「実録」は、おおむね重要なところに触れ、「四大圏」やそこにおける「大東亜共栄圏地帯」についても記述しているが、原文書の傍線部のような刺激的な文言については触れていない。

だが問題は、『日本外交文書』の「編注」に記されている「二月十日に松岡外相が上奏し裁可を得たもの」である。つまり、日本政府・大本営は国策（国家戦略）としてドイツ提案の「世界四分割論」を基本的に承認し、そのことについて天皇も裁可を与えたとされている。この「対独伊「ソ」交渉案要綱」に基づいて、一九四一年四月には松岡洋右外相が渡欧して、ソ連との間に「日ソ中立条約」を電撃的に締結するのである。このような極端な膨張主義的な国策決定について「実録」では、「要綱」そのものが奏上されたことは記されているが、裁可の有無については触れていない。一般に「上奏」とは天皇に決裁を求める際の言い方であり、「実録」に記されている「奏上」は天皇への報告を意味する。「世界四分割」という構想に対して、天皇が裁可を与えたのか否か、「実録」は報告を受けたにとどまる、との解釈を示しているが、明らかに「実録」が参照し、典拠にもあげている『日本外交文書』では、天皇に対して上奏され、裁可を受けたと記述されているのである。

次に、**表2**②「情勢ノ推移ニ伴フ帝国国策要綱」（七月二日御前会議決定）は、「大東亜共栄圏」の建設、「支那事変処理ニ邁進」すること(日中戦争を継続)、「自存自衛ノ基礎ヲ確立スル為南方進出ノ歩ヲ進メ」ること(南進路線の強化)、「情勢ノ推移ニ応シ北方問題ヲ解決ス」ること(対ソ戦の実施)、そして、「帝国ハ右目的達成ノ為如何ナル障害ヲモ之ヲ排除ス」という強硬路線を決定し、南進路線の強化のためには、「帝国ハ本号目的達成ノ為対英米戦ヲ辞セス」[6]と決定した。これについて「実録」は、決定文書の全文を掲載している。「対英米戦ヲ辞セス」としたこの御前会議決定は、その後の日本の路線を決定づけた重要なものであり、それが全文掲載されていることは当然なことだといえるし、史実の記録という観点から適切なものであろう。その後の御前会議決定**表2**③・④に関する叙述もおおむねこの方法は踏襲されている(③は要旨の掲載であるが、重要な個所は決定の原文が載せられている)。

しかしながら、こうした史実の正確な記録という姿勢は、開戦が目前にせまった段階での**表2**⑤「対米英蘭蔣戦争終末促進ニ関スル腹案」(一一月一五日大本営政府連絡会議決定)や⑥「南方占領地行政実施要領」(一一月二〇日大本営政府連絡会議決定)では示されていない。⑤の決定は、日本が南方資源地帯を確保して「長期自給自足ノ態勢」を固めるために、まずは米海軍力に大打撃を与え、独ソ両国の講和を日本が斡旋して、ドイツの戦力を英国に指向させて英国の脱落を図り、孤立した米国の戦意喪失を待つ、という戦争終結のためのシナリオである。この中には昭和天皇自身が提案したバチカンなどの中立国への働きかけも盛り込まれており、[7] このシナリオを天皇が知らなかったとは考えられない。だが、「実録」は、史料(原資料)の引用はおろか、この「腹案」について全く触れていない。結果としては開戦後に水泡に帰したシナリオではあるが、昭和天皇を含めて当時の日本の国家指導層がその実現を期待した重要な戦争終結シナリオについて全く言及しないというのは、実に不可解なことである。⑥の決定については、「実録」には文書名が示され、一一月二六日にそれが東條英機陸軍大臣より奏上されたことは記されているが、これも史料引用は全くない。

午後一時三十分、御学問所において陸軍大臣東条英機に謁を賜い、陸軍三官衙《かんが》【陸軍省・参謀本部・教育総監部】の統合、陸軍人事、及び去る二十日の大本営政府連絡会議において決定した「南方占領地行政実施要領」等につき奏上を受けられる。その際、天皇より陸相に対し、開戦すれば何処までも挙国一致にてやりたしとして、重臣の御前会議への出席を御提案になる。[8]

実は、**表2**⑥には、次のような一節が含まれている。

占領地ニ対シテハ差シ当リ軍政ヲ実施シ治安ノ恢復、重要国防資源ノ急速獲得及

作戦軍ノ自活確保ニ資ス　占領地領域ノ最終的帰属竝《ならび》ニ将来ニ対スル処理ニ関シテハ別ニ之ヲ定ムルモノトス〔中略〕

国防資源取得ト占領軍ノ現地自活ノ為民生ニ及ホササルヲ得サル重圧ハ之ヲ忍ハシメ宣撫《せんぶ》上ノ要求ハ右目的ニ反セサル限度ニ止ムルモノトス〔中略〕

原住土民ニ対シテハ皇軍ニ対スル信倚《しんい》観念ヲ助長セシムル如ク指導シ其ノ独立運動ハ過早ニ誘発セシムルコトヲ避クルモノトス(9)

「南方占領地行政実施要領」では、占領地域においては当面は軍政(日本軍の直轄支配)を実施するものの「最終的帰属竝ニ将来ニ対スル処理ニ関シテハ別ニ之ヲ定ムルモノトス」(独立させるかどうかについては別に、すなわち後に定める)とある一方で、さしあたりは「原住土民」の「独立運動ハ過早ニ誘発セシムルコトヲ避クルモノトス」(独立運動は当面は抑制しておく)としている。また、「国防資源取得ト占領軍ノ現地自活ノ為民生ニ及ホササルヲ得サル重圧ハ」とあるところからしても、日本の国家指導層は、占領地住民には「重圧」を与えてしまうということを自覚していたのは確かである。だが、その「重圧」をどのように処理するのかについては、「之ヲ忍ハシメ」と、実に簡単にそれを耐えさせろ、としているのみである。「宣撫上ノ要求」すなわち「大東亜共栄圏」樹立、アジアの「解放」の宣伝については、「右目的」(重圧に耐えさせること)に「反セサル限度ニ止ムルモノトス」とし、むやみに美しい宣伝をやりすぎてしまわないように注意を与えている。まさに「南方占領地行政実施要領」は、占領地行政に対する日本側の本音が示された決定であるが、これについては「実録」中で史料も、要約さえも示されていない。文書名を掲げて天皇に奏上されたことは記されているが、天皇の反応に関する記載もない。

天皇が関わりをもった国策決定は膨大なものであるので、「実録」では、国策決定のための御前会議については、決定事項の全文を載せることがあるものの、御前会議という形式をとっていない大本営政府連絡会議の決定については、天皇に裁可を仰いだり(上奏)、天皇に報告(奏上)したものであっても、簡単に触れるにとどめているようにも思われるが、結果的には、日本側政策のイメージを悪化させるもの、それに関与した天皇の印象を悪化させる類いの史料については掲載されていないといってよい。もっとも、現実には、一九四一年九月から一一月にかけて、天皇は迷いながらも次第に戦争へと傾斜していくのだが、「実録」における記述を見る限り、天皇が一貫して平和愛好・戦争回避であったというストーリー性が強く出ていて、天皇の動揺や戦争論への傾斜についてはほとんど読み取れない。

重要決定事項の全文掲載は御前会議に限定されているとしたが、前掲の**表1**からも明らかなように、すべての御前会議においてそのような取り扱いになっているわけではない。たとえば、**表2**⑥の決定では、占領地域の「最終的帰属竝ニ将来ニ対スル処理ニ関シテハ別ニ之ヲ定ムルモノトス」とされていたが、これは確かに後に決定されている。それが、「大東亜政略指導大綱」(一九四三年五月三一日御前会議決定)である。この決定について、「実録」では次のように記されている。

五月三一日　月曜日

三時十二分入御され、四時二十六分、内閣より上奏された御前会議決定の件を御裁可になる。大東亜政略指導大綱は、第一に大東亜戦争遂行のため、帝国を中核とする大東亜の諸国家・諸民族結集の政略態勢を十一月初頃までにさらに整備強化すること、第二に政略態勢の整備については帝国に対する諸国家・諸民族の戦争協力強化を主眼とし、特に支那問題を解決すること、以上二点を方針とする。また、その要領として、日華基本条約を改訂して同盟条約の締結を目指すとともに、国民政府をして対重慶政治工作を実施せしめるよう指導すること、タイに対しては相互協力を強化の上、マレー地域における失地回復、経済協力を速やかに実行すること、ビルマ・フィリピンについては速やかに独立させること、本年十月下旬頃大東亜各国の指導者を東京に集め、大東亜共栄圏の確立を宣明、戦争完遂に邁進すること等が掲げられる。[10]

かなり丁寧に御前会議決定の要旨が記されているように見えるが、実際の決定においては、傍線部のビルマ・フィリピンの独立と「大東亜会議」の記述の間に、次のようなことが記されているのである。

六、ソノ他ノ占領地域ニ対スル方策ヲ左ノ通リ定ム。
但シ(ロ)、(ハ)以外ハ当分発表セス。
(イ)「マライ」「スマトラ」「ジャワ」「ボルネオ」「セレベス」ハ帝国領土ト決定シ重要資源ノ供給地トシテ極力コレカ開発並ヒニ民心把握ニ努ム。
(ロ)前号各地域ニオイテハ原住民ノ民度ニ応シ努メテ政治ニ参与セシム。
(ハ)「ニューギニア」等(イ)以外ノ地域ノ処理ニ関シテハ前二号ニ準シ追テ定ム。
(ニ)前記各地ニオイテハ当分軍政ヲ継続ス。(11)

特に重要なのは、「当分発表セス」とされた(イ)で、「マライ」「スマトラ」「ジャワ」「ボルネオ」「セレベス」、すなわち現在のマレーシア・シンガポール・インドネシアの各国にあたる領域は、すべて「帝国領土ト決定シ重要資源ノ供給地」とするとされたことである。この「帝国領土ト決定シ」という、日本の領土変更＝拡張を意味するきわめて重要な御前会議決定について、「実録」は記述していないのである。これは、後に昭和天皇が発する「終戦ノ詔書」の「他国ノ主権ヲ排シ領土ヲ侵スカ如キハ固《もと》ヨリ朕カ志ニアラス」という個所と明らかに矛盾する決定であるが、矛盾は矛盾として、この時の御前会議決定はまぎれもなく英領マレー・蘭領東インドなどを日本領土に編入するというものであったのであるから、歴史の事実として「実録」はこれを掲載すべきであったと思われる。そもそも御前会議(国策決定のための御前会議＝合計一五回)については、すべての決定事項の原資料を掲載すべきだったと思う。

なお、独立を期待していた蘭領東インド(インドネシア)の独立は見送られ、一九四三年一一月の「大東亜会議」においてもスカルノらのインドネシア代表は招かれなかった。そのため、インドネシアにおける日本に対する空気は急速に悪化し、一九四四年七月に東條英機内閣に代わった小磯国昭内閣は、事態沈静化のためにインドネシアの「将来における独立」を容認する旨、発表せざるをえなくなった。

2　軍事戦略決定のための大本営会議

「実録」は、御前会議・大本営政府連絡会議決定に関する記載を見る限り、これまでの「平和主義者・昭和天皇」のイメージをそのまま温存しようという意図のもとに編纂・叙述されているように思われるが、それでも「実録」の公開によって明らかになった新事実、あらためて確認されたことも数多く存在する。

まず、これまで開催日時などが不明確であった大本営会議（大本営御前会議）のうち少なくとも二〇回分は日時と主な議題が明らかになった。大本営会議は、宮中・東一ノ間で開催されるのが通例で、大本営の基本方針を決定する会議である。「実録」に記された大本営会議の開催年月日と主な決定事項は**表3**の通りである。

「実録」に一九四〇年と一九四四年一一月二一日以降の大本営会議の開催記録がないのは不自然ではあるが、これまで防衛庁（現・防衛省）で編纂された『戦史叢書』などで開催日が確認されていたのが八回であるので、かなり空白が埋まったともいえる。

なお、従来昭和天皇は、国策決定のための御前会議においては若干の例外を除いては発言せず、大本営会議では活発に発言していたことが分かっているが、[12]その理由について「実録」は言及している。まず、大本営会議においては、軍部の側から天皇の発言を求めている。一九三七年一一月二四日の第一回大本営会議の後、二七日の条には次のようにある。

午前十時、御学問所において軍令部総長（伏見宮）博恭《ひろやす》王に謁を賜い、戦時編制改定並びに用兵事項につき上奏を受けられる。ついで軍令部総長より、去る二十四日の

表3　大本営会議(大本営御前会議)の開催年月日(東一ノ間)

開催年	開催月日	主な議題	備　考
1937年	11月24日	陸海軍の作戦方針	参加者氏名記載
1938年	2月16日	陸海軍の作戦方針(戦面不拡大の方針)	参加者氏名記載
	6月15日	陸海軍の作戦方針(漢口・広東の攻略)	参加者氏名記載
	6月30日	漢口作戦の構想・各軍の行動概要	参加者氏名記載
	9月7日	広東作戦について	参加者氏名記載
	11月29日	「今後数ヶ月ヲ見透シテノ対支軍作戦指導ノ要領及兵団ノ運用」(陸軍)「昭和十三年十二月以降ノ帝国海軍作戦指導要綱」(海軍)	参加者氏名記載
1939年	1月13日	海南島作戦実施の件	参加者氏名記載
	9月22日	支那派遣軍設置に伴う総司令官に与える任務並びに戦闘序列について	参加者氏名記載
	10月16日	南寧作戦の計画について	参加者氏名記載
1940年	記載なし		
1941年	11月15日	マレー・香港・ビルマ・蘭印・フィリピンを中心とする南方作戦の指導とその推移(兵棋演習含む)	参加者氏名記載
	12月26日	ハワイ海戦の状況について	参加者氏名記載(東溜ノ間)
1942年	12月31日	南太平洋方面の今後の作戦に対する見通し並びに方針等(ガ島奪回作戦の中止と同島部隊の撤収)	参加者氏名記載
1943年	1月15日	南太平洋方面の作戦指導について(ガ島撤収作戦)	参加者氏名記載
	2月16日	南太平洋方面の戦況について	参加者氏名記載
	3月5日	昭和十八年度陸軍作戦計画，大東亜戦争第三段作戦帝国海軍作戦計画	参加者氏名記載
	3月26日	南東方面の軍状について	参加者氏名記載
	5月20日	アリューシャン方面の新情勢に対処すべき方策について	参加者氏名記載
1944年	3月17日	海上交通保護に関する研究	参加者氏名記載
	5月2日	情況判断，当面の作戦指導方針並びに処置事項について	参加者氏名記載
	11月21日	最近の戦況について	参加者氏名記載(御文庫)
1945年	記載なし		

〔第一回〕大本営会議の如き場合に、不明な点等があれば御下問ありたき旨の奏上を受けられる。これに対し、かかる場における質問の可否をお尋ねになり、御下問を歓迎する旨の奉答を受けられる。また陸軍の意見はどうであるかをお尋ねになり、侍従武官長を通じてお尋ねありたき旨の奉答を受けられる。軍令部総長は退下後、侍従武官長宇佐美興屋に御下問の内容を説明し、もし御不同意の点があれば会議にては仰せにならず、御学問所に参謀総長あるいは軍令部総長をお召しの上で仰せられたく、御質問は会議にて何なりとなされたき旨の意見を述べる。[13]

伏見宮軍令部総長は、大本営会議における天皇の質問を歓迎すること、ただし不同意の点があれば、会議の席上ではなくあらかじめ総長を呼んで伝えてもらいたいことを要請している。このような事情があり、その後、天皇は大本営会議において発言を躊躇しなかったものと思われる。

他方、第一回大本営会議よりも後に行われた国策決定のための第一回御前会議において天皇は、事前に発言すべきかどうかを迷い、西園寺《さいおんじ》公望《きんもち》元老や湯浅倉平内大臣に繰り返し下問していたが[14]、会議の前日である一九三八年一月一〇日になって政府側から次のように要請されたことが「実録」に記されている。

午後四時三十分、御学問所において内閣総理大臣近衛文麿に謁を賜い、御前会議開催に関し、総理大臣・参謀総長・軍令部総長の名を以ての奏請《そうせい》を受けられる。賜謁《しえつ》は約一時間三十分に及び、その際、(御前)会議の処理は内閣総理大臣が当たること、及び天皇には御臨席のみにて御発言のないことを願う旨の言上を受けられる。(15)

国策決定のための御前会議については、このように、政府側から発言をしないように要請され、天皇もそれに応じたものとされている。「実録」は、二つの御前会議における天皇の対応の違い(発言の有無)について、一定の説明をなしたといえよう。

また、「実録」の記述によって大本営会議に準じる研究会・報告会の存在が明らかになったことも重要である。これは、大本営会議と同じように「東一ノ間」に天皇が出席する研究会・報告会で、「実録」では合計二一回が記録されている。その開催年月日は**表4**の通りである。

この大本営会議に準じる研究会・報告会においては、「謀略」についての報告もなされていたことが「実録」に記されている。たとえば、一九三八年一〇月七日の条には次のようにある。

午前十時、大本営に準じ東一ノ間に臨御され、支那より帰朝の陸軍中将土肥原《どいはら》賢二

表4　大本営会議に準じる研究会・報告会(東一ノ間)

開催年	開催月日
1937年	記載なし
1938年	6月28日・7月8日・8月22日・8月25日・9月13日・10月7日
1939年	1月25日・2月10日・5月5日
1940年	1月8日・2月13日・4月4日・4月11日・4月13日
1941年	記載なし
1942年	1月13日・6月12日・7月11日・9月10日・9月28日・11月14日
1943年	9月23日(御前研究)
1944年	記載なし
1945年	記載なし

より謀略に関する奏上を受けられる。[16]

また、一九三九年五月五日の条にもこのようにある。

午前十時、大本営会議に準じ東一ノ間に臨御され、参謀総長(閑院宮《かんいんのみや》)載仁《ことひと》親王・陸軍中将土肥原賢二より、対支謀略に関する奏上を受けられる。[17]

いずれも「謀略」の内容については触れられていないが、ちょうど一九三八年六月から一九三九年五月は、土肥原が大本営直轄の「土肥原機関」の長として対重慶工作を行っていた時期と符合する。「謀略」に関係する記述は他にもある。一九四〇年二月二一日の条には、沢田茂参謀次長より「対支謀略(「桐《きり》工作」)の開始につき奏上を受けられる」[18]とある。蔣介石の妻宋美齢の弟である宋子良を介して重慶の蔣政権との接触を試みた「桐工作」については同年三月一五日・一八日、五月三日、六月八日にも奏上(報告)があり、天皇自身もこの工作にはかなりの期待をもっていたことが分かる記述になっているが、同年七月一〇日の条にはその失敗に関連して「また、支那事変収拾のための桐工作に関して種々御下問になり、工作失敗後の第三国への仲介に際しては十分準備の上での行動を要する旨を仰せになる」[19]と記されている。このような対中国謀略活動に天皇自身が注意を与えていたことがあらためて確認されたことは重要である。

また、謀略に関連して言えば、陸軍の諜報・謀略のための要員を養成する陸軍中野学校設立にあたって、天皇が特別に注意を与えていたことも明らかにされている。一九四〇年七月一〇日の条に以下のようにある。

午後一時三十分、参謀総長載仁親王・陸軍大臣畑俊六・教育総監山田乙三に謁を賜い、陸軍平時編制の改定及び軍備改編に関する上奏を受けられる。その際、陸軍中野学校の新設に伴い、内政に関する謀略等を行わないよう監督指導が必要なこと、内地の軍司令官が濫りに地方長官等圧迫することがあってはならないことを述べられる。[20]

天皇は、陸軍による中野学校の設置を内政に関する「謀略」の端緒ではないかとかなり懐疑的に受け取っていたことが分かる。

3　戦況奏上の様相

「実録」の記述によって、天皇への戦況奏上(戦況報告)の日時・回数は、かなり明らかになったといえる。

統帥部による天皇への戦況奏上は、陸海軍が別個に行い、原則として陸軍の場合は参謀総長が、海軍の場合は軍令部総長が書類を提出した上で奏上を行うが、侍従武官が書類に基づいて行う場合は戦況上聞《じょうぶん》と呼称されている。どのような事例が戦況奏上にあたるのか、一九三七年一二月の奏上を例にして説明しておこう。

一二月一四日　火曜日

午前十時十分、御学問所において参謀総長載仁親王に謁を賜い、南京陥落の状況につき奏上を受けられる。〔中略〕ついで十一時三十分、御学問所に参謀総長載仁親王・軍令部総長博恭王をお召しになり、南京陥落につき、左の御言葉を賜う。(21)

一二月二九日　水曜日

侍従武官平田昇より、十二月十四日以後の戦況並びに用兵事項に関する上聞を受け

られる。(22)

一二月一四日の事例では、天皇は、閑院宮載仁参謀総長に二回にわたって会っているが、一回目は戦況奏上を受けたもの、二回目は勅語下賜のためのものである。二九日の事例は、戦況以外のことも含んでいるが、担当侍従武官による戦況上聞とみなすことができる。「実録」では、はっきりと「戦況奏上」「戦況上聞」とある場合も多いが、各回の統帥部責任者や侍従武官の拝謁・奏上の様相を検討し、戦況奏上・戦況上聞をカウントする作業を行ってみた。

まず、「実録」に記録されているアジア太平洋戦争開戦前の時期における参謀総長・軍令部総長などの統帥部の責任者、あるいは侍従武官長・侍従武官による天皇に対する戦況奏上(侍従武官の場合は戦況上聞)である。

「実録」によれば戦況奏上は(同日に複数人の奏上があった場合、別個に数えると)、一九三七年：二三回、一九三八年：二六回、一九三九年：一六回、一九四〇年：一八回というレベルだが、一九四一年になると急増し、一二月七日までに三八回に及んでいる。

なお、「実録」では、天皇に裁可をあおぐ「上奏」と報告にとどまる「奏上」とは、用語として厳密に使い分けられており、上記の戦況奏上・戦況上聞とは別に、大本営命令の允裁《いんさい》をあおぐための「上奏」のことが記されている。実際には、一九三七年一一月の大本営設置から一九四一年一二月七日までに大本営から発せられた「大陸命」(陸軍に対する天皇の命令)は合計五七九件、「大海令」(海軍に対する天皇の命令)は合計三一三件で、陸海軍あわせて対英米開戦までに八九二件の大本営命令が天皇の裁可を得て発令されている。複数の大本営命令が同時に上奏されることがあったにしても、「実録」に記録されている允裁をあおぐための「上奏」は、その全てではないと思われる。[23]

それでは、「実録」に記されているアジア太平洋戦争期(一九四一年一二月八日以降、一九四五年九月一三日の大本営閉鎖まで)における統帥部責任者による天皇への「奏上」には、どのような傾向が見られるだろうか。**表5**は、統帥部責任者による天皇への奏上を悉皆的にピックアップし、アジア太平洋戦争開戦後、天皇に対する月ごと、奏上者ごとの奏上(戦況上聞を含む)の回数をまとめたものである。

表5から明らかなように、一九四一年一二月八日の対英米戦争開戦から一九四五年九月一三日の大本営の閉鎖までの四六カ月間に、「実録」に記録された戦況奏上を中心とすると推定される天皇への奏上は、合計で九三一回、そのうち参謀総長が四六一回、軍令部総長が三六七回に及んでいる。これは、一月平均にすると奏上全体で二〇・二回、参謀総長が一〇・〇回、軍令部総長が八・〇回ということになる。また、最も奏上回数が多かった月は四一回の一九四一年一二月(八日以降三一日まで)であり、これを含めて月三〇回以上の奏上が記録されている月が六回ある。

天皇への戦況奏上回数(戦況上聞を含む)

		参謀総長	軍令部総長	参謀次長	軍令部次長	侍従武官長	陸軍侍従武官	海軍侍従武官	合計
	1月	9	4	0	0	0	0	0	13
	2月	7	8	2	1	0	0	0	18
	3月	0	5	7	0	0	0	0	12
	4月	2	4	5	0	0	0	0	11
	5月	2	4	10	0	0	0	0	16
	6月	3	12	11	0	0	1	0	27
1944年	7月	4	9	6	0	0	0	0	19
	8月	10	6	0	0	0	1	0	17
	9月	11	8	0	0	0	0	0	19
	10月	20	16	0	0	0	0	0	36
	11月	17	7	0	0	0	0	0	24
	12月	18	7	0	0	0	4	0	29
	合計	103	90	41	1	0	6	0	241
	1月	13	6	0	0	0	1	0	20
	2月	7	3	3	0	0	0	0	13
	3月	9	10	0	0	0	0	0	19
	4月	13	9	0	0	0	0	0	22
1945年	5月	13	8	0	0	0	0	0	21
	6月	7	7	1	0	0	0	0	15
	7月	11	9	0	0	0	1	0	21
	8月	6	2	0	0	0	0	0	8
	9月	1	1	0	0	0	0	0	2
	合計	80	55	4	0	0	2	0	141
総合計		461	367	57	11	2	18	15	931

注：1941年12月は8日以降の奏上回数.

表 5　アジア太平洋戦争中の統帥部責任者等からの

		参謀総長	軍令部総長	参謀次長	軍令部次長	侍従武官長	陸軍侍従武官	海軍侍従武官	合計
1941年	12月	21	18	0	1	0	1	0	41
1942年	1月	16	13	0	1	1	2	3	36
	2月	14	13	1	3	0	2	2	35
	3月	9	9	3	1	0	1	3	26
	4月	10	11	4	0	0	0	0	25
	5月	13	12	0	0	0	2	0	27
	6月	10	12	0	0	0	0	0	22
	7月	8	6	0	0	0	0	0	14
	8月	10	7	0	0	0	0	4	21
	9月	12	9	0	0	0	0	0	21
	10月	15	14	0	0	0	0	1	30
	11月	13	9	0	0	0	0	0	22
	12月	6	3	0	0	0	0	0	9
	合計	136	118	8	5	1	7	13	288
1943年	1月	11	4	1	2	0	0	0	18
	2月	11	4	0	0	0	1	0	16
	3月	10	5	0	0	0	1	0	16
	4月	7	6	0	0	0	0	0	13
	5月	11	8	3	0	0	0	0	22
	6月	8	9	0	0	0	0	0	17
	7月	17	15	0	0	0	0	1	33
	8月	8	5	0	0	0	0	0	13
	9月	12	7	0	0	0	0	0	19
	10月	9	4	0	0	0	0	0	13
	11月	10	13	0	2	0	0	1	26
	12月	7	6	0	0	1	0	0	14
	合計	121	86	4	4	1	2	2	220

本章においては、「実録」で描かれた国務と統帥の統合者としての天皇の姿について、「御前会議」を中心とした国家意思・国家戦略の決定、「大本営会議」における軍事戦略の決定、諸決定の基礎となる天皇に対する「戦況奏上」に焦点をあてて見てきた。「実録」における「御前会議」と大本営政府連絡会議の記述は、詳細な部分もあるが、膨張主義的な国家戦略の決定については、記録として残されていない事項もかなりあり、天皇の裁可の有無があいまいになっている個所もある。「大本営会議」については、全般に内容を示す記述は少ないものの、謀略活動などに関する報告も天皇になされていたことが記録されているのは注目すべきである。また、「戦況奏上」の全般的状況を概観した結果、アジア太平洋戦争に際しては一月平均で二〇回以上の報告がなされていることが示されているが、具体的には第五章以降で検討するように報告内容についての記述はきわめて少ない。

＊　＊　＊

第二章　軍事と政治・儀式のはざま

大元帥としての天皇が、日本軍将兵の士気を鼓舞する大規模な恒例行事としては、観兵式・観艦式と陸軍・海軍の特別大演習がある。本章では、これら軍事と政治に深く関わる儀式・行事についての「実録」における叙述を検証してみよう。

1　天皇と観兵式

天皇が陸軍将兵を閲兵し、諸部隊の分列行進を観る観兵式は、恒常的なものとしては、陸軍始《りくぐんはじめ》観兵式(毎年一月八日)・天長節《てんちょうせつ》観兵式(天長節は天皇の誕生日。昭和天皇の場合、毎年四月二九日)と陸軍特別大演習の際に行われる観兵式(通常、毎年一〇月から一一月)がある。まず、これらを順に見ていこう。

陸軍始観兵式

毎年一月八日は陸軍始であり、代々木練兵場において観兵式が行われるのが恒例であった。この観兵式は、駐日大公使や駐在武官を招き、一般参観者にも天皇と日本陸軍の威容を示すとともに、大元帥親率の姿を示すことで将兵の士気を鼓舞する重要な軍事式典である。「実録」に記された皇太子時代を含めて昭和天皇が参列した陸軍始観兵式は、**表6**の通りである。

一九二〇年から一九四五年の二六カ年のうち、陸軍始観兵式は七回中止されているが、昭和天皇は、皇太子時代に大正天皇名代として一回、摂政として四回、天皇としては一四回参列している。陸軍始観兵式にあたって天皇は、午前九時三〇分前後に皇居を公式鹵簿《ろぼ》(儀仗兵による隊列)を仕立てて出発、代々木練兵場において皇族・外国大公使・外国武官・大勲位以下親任官待遇以上に賜謁《しえつ》(一九二五年からは会釈のみ)、皇族・諸員をしたがえて「御料馬《ごりょうば》」に騎乗して場内を一周、近衛師団・第一師団の各隊を閲兵(整列した部隊の前を天皇が乗馬で通過する際に部隊ごとに敬礼、天皇が答礼)した後、分列式(玉座あるいは乗馬の天皇の前を諸部隊が行進)を観て、一一時前後には帰途につくのが通例であった。

昭和になってからの一四回の陸軍始観兵式のうち一九三七年と一九四五年の二回は、代々木練兵場ではなく宮城前外苑において実施されている。そのうち一九三七年の式場変更の理由について、「実録」は次のように記している(一九三七年一月八日)。

表6 昭和天皇と陸軍始観兵式

年	天皇(皇太子)についての特記事項
1920(大正9)	馬車で供奉予定であったが，天皇臨御取り止めのため観兵式中止
1921(大正10)	天皇名代として行啓.「進風」に乗馬，閲兵，分列式に臨む
1922(大正11)	摂政として行啓. 外国大公使等への賜謁を行う
1923(大正12)	摂政，病気(風邪)のため観兵式中止
1924(大正13)	初めて自動車鹵簿にて代々木練兵場に行啓
1925(大正14)	本年より式場到着時の皇族・外国大公使等による単独拝謁を廃止，「両側に整列する奉迎者一同に御会釈を賜う」方式に変更される
1926(大正15)	「初緑」に乗馬，閲兵を行う
1927(昭和2)	大喪中のため観兵式中止
1928(昭和3)	乗馬にて閲兵，乗馬のまま分列式に臨む. 帰途，直訴人あり
1929(昭和4)	「初緑」に乗馬，閲兵・分列式に臨む
1930(昭和5)	前年に同じ(ただし，乗馬名記載なし)
1931(昭和6)	降雪のため観兵式中止
1932(昭和7)	例年どおり. 帰途，鹵簿に手榴弾が投擲されるも，被害なし
1933(昭和8)	例年どおり
1934(昭和9)	宮中喪(1933年11月鳩彦王妃允子内親王死去)のため観兵式中止
1935(昭和10)	天皇，病後静養のため観兵式中止
1936(昭和11)	例年どおり
1937(昭和12)	例年の代々木練兵場ではなく宮城前外苑において観兵式実施
1938(昭和13)	代々木練兵場にて観兵式実施. 事変下のため通例の陸軍正装ではなく陸軍軍装を着用する
1939(昭和14)	前年と同じ
1940(昭和15)	前年と同じ
1941(昭和16)	積雪泥濘のため観兵式中止
1942(昭和17)	例年と同じ. 前夜より陸軍機が万一の敵機来襲に備えて哨戒飛行を実施，便殿次室には鉄製の防空屋が設置される
1943(昭和18)	例年と同じ
1944(昭和19)	防空関係等の理由により初めて午後に実施される. 内容は例年と同じ
1945(昭和20)	「初雪」に乗馬，防空上の理由により宮城前外苑にて観兵式実施，時間も短縮し，閲兵も中止，在京部隊の分列式を観る

代々木練兵場に隣接する東京衛戍《えいじゅ》刑務所に二・二六事件の被告が収監されており、晴れの儀式の場所に相応しくないこと、また第一師団の将兵が満洲に派遣されて出場人員が少ないこと、さらに銀座―渋谷間は地下鉄工事中のため青山通りが鹵簿の通過に不便なことによる(1)。

出場人数や地下鉄工事の件は、代替措置を取ろうとすれば可能なことであると思われるので、一九三六年の二・二六事件の影響が主要な式場変更の理由なのであろう。また、一九四五年については次のようにある(一九四五年一月八日)。

午前九時五十五分、特別自動車鹵簿にて御出門、宮城前外苑において挙行の陸軍始観兵式に臨御される。従来、陸軍始観兵式は代々木練兵場において挙行のところ、本年は防空上の見地から式場を宮城前外苑に変更、開始時間を繰り上げるとともに、所要時間も短縮される。また閲兵をお取り止めになり、御料馬初雪に召され、在京部隊による分列のみを御覧になる。十時二十四分還御される(2)。なお、宮城前外苑における陸軍始観兵式は、去る昭和十二年以来の挙行となる。

天皇が皇居の門を出てから帰還するまでわずか二九分という超短縮版の観兵式であった。戦時のニュース映画である「日本ニュース」第二四一号(一九四五年一月一一日付)の「大元帥陛下親臨　陸軍始観兵式」(3)で確認すると、例年通りであれば分列行進は歩兵部隊・砲兵部隊(自動車編成)・戦車部隊・騎兵部隊と続き、同時に航空部隊の空中分列式も行われるのであるが、この年は、歩兵部隊・砲兵部隊(輓馬《ばんば》編成)・騎兵部隊のみで、空中分列式は行われなかった。一台の車両・戦車も、一機の飛行機も登場しなかったのは、「実録」が記すように防空上の理由もあったであろうが、深刻な燃料不足も影響しているものと思われる。また、前年までの観兵式とは異なり、参加将兵は軍楽隊にいたるまで、軍帽(正帽)ではなく、略帽(戦闘帽)をかぶり鉄帽(ヘルメット)を背中に下げるという臨戦態勢での式典であった。

天長節観兵式

昭和天皇は、すでに皇太子時代に大正天皇とともに天長節観兵式に参列しており、「実録」には次のようにある。なお、大正期は、天長節は八月三一日であったが、酷暑の折なので一〇月三一日を天長節祝日として、儀式は全てこの祝日に行われていた。観兵式の式場は、陸軍始と同じく代々木練兵場である。

一九一九(大正八)年一〇月三一日　金曜日

天長節祝日につき、午前七時、東宮職高等官の拝賀を受けられる。ついで公式鹵簿にて御出門、代々木練兵場に行啓され、天長節観兵式に御参列になる。天皇は馬車にて閲兵を行われ、皇太子以下各皇族・陸軍将官・外国武官等は乗馬にて扈従《こじゅう》し場内を一周する。御閲兵開始の頃より降雨あり。ついで各隊の分列が行われ、皇太子は御乗馬のままにて陪覧《ばいらん》される。観兵式終了後、天皇の還幸に続き練兵場を御出発、直ちに御参内になる。(4)

裕仁《ひろひと》皇太子が天長節観兵式に参加したのは、「実録」によればこの年からで、式典の形式は、陸軍始観兵式とほとんど同様であることが分かるが、大正天皇は馬車に乗って、皇太子は乗馬で閲兵を行っている。「実録」に記された皇太子時代を含めて昭和天皇が参列した天長節観兵式は、**表7**の通りである。

一九一九年から一九四五年の二七カ年のうち、天長節観兵式は八回中止されているが、昭和天皇は、皇太子時代に大正天皇とともに一回、天皇名代として二回、摂政として三回、天皇としては一三回参列している。観兵式にあたって天皇は、午前七時三〇分頃から九時三〇分頃までに皇居を公式鹵簿(あるいは略式鹵簿)を仕立てて出発、代々木練兵場において皇族・外国大公使・外国武官等に賜謁、皇族・諸員をしたがえて乗馬で場内を

表 7　昭和天皇と天長節観兵式

年	天皇(皇太子)についての特記事項
1919(大正 8)	10月31日，大正天皇とともに参列．乗馬にて閲兵，分列式を陪観
1920(大正 9)	天皇名代として臨場．「進風」に乗馬，閲兵，分列式に臨む
1921(大正10)	天皇名代として臨場．乗馬にて閲兵，分列式に臨む
1922(大正11)	摂政として臨場．外国大公使等への賜謁，閲兵，分列式に臨む
1923(大正12)	震災のため天長節宴会・観兵式など中止
1924(大正13)	摂政として臨場．一昨年と同じ
1925(大正14)	摂政，病後静養中のため観兵式中止
1926(大正15)	摂政として臨場．例年と同じ
1927(昭和 2)	4 月29日，諒闇中のため観兵式中止
1928(昭和 3)	「初緑」に乗馬，閲兵，乗馬のまま分列式に臨む
1929(昭和 4)	前年と同じ
1930(昭和 5)	降雨のため観兵式中止
1931(昭和 6)	例年どおり
1932(昭和 7)	例年どおり
1933(昭和 8)	例年どおり
1934(昭和 9)	例年どおり
1935(昭和10)	例年どおり．途中からの降雨にもかかわらず閲兵
1936(昭和11)	二・二六事件の戒厳下のため観兵式中止
1937(昭和12)	例年どおり
1938(昭和13)	例年どおり
1939(昭和14)	例年どおり
1940(昭和15)	宮中喪(1940年 3 月恒久王妃昌子内親王死去)のため観兵式中止
1941(昭和16)	例年どおり
1942(昭和17)	前日からの降雨のため観兵式中止
1943(昭和18)	午後に実施．「初雪」に乗馬，閲兵，分列式に臨む
1944(昭和19)	午後に実施
1945(昭和20)	警戒警報発令のため観兵式中止

一周、諸隊を閲兵した後、分列式を観て、一時間三〇分前後で帰途につくのが通例であった。昭和天皇最初の天長節観兵式の様子を「実録」は次のように記している。

一九二八(昭和三)年四月二九日　日曜日

天長節につき、午前八時十分、表内謁見所において宮内大臣一木《いちき》喜《き》徳郎《とくろう》及び侍従長珍田《ちんだ》捨巳《すてみ》以下赤坂離宮勤務高等官より拝賀を受けられる。また賢所《かしこどころ》・皇霊殿《こうれいでん》・神殿における天長節祭には侍従岡本愛祐に御代拝を仰せ付けられる。

午前八時三十分、赤坂離宮を御出門、天長節観兵式に御臨場のため代々木練兵場に行幸される。諸兵敬礼、軍楽隊による君が代吹奏の裡に便殿に御到着になり、便殿前の道筋両側に列立し奉迎する皇族・王公族、親任官待遇以上、各国大使公使、武官補佐官へ御会釈を賜う。ついで御料馬初緑に召され、閲兵を行われ、引き続き御乗馬のまま分列式を御覧になる。

午前十時三十七分、式場を御出門、宮城に出御される。(5)

陸軍始とは異なり、天長節の場合、宮中での行事も多い。午前中には、天長節祭(宮中三殿への拝礼)が行われ、本来は天皇による賢所・皇霊殿・神殿への親拝がなされるのであるが、同時間帯に観兵式があるため、一九二八年の「実録」に記されているように、通常は侍従等が代拝を行った(なお、一九四三年以降は、防空上の理由から観兵式が午後に行われるようになったため、天長節祭は天皇が親拝した)。観兵式から皇居にもどると、通常は、政府・軍高官、外国大公使による拝賀の儀(拝賀の儀に召されなかった者は、参内・記帳する参賀の儀に参加)、祝宴の儀(拝賀の儀に召された者が出席)、内宴の儀(皇族のみが出席)があり、参殿者(かつて宮中に勤務していた旧奉仕者等)への賜謁などが行われた。

なお、昭和天皇践祚《せんそ》後一九四五年までに陸軍始・天長節・特別大演習(後述)の三大観兵式が揃って実施されたのは、わずかに一九二九年・一九三三年のみである。

日本陸軍の威容を内外に示し、天皇親率を将兵に示して士気を鼓舞するための観兵式であったが、様々な理由で取り止めになった。本来、軍事行動は降雨や降雪、指揮官の体調や宮中喪のために行わないということはないのだが、あくまでも宮中の事情と天皇の健康を第一に考慮した儀式であったといえる。一九三五年の天長節観兵式のように式の途中で降雨になった場合、天皇は式を継続させたが、こういった天皇の判断・行動は、将兵の士気の鼓舞という点では大きな効果があったものと思われる。

日中戦争全面化(一九三七年)以降、陸軍特別大演習とそれにともなう観兵式は実施されなかったが、陸軍始観兵式・天長節観兵式は、一九四二年から一九四四年までは非常に大規模なものになり、参加諸兵二万人・馬五〇〇〇頭・戦車三〇〇両・航空機五〇〇機を超えるものになった。たとえば、一九四三年の天長節観兵式は、「午後一時三十五分、御出門になり、観兵式臨御のため代々木練兵場へ行幸される。便殿入御の後、御料馬初雪に乗御され、諸兵を御閲兵になり、歩兵部隊・騎兵隊及び飛行機約六百機、戦車三百五十台ほかによる分列を御覧になる。四時七分還幸される」(6)と「実録」に記録されている。天皇の出門から帰還まで二時間半以上に及んでいる。

一九四一年から一九四五年までに実施された陸軍始観兵式四回・天長節観兵式三回の模様は、国民の戦意高揚のために必ず「日本ニュース」で取り上げられ、全国の映画館で上映された。現在、これら七回の観兵式のニュースは、すべてWeb上のNHK戦争証言アーカイブス(http://cgi2.nhk.or.jp/shogenarchives/jpnews/)で確認することができる。

大礼特別観兵式

陸軍始・天長節の観兵式と同様に、毎年恒例の観兵式としては陸軍特別大演習の際の観兵式がある(後述)。また、国家的行事に付随した特別観兵式としては、一九二八年一二月二日実施の大礼特別観兵式と、一九四〇年一〇月二一日実施の紀元二六〇〇年特別観兵式がある。このうち、大礼特別観兵式については、「実録」には非常に詳しい記述がある。この観兵式が実に壮大なものであったことが分かる。

一九二八(昭和三)年一二月二日　日曜日

大礼観兵式につき、陸軍御正装を着用され、午前八時第二公式鹵簿にて御出門、代々木練兵場に行幸される。練兵場御着時には百一発の皇礼砲が発射され、天皇は奉迎の諸兵指揮官〈閑院宮〉載仁親王を従え、両側に列立の皇族・王族、各国大公使、大公使館附武官・同輔佐官及び親任官待遇以上の者等に御会釈を賜いつつ便殿にお入りになる。大礼観兵式出場の部隊は近衛師団、第一師団、陸軍士官学校生徒隊、陸軍飛行学校並びに第一師管内にある陸軍諸学校の教導隊・教導聯隊・教導大隊・練習隊・練習生隊・軍楽隊、第二乃至第十二・第十四・第十六・第十九・第二十師団司令部、各旅団司令部並びに各聯隊又は大隊等の代表隊にて、天皇は御小憩の後八時五十三分、御料馬初緑に召され、諸兵参謀陸軍騎兵中佐石田保秀の先導、諸兵指揮官載仁親王・宣仁《のぶひと》親王始め皇族・侍従武官長・侍従武官・皇族附武官、元帥・軍事参議官以下の将官及び外国武官扈従のもと、整列する地上部隊を順次親閲される。九時三十六分、巡閲を終え、便殿前にて御馬を駐められる。次に空中分列指揮官陸軍少将古谷清の搭乗する重爆撃機を始めとする所沢・下志津・明野各飛行学校及び各飛行聯隊代表機等百五十三機による空中分列が行われ、馬上より御覧になる。まず重爆撃機が南空より現れ、分列点の直上において国旗を飛ばして敬礼の意を表する。次に爆撃機・偵察機・戦闘機の順番で三機乃至九機の編隊を以て雁行し北に向かって飛び、空中分列を行う。続いて地上部隊の分列が行われ、軍楽隊に始まり、輜重兵第一大隊に至る各隊の分列行進を同じく馬上より御覧になる。分列式終了後、一旦便殿に入御される。この間に諸兵指揮官は各師団長、留守隊司令官を従え玉座の前に参進し、皇族及び元帥陸軍大将上原勇作以下、在職の親補職《しんぽしょく》以上の諸官もまた玉座の前に整列し、陸軍大臣白川義則は玉座正面の定位に立つ。天皇は諸員最敬礼のうちに玉座に出御され、左の勅語を朗読される。

朕即位ノ礼ヲ訖《おわ》リ茲《ここ》ニ親シク観兵ノ式ヲ行ヒ帝国陸軍ノ綱紀張リ威容整ヘルヲ視テ深ク之ヲ懌《よろこ》フ汝将卒益々奮励各其ノ本分ヲ尽シ以テ朕カ信倚ニ副ハムコトヲ期セヨ

ついで御前に参進した白川陸軍大臣に勅語書を授けられ、白川より奉答文の奏上を受けられる。終わって便殿に入御の後、式場を御発、午後零時二十分宮城へ御帰還になる。

この日大礼観兵式に出場するものは、諸兵指揮官以下三万四千六百三十四名、軍旗八十六旒、軍馬四千九百六頭、飛行機百五十三機のほか、戦車など各種新式兵器を網羅する。また陪観の栄に浴した内外の官民は七万有余、一般拝観者は十四万と称される。

なお、この日の大礼観兵式を東京放送局がラジオにて実況のところ、天皇の勅語御朗読の御声が放送される出来事あり。ラジオ実況は先般の大礼の諸儀でも行われたが、この日は玉座後方に離れて設置されたマイクロフォンが偶然にも御声を集音したことから、かかる事態となる。期せずして起こった放送に対しては賛否さまざまな反響があったが、十二月五日、逓信省電務局長は再発防止のため各通信局長に対して、今後観兵式・大演習その他天皇の行幸を仰ぐものの実況を放送する場合には、玉座の周辺におけるマイクロフォンの位置は、アナウンスの音声が玉座に達し、かつ玉音をマイクロフォンに感受する恐れのない場所とすることなどを定めた通達を発する。○侍従日誌、侍従職日誌、内舎人日誌、儀式録、侍従武官府資料、宮内省省報、官報、奈良武次日記、河井弥八日記、上原勇作日記、偕行社記事、昭和大礼要録、ラジオの時代(7)

大礼特別観兵式は、天皇の出門から帰還まで四時間二〇分におよぶ長大なもので、日本陸軍の全師団司令部・聯隊・大隊から代表の三万四〇〇〇余の将兵、五〇〇〇頭弱の軍馬が参加したこと、空中分列式の様子も他の観兵式より詳しく叙述されている。大礼特別観兵式が、国家的威信をかけた行事であったことが分かる。また、たまたまラジオの実況中継のマイクが天皇の肉声(「玉音」)を拾ってしまい、以後の規制強化のきっかけとなったことも興味深いが、なにゆえ「玉音」を放送してはいけないかなどの放送規制の仕組み、意図などは「実録」には全く示されていない。これは、当時としてはあたりまえのことであったが、現代人を対象とする歴史叙述の場合、ラジオの聴取者が「不敬」にあたる様子で「玉音」に接することを考慮しての措置であったことが示される必要があったと思われる。

2　天皇と陸軍特別大演習

陸軍始・天長節観兵式とともに大元帥である天皇が将兵の士気を鼓舞する恒例の行事が、陸軍特別大演習とそれにともなう観兵式である。天皇が大元帥として統裁《とうさい》(統監)する陸軍特別大演習は、一八九二(明治二五)年より始まり、それぞれ一個師団以上を基幹兵力とする東軍(北軍)と西軍(南軍)の対抗演習という形で、図上だけではなく、実際に部隊を実働させて実施された。演習の開始と終了(中止)は天皇によって令せられ、演習に関するすべての情報は、臨時に設置された「大本営」に集約され、要所要所の戦闘の模様は天皇みずから野外統監部に出向いて視察する。当初は、数年に一度であったが、一九〇一(明治三四)年より毎年実施されるようになった。昭和天皇が参加した陸軍特別大演習と観兵式は、「実録」によれば以下の通りである。

・一九二〇(大正九)年　大分県

一一月四日出発、五日神戸より御召艦「伊吹」乗艦、六日別府に到着。八日より演習開始(統裁は大正天皇の代行としての上原勇作参謀総長)、八〜一〇日統裁部・戦線など視察、一〇日演習終了、統裁の講評、皇太子が勅語代読、一一日乗馬で豊前善光寺駅・宇佐町間の沿道で実施された閲兵式に臨場。一二日八幡製鉄所など見学、一三・一四日大分県下巡啓、一五日小倉・下関巡啓、一六日江田島(海軍兵学校)行啓、一七日愛媛県下巡啓、一九日横須賀着、東京帰還(刊本第二巻、六四二〜六五六頁)。

・一九二一(大正一〇)年　神奈川県

一一月一六日出発、大本営(神奈川県庁)到着、一八日より演習開始(統裁は大正天皇の代行としての皇太子)、日野・八王子で演習統裁、一八日藤沢・伊勢原で演習統裁、一九日長津田で演習統裁、二〇日演習終了、参謀総長の講評、摂政が令旨《りょうじ》朗読、東宮御所帰還。二一日代々木練兵場にて観兵式(刊本第三巻、五一一〜五一八頁)。

・一九二二(大正一一)年　香川県

一一月一二日出発、一三日神戸から御召艦「伊勢」乗艦、一四日高松着、大本営(高松城内披雲閣)に入る。一六日演習開始(統裁は摂政)、高浜港視察、一六日詫間で演習統裁、一七日天神山で演習統裁、一八日田高田で演習統裁、演習終了、参謀総長の講評、勅語朗読、大本営帰還、一九日善通寺練兵場にて観兵式。二〇日～一二月三日南海道(瀬戸内・四国各県)行啓、四日東京帰還(刊本第三巻、七四二～七七二頁)。

・一九二三(大正一二)年

関東大震災のため陸軍特別大演習・観兵式は取り止め。

・一九二四(大正一三)年　石川県

一一月一日出発、二日金沢着、大本営(前田利為別邸成巽閣)に入る。三日演習開始(統裁は摂政)、埴生村で演習統裁、戦線視察、四日大本営で演習統裁。風邪気のため戦線巡視は中止。五日山科で演習統裁、演習終了、参謀総長の講評、勅語朗読。六日野村練兵場にて閲兵、歩兵第三五聯隊営庭にて将兵を親閲、大本営に帰還。七～一二日北陸地方(石川県・富山県)行啓。一二日東京帰還(刊本第四巻、一五一～一六四頁)。

・一九二五(大正一四)年　宮城県

一〇月一一日出発、山形着。一二日山形県下行啓、一三日米沢着、一四日新庄着、酒田付近行啓、一五日鶴岡着、秋田着、一六・一八日秋田県下行啓、一八日大本営(仙台偕行社)に入る。一九日演習開始(統裁は摂政)、一九・二〇日宮城県北部で演習統裁、二〇日

大本営帰還、二一日演習統裁、二二日演習視察、演習終了、参謀総長の講評、勅語下賜。風邪気のため観兵式への行啓取り止め。二五日東京帰還(刊本第四巻、三三九〜三六六頁)。

・一九二六(大正一五)年　佐賀県

一一月一一日、大正天皇病状悪化のため摂政の特別大演習行啓の中止決定。閑院宮載仁親王に演習統裁を代行させる(二九日に復命)(刊本第四巻、五六三〜五六四頁)。

・一九二七(昭和二)年　愛知県

一一月一三日出発、名古屋着、大本営(名古屋偕行社)に入る。一四日名古屋市内行啓、名古屋北練兵場にて在郷軍人・青年訓練所生徒・青年団員約五万人を親閲、分列式に臨場。一五日演習開始(統裁は天皇)、戦況視察、一六・一七日演習視察、一八日演習統裁、演習終了、参謀総長講評、勅語下賜、大本営帰還。一九日名古屋北練兵場にて観兵式、閲兵の際、兵士の直訴あり。二〇・二一日愛知県下行幸、二二日東京帰還(刊本第四巻、八〇六〜八二四頁)。

・一九二八(昭和三)年　岩手県

一〇月四日出発、仙台着、五日盛岡着、大本営(岩手県公会堂)に入る。六日演習開始、

花巻で演習統裁、七日演習視察、八日観武ヶ原で演習統裁、演習終了、戦線視察、参謀総長講評、勅語下賜。九日豪雨のため観兵式取り止め。一〇日大本営前にて岩手県下在郷軍人・学徒・青年訓練所等四八団体一万二七〇〇余名による分列行進を親閲。一一日東京帰還(刊本第五巻、一七一〜一八四頁)。

・一九二九(昭和四)年　茨城県

一一月一四日出発、水戸着、大本営(茨城県庁)に入る。一五日演習開始、演習統裁、戦線巡視、夜間演習の状況を統裁。一六日演習統裁、戦線巡視、一七日演習統裁、演習終了、戦線視察、参謀総長講評、勅語下賜。一八日堀原練兵場にて観兵式。一九日霞ヶ浦海軍航空隊視察、二〇・二一日茨城県下行幸。二二日東京帰還(刊本第五巻、四七〇〜四八六頁)。

・一九三〇(昭和五)年　岡山県・広島県

一一月一二日出発、名古屋着、一三日名古屋発、岡山着、大本営(後楽園)に入る。一四日演習開始、演習統裁、戦線巡視、大本営帰還、戦況聴取、一五日演習統裁、飛行場視察、戦況聴取、一六日演習統裁、演習終了、乗馬にて戦線巡視、参謀総長講評、勅語下賜。一七日岡山練兵場にて観兵式。一八日岡山県下行幸、一九日岡山練兵場にて在郷軍人・学徒・青年団員らの分列行進を親閲。宇野港着、御召艦「霧島」乗艦、二〇日航海、二一日横須賀着、東京帰還(刊本第五巻、七一八〜七三六頁)。

・一九三一(昭和六)年　熊本県

一一月八日出発、横須賀着、御召艦「榛名」乗艦、九日航海、一〇日佐世保港外着、一一日佐世保発、熊本着、大本営(熊本偕行社)に入る。一二日演習開始、演習統裁、戦線巡視、戦況聴取、一三日演習統裁、戦況聴取、一四日演習統裁、演習終了、参謀総長講評、勅語下賜。一五日帯山練兵場にて観兵式。一五〜一八日熊本県下行幸、一八日帯山練兵場にて九州地区(鹿児島県除く)在郷軍人・学徒・青年団員らの分列行進を親閲。一九日鹿児島着、伊敷練兵場にて鹿児島県下の在郷軍人・学徒・青年団員らの分列行進を親閲。御召艦「榛名」乗艦、二〇日航海、二一日横須賀着、東京帰還(刊本第五巻、八九八〜九二三頁)。

・一九三二(昭和七)年　大阪府

一一月一〇日出発、大阪着、大本営(第四師団司令部)に入る。一一日演習開始、演習統裁、戦線巡視。風邪気のため夜間の統裁部への行幸中止。一二日大本営にて演習統裁、一三日大本営にて演習統裁、演習終了、参謀総長講評、勅語下賜、大本営帰還。一四日城東練兵場にて観兵式、暴風雨の中を「白雪」に騎乗して閲兵、天候と天皇の風邪気のため分列式取り止め。一五・一六日大阪府下行幸、一七日東京帰還（刊本第六巻、一八一〜一九四頁）。

・一九三三（昭和八）年　福井県

一〇月二二日出発、京都御所着、二三日京都発、大本営（福井県庁）に入る。二四日演習開始、演習統裁、戦線巡視、戦況聴取、二五日演習統裁、戦況聴取、二六日演習統裁、演習終了、参謀総長講評、勅語下賜、大本営帰還。二七日第一観兵式場（福井紡績株式会社用地）にて歩兵部隊・徒歩部隊の観兵式、第二観兵式場（足羽川堤）にて騎兵・山砲兵を閲兵、大本営帰還。二八・二九日福井県下行幸、三〇日舞鶴行幸、京都御所着、三一日東京帰還（刊本第六巻、三六八〜三八一頁）。

・一九三四（昭和九）年　群馬県

一一月一〇日出発、大本営（群馬県庁）に入る。一一日演習開始、演習統裁、戦線巡視、戦況聴取、一二日戦況聴取、演習統裁、戦線巡視、戦況聴取、一三日演習統裁、演習終了、参謀総長講評、勅語下賜、大本営帰還。一四日乗附練兵場にて観兵式。一五日群馬県下行幸、一六日桐生にて鹵簿誤導事件発生、栃木県下行幸、中島飛行機本社行幸、一七日群馬県下行幸、歩兵第一五聯隊営庭にて在郷軍人を親閲、一八日埼玉県下行幸、東京帰還(刊本第六巻、六〇九〜六三二頁)。

・一九三五(昭和一〇)年　鹿児島県・宮崎県

一一月六日出発、横須賀着、御召艦「比叡」に乗艦、出港。七日航海、風邪のため静養。八日鹿児島着、鹿児島大本営(鹿児島県立第一高等女学校)に入る。九日演習開始、戦況聴取、一〇日演習統裁、都城大本営(宮崎県立都城中学)に入る。一一日演習統裁、一二日演習統裁、演習終了、参謀総長講評、勅語下賜、大本営帰還。一三日都城飛行場にて観兵式、一三〜一六日宮崎県下行幸、一七日鹿児島県下行幸、伊敷練兵場にて在郷軍人・学徒・青年団員らを親閲、一八・一九日鹿児島県下行幸、御召艦「比叡」にて有明湾方面行幸、二〇日航海。二一日横須賀着、東京帰還(刊本第六巻、八二二〜八三五頁)。

・一九三六(昭和一一)年　北海道

九月二四日出発、横須賀着、御召艦「比叡」に乗艦、出港。二五日航海。二六日室蘭着、旭川着、旭川練兵場にて在郷軍人・学徒・青年団員らを親閲、二七日釧路地方行幸、二八日根室地方行幸、二九日帯広地方行幸、帯広飛行場にて在郷軍人・学徒・青年団員らを親閲、三〇日帯広地方行幸、一〇月一日帯広発、札幌着、大本営(北海道帝国大学農学

部)に入る。二日大本営にて演習統裁(現地統裁は実施せず)、三日戦線巡視、演習統裁(豪雨の中、天幕外に起立のまま約一時間三〇分にわたる)、四日暴風雨のため大本営にて演習統裁、五日戦線巡視、演習統裁、演習終了、参謀総長講評、勅語下賜、大本営帰還。六日札幌飛行場にて観兵式、六~八日札幌周辺行幸、八日札幌飛行場にて在郷軍人・学徒・青年団員らを親閲、九日小樽方面行幸、一〇日函館方面行幸、函館練兵場にて在郷軍人・学徒・青年団員らを親閲、函館発。一一日航海。一二日横須賀着、東京帰還(刊本第七巻、一七〇~二〇三頁)。

・一九三七(昭和一二)年~一九四五(昭和二〇)年
戦時のため陸軍特別大演習・観兵式は取り止め。

陸軍特別大演習とそれにともなう観兵式は、毎年一〇月か一一月(その地方の稲刈り終了後)に行われる恒例の国家行事で、しかも最も長期間にわたる行幸をともなうものであった。昭和天皇は、皇太子時代に六回(うち一回は取り止め)、天皇になってから一〇回の陸軍特別大演習に参加している。この特別大演習にともなう行幸は、天皇(皇太子)の地方視察を兼ねており、天皇はかならず県知事等からその県の統治状況の報告を受けるとともに、多くの地方有力者に拝謁を許し、学校・重要企業などを訪問することを常とした。
　大演習そのものは実質的に三日間程度で、天皇が大本営に入ってから、参謀総長から演習概要についての説明を受け、演習開始を令する。そして天候と天皇のコンディションが良ければ、二日間にわたり野外統監部に出向いて演習を統裁し、演習最終日には、演習統裁後、演習の中止を令し、多くの場合、乗馬で前線将兵を巡視する。そして場所を練兵場等に移して観兵式（閲兵式と分列式）が行われる。地方行幸をともなう陸軍特別大演習に関する「実録」の記述は、非常に詳細であり、歴史的な記録として価値あるものになっている。たとえば、即位の礼・大嘗祭《だいじょうさい》を目前にひかえた一九二八年の陸軍特別大演習についての記述は次のようになっている。

　一九二八（昭和三）年一〇月五日　金曜日
午前十時、仙台行在所を御出門、仙台駅より汽車にて盛岡駅に向かわれる。車中において宮城県知事牛塚虎太郎・内務省警保局長横山助成・仙台鉄道局長伊藤勘助をお召しになり、種々御下問になる。一ノ関駅御停車の際には、陸軍軍医監中目成一に車窓より謁を賜い、ついで同駅より乗車の第八師団長真崎甚三郎に謁を賜う。午後二時二十分盛岡駅に御着、それより自動車にて大本営【岩手県公会堂】に御到着になる。御座所において〔閑院宮〕載仁親王・邦彦王・守正王・鳩彦王・春仁王に御対顔になり、続いて岩手県知事丸茂藤平より奉迎の辞をお聞きになり、県治概要の奉呈を受けられる。内閣総理大臣田中義一・鉄道大臣小川平吉・陸軍大臣白川義則・子爵後藤新平【岩手県出身】・参謀総長鈴木荘六・陸軍大将宇垣一成以下陸海軍将官等、盛岡高等農林学校長鏡保之助以下三十余名に単独拝謁を賜う。次に別室において文武有資格者百九十余名に列立拝謁を賜う。三時三十分、御統監室において参謀総長より明日の大演習御統裁に関する奏上をお聞きになる。夕刻、中央塔六階に上られ盛岡市内を御展望になる。七時三十分、参謀総長に再び謁を賜い、両軍司令官の決心の言上をお聞きになり、明日の花巻方面における御統監の上奏を受けられる。今回の大演習は、第二師団を中心とする南軍【南軍第一軍。南軍司令部及び司令官、基幹とされる二個師団は仮想で、第二師団は同軍に追加された部隊と位置づけられる】と、陸軍大将鈴木孝雄を司令官とし第八師団・騎兵第一集団【騎兵第二旅団・騎兵第三旅団等により編成】を基幹とする北軍【北軍第二軍】との間で岩手県を中心に行われる。統監部は盛岡市立仁王尋常小学校、同支部は私立東北女子高等女学校に設置される。この日午後八時頃には北軍司令部は北岩手郡沼宮内町に在り、第八師団主力は盛岡市南方、騎兵第一集団司令部は同市北西部に位置する。これに対し南軍第二師団主力は秋田県平鹿郡横手町に在り、また雫石支隊として歩兵第十六聯隊第一大隊などの部隊が西和賀郡沢内村付近に、北上川支隊として歩兵第三旅団司令部・歩兵第四聯隊等が稗貫郡花巻町に、騎兵第二聯隊主力等が同郡石鳥谷町にそれぞれ位置する。当夜の段階で、南軍第二師団長赤井春海は、兵力を花巻町付近に集結した後、東北本線に沿い南下する敵に攻勢を取る方針を立て、これに対し北軍司令官は友軍全体の集結を待つことなく、明六日も前進を続行し、花巻付近に進出する敵を各個に撃破する方針を立てる。○侍従日誌、侍従職日誌、内舎人日誌、幸啓録、行幸録、宮内省省報、官報、岩手県庁文書、奈良武次日記、河井弥八日記、関屋貞三郎日記、偕行社記事、岩手県議会史、昭和三年陸軍特別大演習岩手県記録、昭和三年陸軍特別大演習記録(盛岡市)、岩手日報、岩手毎日新聞

夕刻、参営の侍従武官矢野機より、福島・宮城両県下で行われた陸軍大学校参謀演習旅行に御差遣の復命を受けられる。○侍従日誌、進退録、侍従武官府資料、宮内省省報、官報(8)

一〇月六日　土曜日

この日、南軍第二師団主力は鉄道輸送により黒沢尻・横川目駅付近に下車し、逐次豊沢川河畔に兵力を集結した後、盛岡方面の敵に対し攻勢を取ることになり、北上川支隊は花巻より草井山の線を占領し師団主力の進出を掩護し、雫石支隊は盛岡方面の敵の側背を脅威するため速やかに雫石川河谷に進出する。これに対し北軍の騎兵第一集団は早朝より岩手郡本宮村向中野付近を発し志和・石鳥谷・金矢を経て二

ツ堰方向に前進し、横川目付近を占領することとなり、第八師団主力は陸羽街道を南進する。(9)

一〇月八日　月曜日

午前七時三十分、自動車にて大本営を御出門、観武ヶ原野外統監部にお成りになる。統監部幕僚林桂・同村上啓作より戦況説明を受けられ、ついで南北両軍の戦闘を御覧になる。当地は前日午後より降雨が続く悪天候にて、南軍主力は豪雨、強風の中を午前七時三十分頃より笹森丘付近に向け攻撃を開始し、対する北軍は同四十分頃より攻勢に転じ、騎兵第三旅団は観武ヶ原方面の敵に向け突撃する。天皇はこの間、天幕には殆ど入ることなく、終始展望台において御観戦になる。激戦のなか、午前八時三十分、演習終了が命じられる。それより天皇は御料馬吹雪にて観武ヶ原方面の戦線を巡視され、途中、南北両軍の各指揮官に対し、戦況及び兵馬の状況等について御下問になる。〔盛岡中学校、講評、勅語、大演習関係者御陪食、侍従武官御差遣(10)〕

一〇月九日　火曜日

盛岡地方は前夜には豪雨となるなど悪天候が続く。早暁参謀総長鈴木荘六が参営し、練兵場においては泥濘甚だしく観兵式の実施は到底困難なため、お取り止め願いたき旨の奏請に及ぶ。天皇は御寝室において侍従武官長奈良武次よりこの旨をお聞きになり、御裁可になる。〇侍従日誌、行幸録、侍従武官府資料、岩手県庁文書、奈良武次

日記、河井弥八日記、関屋貞三郎日記(11)

この「実録」の叙述を見ても、陸軍特別大演習というものが、政府そのものが一時その地方に移転したのと同様の国家的大行事であり、天皇と県当局による地域支配にとって非常に大きな役割を果たしていたことが分かる。なお、一九二八年は、昭和期で唯一、天候の関係で観兵式そのものが取り止めになった年であった(一九三二年は分列式のみ取り止め)。

3　天皇と海軍特別大演習

天皇が親閲する陸軍の観兵式は、陸軍始・天長節・特別大演習の際に、特別な事件がなく悪天候でない限り年に三回が予定される。これに対して海軍の観艦式は、通常は三年に一度、海軍特別大演習終了時に実施される。海軍の場合、聯合艦隊の教育・訓練は三年を一サイクルとしているのと、陸軍の観兵式と異なって聯合艦隊の大部分の艦艇を動員する観艦式には、実施するだけでも莫大な費用がかかるため毎年の実施が困難だったからである。

海軍大演習・特別大演習にともなう観艦式は、一九〇〇(明治三三)年に神戸沖で実施

された のが最初で、以後、明治・大正期には一九〇三・〇八・一二・一九年に実施された。昭和天皇が臨場した海軍特別大演習観艦式とその他の観艦式は、以下の通りである。

・一九一九(大正八)年

一〇月二二日出発(皇太子として大演習参加)、横須賀着、御召艦「扶桑」に乗艦、二三日横須賀海軍航空隊行啓、海軍特別大演習第三期演習計画を聴取、横須賀出港、大正天皇(初めての海軍特別大演習統裁)御召艦「摂津」に乗艦して横浜発、二四日皇太子船酔で休息、大島沖で演習開始、演習観戦、二五日天皇東京帰還、二六日皇太子横浜沖に到着、二八日天皇・皇太子「摂津」に合流、海軍特別大演習観艦式、演習講評、東宮御所に帰還(刊本第二巻、五一〇～五一五頁)。

・一九二七(昭和二)年

一〇月二〇日赤坂離宮出発、横須賀着、御召艦「陸奥」に乗艦、二二日演習(海軍特別大演習第二期演習)開始を令する。二三日室戸岬南方一〇〇浬《かいり》に達し、青軍主力と航行。青軍水雷戦隊・潜水戦隊は赤軍主力を夜襲。二四日演習統裁、青・赤両軍決戦、演習中止を令する。両軍状況聴取。二五日横須賀着、東京帰還。三〇日赤坂離宮出発、横浜港着、海軍軍令部長による講評、勅語朗読。海軍特別大演習観艦式、東京帰還(刊本第四巻、七九〇～八〇〇頁)。

・一九二八(昭和三)年

一二月四日大礼特別観艦式、御召艦「榛名」、横浜沖にて実施。

・一九三〇(昭和五)年

一〇月一八日出発、横須賀着、御召艦「霧島」に乗艦、海軍軍令部長より演習状況・計画について聴取、演習(海軍特別大演習第二期演習)開始(参加艦艇一八六隻・七二万トン、航空機百余機、人員六万五〇〇〇人)。一九日横須賀軍港空襲演習、補助艦艇部隊の演習、二〇日演習統裁、二一日潮岬南東三〇〇浬の海上にて青・赤両軍、決戦にいたる。演習中止、御召艦大阪湾に。二二日神戸沖に投錨、御召艦「羽黒」に移乗、二三日江田島着、海軍兵学校行幸、練兵場にて兵学校生徒らを親閲、二四日兵学校視察、二五日神戸着、御召艦「霧島」に移乗、二六日神戸沖にて海軍特別大演習観艦式、全七列に整列した艦艇を親閲、海軍軍令部長による特別大演習講評、勅語下賜、神戸発、二七日横須賀着、東京帰還(刊本第五巻、六九五～七〇六頁)。

・一九三三(昭和八)年

八月一六日葉山御用邸出発、横須賀着、御召艦「比叡」に乗艦、演習（海軍特別大演習第三期演習）開始。一七日小笠原諸島東方を南下、一八日演習統裁、演習中止を令する。一九・二〇日横須賀への航海、二一日横須賀着、葉山御用邸に帰還（刊本第六巻、三三四〜三三八頁）。

・一九三六（昭和一一）年

一〇月二一日出発、横須賀着、御召艦「比叡」に乗艦、演習計画を聴取、二二日演習（海軍特別大演習第三期演習）開始、戦況奏上を受ける。艦内視察、二三日演習統裁、演習中止を命ずる。二四日紀淡海峡南方一〇〇浬の洋上において第二特別演習開始、日没戦・後衛戦を統裁、演習終了、二五日神戸着、二六日御召艦「愛宕」に移乗、神戸出港、二七日江田島着、海軍兵学校視察、練兵場にて兵学校生徒らを親閲、江田島発、二八日神戸入港、御召艦「比叡」に移乗、二九日阪神沖にて初の移動式観艦式（「参列艦船が陣形を整え御召艦の側近を通過し御親閲を受ける」）、軍令部総長による大演習講評、勅語下賜、神戸出港、三〇日横須賀着、東京帰還（刊本第七巻、二〇九〜二一八頁）。

・一九四〇（昭和一五）年

一〇月一一日紀元二千六百年特別観艦式、御召艦「比叡」、横浜沖にて実施。

昭和天皇践祚《せんそ》後最初の観艦式は、一九二七年一〇月三〇日に行われた。天皇は、海軍特別大演習統裁のために一〇月二〇日午前八時三〇分に赤坂離宮を出発、東京駅から列車で横須賀へ、横須賀軍港から御召艦「陸奥」に乗って、本州南方(遠州灘沖から室戸岬沖)の演習海面へと向かった。海軍特別大演習第二期演習は、二二日午前八時、天皇の命令によって開始され、天皇座乗の「陸奥」は青軍(想定日本艦隊)艦隊主力に添って航行した。演習は、二四日に青軍・赤軍(想定米艦隊)の主力決戦が実施されて終了、二五日に天皇は東京に帰還した。そして、観艦式は、演習のすべての業務が終わったのちに一〇月三〇日に横浜港外にて行われた。その模様を「実録」は次のように記している。

一九二七(昭和二)年一〇月三〇日　日曜日

午前七時五十分、海軍特別大演習観艦式行幸のため赤坂離宮を御出門、八時十分東京駅を御発車になり、横浜港駅に向かわれる。同駅御着後、横浜税関長井上徳太郎及び海軍軍令部長鈴木貫太郎の先導のもと税関桟橋に進まれ、艦載水雷艇にて御召艦陸奥に乗艦される。直ちに雍仁親王・宣仁親王・載仁親王・守正王・邦彦王・藤麿王と後部上甲板の御座所において御対面になり、海軍大臣岡田啓介・海軍軍令部長鈴木貫太郎・大演習観艦式指揮官加藤寛治・横須賀鎮守府司令長官安保清種・陸奥艦長枝原百合一、続いて元帥海軍大将東郷平八郎・内閣総理大臣田中義一・枢密院議長倉富勇三郎・元帥陸軍大将上原勇作・鉄道大臣小川平吉以下国務大臣等、陪観の勅任官以上に対し謁を賜う。九時四十五分、御召艦は浮標を離れ、観艦式場に進む。十時、前艦橋玉座に出御され、加藤指揮官の説明をお聞きになりつつ飛行機隊の運動及び式場参列の諸艦を御親閲になる。十一時御親閲が終了し、御召艦は予定位置に投錨する。萩麿王・朝融王参艦につき御対面になり、第二艦隊司令長官吉川安平以下、各艦より参集の大演習関係諸官中勅任官以上に謁を賜う。

正午、後甲板上部の講評場に出御される。青赤両軍指揮官より第二期両軍演習の経過概要の奏上を受けられ、次に軍令部長による講評をお聞きになる。それより左の勅語を朗読され、これを軍令部長に賜う。

朕始メテ親シク大演習ヲ統裁シ将卒ノ士気旺盛ニシテ所期ノ目的ヲ達シ得タルヲ認メ又茲ニ朕カ艦隊ヲ親閲シテ軍容ノ整斉ナルヲ覩《み》朕之ヲ懌《よろこ》フ
惟《おも》フニ国軍ノ現状ハ軍紀士気ノ振張統帥ノ卓越訓練ノ精到諸機関ノ整備ニ須《ま》ツモノ洵《まこと》ニ多シ汝等軍人益々奮励上下一致シテ各其ノ本分ヲ完ウセムコトヲ期セヨ

軍令部長より特別大演習を終結し、特別演習部隊の編制を解除する旨が伝達され、ここに本年の海軍特別大演習はすべて終了する。それより御座所に入御され、英国大使館附海軍大佐Ｃ・Ｖ・ロビンソン以下観艦式陪覧の外国海軍武官七名を御引見になる。

午後一時十分、後甲板上部に設けられた賜饌《しせん》場に臨御され、諸官に饌を賜い、東郷元帥、田中総理以下演習関係の勅任官以上、観艦式陪観の勅任官以上の武官、親任待遇以上の文官及び外国武官合計九十四名に対し天盃《てんぱい》を下賜される。賜饌は軍艦比叡・金剛でも行われ、御名代として宣仁親王、載仁親王をそれぞれ遣わされる。なお賜饌に不参の海軍士官、大演習関与の下士官、兵卒、軍属等には、それぞれ御紋菓及び酒肴料を賜う。

御座所に入御後、邦彦王・守正王と御対面になり、軍艦比叡・金剛における賜饌に御差遣の宣仁親王・載仁親王より復命をお聞きになる。午後二時四十五分御召艦は抜錨し、横浜港内に向かう。三時四十分陸奥を退艦され、横浜港駅三時五十分発の汽車にて御帰京になる。(12)

観艦式は陸軍の観兵式における閲兵と似て、整列(静止)した艦艇群を御召艦に乗った天皇が親閲するという形をとる。この形式は、先述したように一九三六年からは「参列艦船が陣形を整え御召艦の側近を通過し御親閲を受ける」(13)という「移動式観艦式」にかわった。陸軍特別大演習後の観兵式と同様に、海軍特別大演習後の観艦式でも、その後に「賜饌」(酒肴のふるまい)や「天盃」などの記念品の下賜が行われる。こうした行事も天皇の軍隊ということを将兵に実感させる重要なものであった。

なお、海軍特別大演習後の観艦式以外では、昭和期においては一九二八年の大礼特別観艦式と一九四〇年の紀元二千六百年特別観艦式がある。これらのうち大礼特別観艦式の模様について、「実録」は次のように記している。

一九二八(昭和三)年一二月四日　火曜日

大礼特別観艦式挙行につき、午前八時五分、海軍御正装着用にて宮城を御出門、御召列車にて東京駅を御発車になる。九時五分、横浜港駅に御着になり、税関波止場より艦載水雷艇にて御召艦を務める軍艦榛名に御乗艦になる。この時、満艦飾を施した各艦からは皇礼砲が発射される。榛名艦檣頭には天皇旗が掲揚され、艦の勅任官以上は後甲板左舷後部に整列、その他は後甲板左舷前部に整列し、登舷礼式を以て奉迎する。御座所において雍仁親王・載仁親王・博義王・恒憲王・邦彦王・守正王・多嘉王・鳩彦王・春仁王・李王垠と御対顔、ついで大礼特別観艦式指揮官財部彪・海軍大臣岡田啓介・海軍軍令部長鈴木貫太郎・横須賀鎮守府司令長官吉川安平・榛名艦長玄角喜蔵、並びに大勲位元帥海軍大将東郷平八郎以下の諸官に謁を賜う。

午前九時四十分、御召艦は浮標を離れ、軍艦金剛の先導、比叡・磐手両艦の供奉により横浜港防波堤の東方約二・五キロの式場【鶴見川河口より東北方面六郷川河口にわたる東西約八浬、南北約二浬半に及ぶ】へ向け航進を開始する。御召艦が港口に到るや観艦式指揮官旗艦春日より皇礼砲を行い、各艦もこれに倣う。天皇は前艦橋に出御され、聯合艦隊旗艦長門以下の各艦を御親閲になる。その際、財部指揮官より参列の艦長・司令以上の官氏名等をお聞きになり、各艦の登舷式礼に対しては一々挙手を以て御答礼になる。また九時五十分頃には、霞ヶ浦海軍航空隊、横須賀・佐世保・大村海軍航空隊等に所属する常用飛行機・飛行艇・攻撃機が御召艦の右舷側約四百メートルを反航し、小隊ごとに御召艦の正面近くにて高度を下げ、搭乗員は挙手の礼を行い空中分列を実施する。観艦式に参列する艦船は聯合艦隊並びに練習艦隊の各艦、各鎮守府要港部の警備艦、第一予備艦の大部、練習艦艇及び行動上参加可能なる在役特務艦にて合計百八十六隻、総トン数七十七万八千八百九十一トンに達する。このほかイギリス・アメリカ・フランス・イタリア・オランダ各国より特派された軍艦七隻、特許拝観船として大成丸以下十五隻も参列する。皇族及び大勲位以下の陪観者約五千三百名は御召艦・供奉艦その他に分乗し、また特に拝観を許された者約八千八百名は間宮以下の特務艦に乗艦してそれぞれ指定の錨地に進み、その他一般拝観者の搭乗する各艇及び式場外における参観船等は、各々所定の錨地に整列する。

午前十一時、御親閲が終了し、御召艦は式場内の予定位置に投錨する。それより御座所において、御召艦に参集の聯合艦隊司令長官加藤寛治以下参列部隊の司令長官・司令官・参謀長並びに外国大公使館附海軍武官・同輔佐官及び在港外国軍艦の司令長官・司令官・参謀長・艦長・司令等に単独拝謁を賜い、続いて後甲板にお出ましになり、陪観の勅任官や艦長、特務艦長、司令、練習艦隊首席参謀に列立拝謁を賜う。午後零時十分、後甲板の玉座へ出御され、左の勅語を朗読される。

朕即位ノ礼ヲ訖リ茲ニ観艦式ヲ行ヒ親シク軍容ヲ閲シ進歩ノ蹟顕著ナルヲ視テ深ク之ヲ嘉ス

惟フニ軍事ノ進歩ハ頃刻《けいこく》息《やす》マス汝等倍々奮励シ協心戮力各其ノ本分ヲ尽シ以テ朕カ望ニ副ハムコトヲ期セヨ

終わって勅語書を海軍大臣に授けられ、海軍大臣より奉答を受けられる。終了後、便殿に入御される。勅語は直ちに無線電信を以て参列の各艦及び海軍省に伝達される。〔外国軍艦観艦式参加に対し御沙汰、賜饌、天盃下賜、宮城に還幸、大礼を記念し美術品製作を御下命〕(14)

日本海軍の主力を集めた観艦式というものが、国家的威信をかけた大行事であることがこれらの叙述からも理解できる。また、通常の海軍特別大演習後の観艦式においては、外国武官の陪観はあっても、観艦式そのものに外国軍艦が参加することはないが、大礼特別観艦式においては外国軍艦七隻が参加している。

＊　＊　＊

「実録」における観兵式・観艦式の叙述を紹介・検討してきたが、今日における歴史資料・歴史叙述として見てみると、「実録」には全く地図・写真などの図像資料、映像資料などが使われていないことが惜しまれる。様々な国家的行事には、宮内省サイドで記録した写真や映像もあったはずであるが、それらが何故に資料として使用されていないのか。天皇実録の形式が伝統的にそういうものであることは確かだが、二〇世紀ならではの図像・映像などの資料を適切に使えば、この時代の特徴をより明確に示すことができたのではないかと思われる。

第Ⅱ部

昭和天皇の戦争

——即位から敗戦まで

第三章　軍部独走への批判から容認へ
——満洲事変期(一九二六〜三六年)

第二部(第三章から第六章)では、張作霖爆殺事件以後、満洲事変・日中戦争を経てアジア太平洋戦争の開戦から敗戦に至る諸段階における天皇の戦争指導に焦点をあてて「昭和天皇実録」が何を歴史的記録として残し、何を残さなかった(消去してしまった)のかを具体的に検証する。

本章では、張作霖爆殺事件(一九二八年)から満洲事変(一九三一年)を経て二・二六事件(一九三六年)に至る時期における「実録」の叙述を検証し、天皇の心情と行動の揺れについて見ていく。

1　張作霖爆殺と田中義一内閣総辞職

一九二六年一二月二五日、大正天皇の死去にともなって摂政・裕仁皇太子は践祚し、大日本帝国陸海軍を統帥する大元帥となった。この頃、中国では蔣介石を司令官とする国民政府の北伐軍が北上し、国家統一に向けての動きが急激に進展していた。北伐の進展にともない、一九二七年五月、田中義一内閣は山東省への出兵(第一次山東出兵)を決定するなど、その後のアジア情勢激動の予兆が現れていた。この年、昭和天皇は、七月に軍艦「山城」で小笠原・奄美大島方面に行幸、八月四日から五日にかけて豊後水道において実施された聯合艦隊の射撃・爆撃演習を親閲、九月一九日には富士裾野における陸軍特別攻防演習を親閲、一〇月二二日から二四日にかけて本州南方海上での海軍特別大演習を統監、一一月一五日から一八日にかけて愛知県で実施された陸軍特別大演習を統監するなど、軍務においても多忙を極めていた。一九二八年になると大正天皇の服喪期間も明け、一月八日には践祚後初の陸軍始観兵式、四月二九日には践祚後初の天長節観兵式が盛大に実施された。天長節の少し前、四月一九日に田中内閣は第二次山東出兵を決定し、山東省青島に第六師団(熊本)が派遣された。山東出兵は、陸軍の戦略単位である師団が出動する大規模なものになり、五月三日には済南で日本軍と中国国民政府軍が衝突するまでに至った。北伐軍の北上に危機感を抱いた関東軍の一部の軍人たちは、六月四日、満洲に帰還途上の張作霖(中国東北部を支配する大軍閥の頭目)を搭乗列車ごと爆殺し、治安悪化による日本人居留民の保護を名目に満洲全土を武力占領する計画を立てたが、関東軍の出動要請を政府が認めなかったため、プレ満洲事変とも言えるこの陰謀は、張作霖を暗殺しただけで頓挫した。
この張作霖爆殺事件は、日本国内にも直ちに伝えられ「満洲某重大事件」と呼ばれたが、「実録」には事件後もしばらくはこのことは記されず、ようやく一二月二四日の条において初めて触れられている。

一九二八(昭和三)年一二月二四日　月曜日
午後二時、内閣総理大臣田中義一に表内謁見所において謁を賜い、支那状況、及び去る六月四日奉天郊外において張作霖が爆死した事件の顚末につき概要を御聴取になり、また事件の詳細は陸軍大臣より奏上すべき旨をお聞きになる。総理退出後、侍従長珍田捨巳をお召しになり、陸軍大臣奏上時の対応について御下問になる。よって珍田は、侍従次長河井弥八と共に内大臣牧野伸顕を訪問し、四時二十分、再び天皇に拝謁、復命に及ぶ。○侍従日誌、河井弥八日記[1]

「張作霖が爆死した事件の顚末」とは、『田中義一伝記』によれば「作霖横死事件には遺憾ながら帝国軍人関係せるものの如く、目下鋭意調査中なるを以て若し事実なりせば法に照して厳然たる処分を行なうべく、詳細は調査終了次第陸相より奏上する」[2]というものであったとされている。ここで注目すべきは、「実録」の記述から、陸軍大臣が奏上した際の天皇の対応策について直ちに侍従長・侍従次長・内大臣が協議に入ったことが分かることである。翌日にも次のように記されている。

一二月二五日　火曜日

午後一時二十五分、内大臣牧野伸顕に謁を賜う。内大臣より、張作霖爆死事件に関し陸軍大臣が奏上した際の天皇の御言葉について、この日内大臣・〔一木喜徳郎〕宮内大臣・侍従長・〔奈良武次〕侍従武官長が協議した結果をお聞きになる。○侍従日誌、河井弥八日記(3)

側近たちの協議は、牧野伸顕内大臣が中心となって宮内大臣・侍従武官長を加えて行われている。問題は、「協議した結果」がどのようなものであったのか、ということである。一二月二八日に白川義則陸軍大臣が参内した際の「実録」の記述はこうである。

一二月二八日　金曜日

午後二時四十分、陸軍大臣白川義則参内につき表内謁見所において謁を賜い、張作霖爆死事件について調査を開始する旨の奏上を受けられる。○侍従日誌、内舎人日誌、奈良武次日記、河井弥八日記(4)

田中首相の奏上の後、天皇は陸軍大臣奏上時の対応(陸軍大臣への発言)について側近に下問し、側近は牧野内大臣を中心に協議し、その対応策を天皇に伝えたはずである。だが、「実録」の記述を見る限りでは、天皇が陸軍大臣にどのようなことを発言したのかは全く分からない。「実録」は「侍従日誌、内舎人日誌、奈良武次日記、河井弥八日記」を典拠としてあげているが、協議に加わっていた河井弥八侍従次長と奈良武次侍従武官長の日記にも「協議した結果」は記されていない。一二月二五日の『河井弥八日記』にはこのようにある。

○首相退出後、内大臣、宮内大臣、侍従長、武官長は相会合し、張作霖事件に付陸相上奏の際、陛下の御言葉に関し密議す。其結果は内大臣より上奏す。(中略)
○夜、原田(熊雄)男爵来訪す。張事件に付、首相上奏の内容を問はる。固《もと》より知らずと答ふ。侍従長及宮内大臣を訪問する為とて辞去せらる。(5)

河井は、「陛下の御言葉に関し密議す」とは記しているが、その内容については述べておらず、奈良も白川が奏上した一二月二八日付の日記に「午后二時半白川陸相拝謁、張作霖暗殺事件に関し調査を開始すべき旨内奏《ないそう》す。后珍田侍従長と余とに同事件今日迄の調査の結果及行懸りを話せり」(6)と記しているが、天皇の言葉については触れていない。最大のキーパーソンは牧野内大臣であるが、この前後の『牧野伸顕日記』は記録が欠落している。結局、「実録」においても天皇の白川陸相への対応・言葉については、従来明らかになっていた以上ものは記録されていない。

それでは、この張作霖爆殺事件に連動する形で起きた昭和天皇による田中義一叱責・田中内閣総辞職について、「実録」はどのように記録しているのであろうか。前述の田中首相による奏上からおよそ半年後、張作霖爆殺から一年が過ぎてから、田中首相は、天皇にこの事件の処理に関する二度目の奏上を行った。それについて「実録」には次のようにある。

一九二九(昭和四)年六月二七日　木曜日

午前十一時五十分、御書斎において侍従長鈴木貫太郎に謁を賜い、午後に予定された首相の拝謁において、張作霖爆殺事件に関する奏上がなされた場合の天皇の御対応につき、この日午前十時より内大臣牧野伸顕・宮内大臣一木喜徳郎と協議した結果についての奏上を受けられる。なお、鈴木は同問題に関し、昨夕公爵西園寺公望を訪問する。○侍従日誌、河井弥八日記、岡部長景日記

午後一時三十五分、御学問所において内閣総理大臣田中義一に謁を賜い、張作霖爆

殺事件に関し、犯人不明のまま責任者の行政処分のみを実施する旨の奏上をお聞きになる。〈①〉今回の田中の奏上はこれまでの説明とは大きく相違することから、天皇は強き語気にてその齟齬を詰問され、さらに辞表提出の意を以て責任を明らかにすることを求められる。また田中が弁明に及ぼうとした際には、その必要はなしとして、これを斥けられる。同五十分、田中は退下す。それより天皇は御書斎に侍従次長河井弥八、ついで内大臣牧野伸顕をお召しになり、同問題につき御談話になる。○侍従日誌、内舎人日誌、河井弥八日記、牧野伸顕日記、奈良武次日記、岡部長景日記、西園寺公と政局、小川平吉関係文書、昭和天皇独白録、田中義一伝記、鈴木貫太郎自伝、鈴木貫太郎伝、三土忠造、岡田啓介回顧録

午後三時十八分、侍従長鈴木貫太郎に謁を賜う。それより鈴木は内大臣牧野伸顕・公爵西園寺公望を訪問する。〈②〉なお、この日は午後二時よりゴルフの御予定のところ、御心労のため椅子に凭れたまま居眠りをされ、その機を逸せられる。○侍従日誌、河井弥八日記、牧野伸顕日記、岡部長景日記、関屋貞三郎日記(7)

傍線部①では、天皇の極めて厳しい田中叱責の様子が記されている。この段落は、一四点もの典拠資料が掲げられており、「責任」問題を記録しているものは多数に及ぶが、「辞表提出」にまでストレートに言及しているのはほぼ『昭和天皇独白録』に限られる

と言ってよい。『独白録』には、「そこで田中は再ひ私の処にやつて来て、この問題はうやむやの中に葬りたいと云ふ事であつた。それでは前言と甚だ相違した事になるから、私は田中に対し、それでは前と話が違ふではないか、辞表を出してはどうかと強い語気で云つた」(8)とある。「実録」は、天皇の感情を直接に見て取れるような記述をしないという傾向が強く、その意味で『独白録』とは対照的な書き方をしているのであるが、この部分の記述は、『独白録』の記述を全面的に採用して、例外的とも言える叙述となっている。また、天皇が疲労のあまり居眠りをしてしまうという傍線部②の記述も極めて珍しいものになっている。

また、田中義一叱責・田中内閣総辞職問題については、従来の研究から、天皇と宮中側近による田中排撃として受けとられてきた。「実録」の記述もそういった見方を採用しているように感じられるが、読む限りでは、牧野内大臣のイニシアティブよりも鈴木貫太郎侍従長の存在がクローズアップされている。ここで引用した六月二七日の条の記述でも、牧野内大臣・一木宮内大臣と協議し、西園寺公望にも直接、相談しているのは鈴木である。この年の一月に珍田捨巳前侍従長が死去し、宮中側近の中における侍従長の役割と存在感に一定の変化があったことが分かる。天皇の田中叱責の後、田中に引導を渡すのも鈴木である。「実録」にはこのようにある。

六月二八日　金曜日

午前十一時十五分、陸軍大臣白川義則に謁を賜い、張作霖爆殺事件に関する処分として、関東軍司令官村岡長太郎を予備役編入、前関東軍参謀河本大作【第九師団司令部付】を停職、元関東軍参謀長斉藤恒【東京湾要塞司令官】及び独立守備隊司令官水町竹三を重謹慎とする旨の人事内奏を受けられる。終わって内大臣牧野伸顕、ついで侍従長鈴木貫太郎を御座所にお召しになる。午後一時十四分、右人事書類を御裁可になる。○侍従日誌、侍従職日誌、内舎人日誌、上奏モノ控簿、官報、河井弥八日記、奈良武次日記、牧野伸顕日記、上原勇作日記、小川平吉関係文書、鈴木貫太郎自伝、鈴木貫太郎伝

午後二時三十分、侍従長鈴木貫太郎に謁を賜う。これに先立ち、鈴木は天皇の御内諾を得て内閣総理大臣田中義一を宮中に招き面会、昨日の総理が拝謁した際の天皇の御真意につき、改めて伝達する。また田中より拝謁の上、説明致したしと要求したことに対しては、侍従長より、天皇は御聴取を思召されずと伝えられる。これにより田中は最早御信任を欠くとして、内閣総辞職の意を決する。○侍従日誌、侍従職日誌、河井弥八日記、奈良武次日記、上原勇作日記、小川平吉関係文書、鈴木貫太郎自伝(9)

ここでも鈴木侍従長は、あらかじめ「天皇の御内諾を得て」、「天皇の御真意」につい

て改めて田中に伝え、「拝謁の上、説明致したし」との田中の要求に対しても、「天皇は御聴取を思召されず」とはっきりと拒絶し、田中に総辞職を決意させたことが記されている。鈴木侍従長の重要な役割については、「実録」はこの後にも触れるところがある。

七月五日　金曜日

夜、御学問所において侍従長鈴木貫太郎を御相手に約一時間、御談話になる。鈴木は、自己の経験及びネルソン提督の言により、物事は最初に綱紀を粛正する必要ありとする所以を言上する。○侍従日誌(10)

非公開資料である『侍従日誌』を唯一の典拠にしたこの記述では、鈴木が自分の経験と英海軍提督ネルソンの言葉から「物事は最初に綱紀を粛正する必要あり」と天皇に語ったことが示されており、田中叱責が昭和天皇による治世の始まりを世に知らせるための綱紀粛正策の一つであったということが読み取れる。これは「実録」によって示された新しい記録といえよう。

2　満洲事変と国際連盟脱退

張作霖爆殺事件は、挫折した満蒙武力占領計画であったが、三年後に関東軍は、計画をさらに綿密なものにした上で、柳条湖《りゅうじょうこ》事件を発端とした占領計画を実行に移した。事件勃発の翌日、「実録」一九三一年九月一九日の条には、柳条湖事件が起こった直後の宮中の様子がかなり詳しく記録されている。

一九三一（昭和六）年九月一九日　土曜日

午前九時三十分、侍従武官長奈良武次より、昨十八日夜、満洲奉天付近において発生した日支両軍衝突事件について奏上を受けられる。奈良はこの日の朝、自宅にて新聞号外によって事件の発生を知り、奏上の際には事件が余り拡張しないことを信じる旨を申し上げる。ついで同四十五分、陸軍大臣南次郎に謁を賜い、奉天付近において日支両軍の衝突事件が発生し、我が軍が北大営を攻撃し、占領した旨の奏上を受けられる。

午後一時三十五分、御学問所において内閣総理大臣若槻礼次郎に謁を賜い、政府は今回の事件については、事態を現在以上には拡大せしめないよう努めるとの方針を決定した旨の奏上を受けられる。

午後三時三十分、御学問所において参謀総長金谷範三に謁を賜い、本事件におけるこれまでの軍の行動について奏上をお聞きになる。その際、金谷は、朝鮮軍司令官から満洲の情勢危急により混成旅団並びに飛行隊の一部を奉天方面へ派遣する旨の報告を受けたが、かかる派兵は御裁可後に実行すべきものとして目下中止せしめつつあること、ただし飛行隊はすでに出発したためこれを制止することができず誠に恐懼に堪えないなどと申し上げ、朝鮮軍司令官の独断的処置については事情を審議すべき旨を言上する。その後、参謀本部では総長の決意に基づき、関東軍司令官に対し、事件処理に関しては必要の度を超えないとの閣議の決定もあり、今後の軍の行動はこの主旨に則り善処するようにとの訓電を発する。また朝鮮軍司令官から発遣旅団の大部分はすでに出発し、本夜半国境を通過する筈との通報がもたらされたことに対しては、発遣準備旅団は新義州に待機せしめることを電命し、さらに第十九師団を間琿地方に発遣する要ありとの意見具申に対しては、国外出動は別命あるまで中止するよう回答する。(11)

ここでは、天皇・奈良武次侍従武官長・金谷範三参謀総長がいずれも朝鮮軍司令官の独断的処置について当初から批判的であったことが記されている。九月二二日の条においても次のようにある。

午後四時二十分、参謀総長金谷範三に謁を賜い、朝鮮軍司令官が新義州付近に集結待機中の隷下部隊に対し大命を待たず独断にて満洲に進出せしめた件については、昨日言上のとおりにて誠に恐懼に堪えないこと、右軍司令官の決意及び処置については熟慮攻究を重ねたところ、彼我の兵力の関係など当時の状況上やむを得ない処置であることを確かめるに至ったこと、ついては右軍司令官の処置を御聴許あらせられたいとの上奏を受けられる。これに対し天皇は、この度はやむを得ざるも、今後気をつけるようにと戒められる。(12)

天皇は、金谷参謀総長の求めに応じて、朝鮮軍司令官の独断については一応、追認したが、それでも訓戒的発言を行っている。「実録」においては、その後も天皇は、その姿勢を維持したことが記されている。一〇月一日の条にも、関東軍に呼応した朝鮮軍の独断越境については、その行動に依然として昭和天皇が批判的で、朝鮮軍司令官に対して「軽度の処分」をなすべきだ、としていることが記されている。

さらに奈良(武次・侍従武官長)より参謀総長・朝鮮軍司令官の処分に関する思召しにつき伺を受けられ、参謀総長に対しては先日(九月二二日)の訓戒的御諚《ごじょう》もあり、この上に処分する必要はないこと、軍司令官には軽度の処分をなすべしとの御意向を示される。(13)

だが天皇は、その後、関東軍の行った軍事行動を容認する方向に次第に傾斜していったことが、「実録」からも読み取ることができる。たとえば、一〇月九日には関東軍の錦州爆撃は「状況上当然のことと思われる[14]」とか、「関東軍の目下の兵力は少なくないか[15]」、張学良軍の出方によっては「もし必要であれば事件の拡大に同意することも可[16]」といった天皇の発言も記されている。結局、一九三二年一月八日に天皇は、関東軍に対する勅語を発するが、それは関東軍の行動を称えるものとなっている。

> 関東軍へ勅語
> 曩《さき》ニ満洲ニ於テ事変ノ勃発スルヤ自衛ノ必要上関東軍ノ将兵ハ果断神速寡克《よ》ク衆ヲ制シ速ニ之ヲ芟討《さんとう》セリ　爾来艱苦ヲ凌キ祁寒《きかん》ニ堪ヘ各地ニ蜂起セル匪賊ヲ掃蕩シ克ク警備ノ任ヲ完ウシ或ハ嫩江《のんこう》斉々《ちち》哈爾《はる》地方ニ或ハ遼西錦州地方ニ氷雪ヲ衝キ勇戦力闘以テ其禍根ヲ抜キテ皇軍ノ威武ヲ中外ニ宣揚セリ　朕深ク其忠烈ヲ嘉《よみ》ス　汝将兵益々堅忍自重以テ東洋平和ノ基礎ヲ確立シ朕ガ信倚《しんい》ニ対ヘンコトヲ期セヨ[17]

昭和天皇は、関東軍・朝鮮軍による満洲事変には一定の疑念を持ちながらも、満洲の占領という軍事行動の「成功」は賞賛し、「満洲国」の建国、日本政府（斎藤実内閣）による同国承認は明確に容認する立場をとった。「実録」には、天皇の疑念・賞賛・容認を示す興味深い記述がある。満洲事変からおよそ一年後、当時の関東軍首脳の「凱旋」に際してのことである。

一九三二(昭和七)年九月八日　木曜日

午前十一時、御学問所において、満洲より凱旋の前関東軍司令官本庄繁・前独立守備隊司令官森連・前騎兵第一旅団長吉岡豊輔・前歩兵第八旅団長村井清規・前関東軍憲兵隊司令官二宮健市、並びに前関東軍参謀石原莞爾以下に謁を賜う。本庄より満洲事変勃発以来の関東軍の作戦行動並びに満洲国の建国過程とその現状につき奏上を受けられ、左の勅語を賜う。

卿関東軍司令官トシテ異域ニ在リ神速変ニ応シ果断急ニ趨《おもむ》キ寡克ク衆ヲ制シ以テ皇軍ノ威信ヲ中外ニ宣揚セリ

朕今親シク復命ヲ聴キ更ニ卿ノ勲績ト将兵ノ忠烈トヲ思ヒ深ク之ヲ嘉ス

ついで、その他部隊長よりそれぞれ軍状並びに任務の奏上を受けられ、御言葉を賜う。なお、本庄以下の凱旋に際しては、侍従武官川岸文三郎を出迎えのため東京駅に差し遣わされる。正午、豊明殿において載仁親王・守正王と午餐を御会食になり、本庄以下二十九名に御陪食を仰せ付けられる。御食後、千種ノ間において珈琲・煙草を供され、本庄・森・吉岡・村井・二宮より満洲事情をお聞きになる。その際、本庄に対し、満洲人に独立の意志なし、あるいは関東軍が計画的になしたるものであるとの事変をめぐる風聞に関し、その真偽を質される。○侍従日誌、侍従職日誌、内舎人日誌、供御日録、供御録、進退録、典式録、侍従武官府歴史、宮内省省報、官報、本庄日記、現代史資料、奈良武次日記、河井弥八日記、関屋貞三郎日記、木下道雄日記、秘録板垣征四郎(18)

ここでも天皇は、関東軍首脳をまさに「凱旋」した者として処遇し、「皇軍ノ威信ヲ中外ニ宣揚セリ」と「卿ノ勲績ト将兵ノ忠烈」を大いに賞賛する勅語を発しているが、その一方で、本庄前司令官に「満洲人に独立の意志なし、あるいは関東軍が計画的になしたるものであるとの事変をめぐる風聞に関し、その真偽を質される」とある。天皇が関東軍の初発の行動について一定の疑念を持っていなければ、このようなことはあえて質さないであろう。

日本の「自衛行動」は認めなかったものの満洲に対する日本の「特殊権益」の存在は容認したリットン調査団の報告書については、「実録」には次のような記述がある。

一九三二年一〇月一日　土曜日

夕刻、御学問所において外務大臣内田康哉に三十分にわたり謁を賜い、本日、国際聯盟支那調査委員会より日本政府に通達された同委員会報告書【リットン報告書】の内容、及び我が国の満洲国承認後における列国の態度につき奏上を受けられる。○侍従日誌、侍従職日誌、内田康哉関係資料集成(19)

一〇月二日　日曜日

午後七時二十分より八時十五分まで、外務省より奉呈された国際聯盟支那調査委員会作成の報告書並びに同報告書要綱を御覧になる。同報告書は緒言、本文十章、附録、附図十四葉から成り、日本軍の行動を自衛権の発動と認めず、また満洲国を日本の傀儡国家としながらも、満洲の特殊性をも考慮に入れ、満洲における日華両国それぞれの権利・利益及び責任に関する条約を締結すること、中華民国の主権下に広範な権限を持つ自治政府を満洲に設置すること等の解決案を提示したものにして、この日午後九時、外務省より発表される。○侍従日誌、侍従職日誌、日本外交文書、日本外交年表並主要文書、奈良武次日記(20)

一〇月三日　月曜日

内大臣牧野伸顕をお召しになる。いわゆるリットン報告書が国際聯盟支那調査委員会の報告として聯盟に提出された以上、如何ともし難きため、聯盟の問題となれば、なるべく円満に解決するよう希望する旨を外相に伝えたこと等を内大臣に語られる。

○侍従日誌、牧野伸顕日記(21)

これらの記述から、昭和天皇は、リットン報告書の内容について外務大臣から報告を受け、さらに外務省が提出した報告書全部(外務省訳のものと思われる)を自ら確認していること、牧野内大臣と意見交換をしていることが分かる。だが、天皇自身がリットン報告書にどのような意見を持っていたのかは「実録」には記されていない。この点については、『昭和天皇独白録』にはこのようにある。

かの「リットン」報告書の場合の如き、私は報告書をそのまゝ鵜呑みにして終《しま》ふ積りで、牧野、西園寺に相談した処、牧野は賛成したが、西園寺は閣議が、はねつけると決定した以上、之に反対するのは面白くないと云つたので、私は自分の意思を徹することを思ひ止つたやうな訳である。(22)

『独白録』のこの記述は、田中内閣総辞職の件について述べた直後に「この事件あつて以来、私は内閣の上奏する所のものは仮令《たとい》自分が反対の意見を持つてゐても裁可を与へる事に決心した」とした上で記されており、自分の意に沿わなくても裁可を与えた最初の事例として掲げられている。

だが、天皇の真意・願望は別として、こうした天皇の現状追認の姿勢は、状況をリードしてきた軍部とりわけ関東軍の増長をまねき、一九三三年にいたって熱河侵攻という形で、再び天皇を憂慮させることになる。天皇は、国際連盟の動向を考慮し、熱河・山海関方面での関東軍の行動に神経を尖らせており、『実録』一九三三年一月四日の条では、「満洲事変に対する国際聯盟の決定を目前にして、過度に積極的な行動を起こし、支那側の術中に陥ることなからしむべき旨を述べられる」(23)と記録されている。また、同月一四日の条には、関東軍が熱河進攻を求めてきたことに対し閑院宮参謀総長へ「熱河進入に関しては慎重に考慮すべき旨を御注意になる」(24)とある。天皇は、満洲占領を既成事実として容認したが、関東軍が長城線を越え、欧米列強の権益に触れることを憂慮していた。それは、そこまで深入りすることが、これまでの「成果」をも失わせる恐れがあると見ていたからである。一月一七日の条には、天皇が牧野内大臣から、「去る十四日参謀総長載仁親王に対して御言葉を賜わったことに関し、首相も承知しておく必要がある旨の奏上を受けられる」(25)とあるが、『牧野伸顕日記』によれば、一四日に閑院宮参謀総長に対して天皇は、「満洲に付ては此れまで都合好く進み来りたり、誠に幸なり、今後功一簣《いっき》〔簣〕を欠く様の事ありては遺憾なれば、熱河方面に付ては特に慎重に処置すべし」(26)と語っていたのである。「功一簣〔簣〕を欠く」とは、最後の一手を誤って元も子も無くしてしまう、ということである。それゆえに天皇は熱河侵攻には慎重であったのだ。

二月四日の条でも、天皇が「熱河作戦については、長城を越えて関内に進出しないことが裁可の条件である旨を述べられる」[27]と記録されており、天皇が関東軍の積極行動を抑制しようとしていることが分かる。だが、ここで昭和天皇は、政・戦略の統合者として過失を犯してしまう。二月四日の条で述べられているような条件は付したものの、政府の意向を確かめる前に、熱河作戦を裁可してしまったのである。[28]「実録」には、その前後関係は明示されていないが、それでも二月一一日の条を読めば、それは分かるようになっている。

一九三三（昭和八）年二月一一日　土曜日

侍従武官長奈良武次をお召しになり、午後一時四十五分より二時二十五分にかけて謁を賜う。その際、本日（斎藤実）内閣総理大臣が、国際聯盟からの除名回避のため熱河作戦発動を中止したきも、軍部が御裁可済みの事項として敢行を強く主張するため、これを実行できずと話していることを述べられ、統帥最高命令によって作戦発動を中止することが可能か否かを御下問になる。奈良よりは、慎重に熟慮されるべき旨の言上あり。しかるに天皇はなお承知されず、夜に至り、侍従徳大寺実厚をお召しになり、熱河省を満洲国と同一視することが国際関係を紛擾せしむる原因にして、満洲国と熱河省とを切り離して考えることが適当でないかとのお考えを示され、武官長に対して書面を以て意見を尋ねるよう御下命になる。午後十時三十分頃、武官長より、天皇の御命令を以て熱河作戦を中止させようとすれば、動《やや》もすれば大なる紛擾を惹起し、政変の原因となるかもしれず、国策の決定は内閣の仕事であるため内閣以外にてこれを中止せしめることは不適当と考える旨の返書到達につき、徳大寺は直ちに奉答する。(29)

関東軍の熱河侵攻問題は、政・戦略の統合者としての天皇に、いったん発令した命令は天皇といえども容易に取り消すことができない、という深刻な教訓を与えた。また、政・戦略の統合者としての天皇に、それを的確に一元的に補佐する機関が存在しないという国家システム上の問題点が浮き彫りになっている。国務は内閣が輔弼《ほひつ》し、統帥事項は統帥部が輔翼《ほよく》する、宮中にあっても国務は内大臣あるいは侍従長が、統帥事項は武官長が助言をするというあり方は、内閣と統帥部の調整が事前になされているという暗黙の前提があって成り立つことである。だが、熱河侵攻問題のように、事前調整がなされないままに問題が天皇のもとに持ち込まれると、天皇が優先順位を判断せざるを得なくなり、その判断を誤ったり、内閣や統帥部の一方の意向が知らされていなかったりすると実に厄介なことになってしまう。この部分については、「実録」の叙述は、暴走する軍部と憂慮する天皇という図式の枠内ではあるが、結果的に国家システムの問題点をかなり具体性を持って明らかにしているといえる。

この熱河侵攻問題は、いったんは、次のような形で決着を見た。

二月一二日　日曜日

午前十一時十分、侍従武官長奈良武次に謁を賜い、熱河作戦に伴う長城越えは絶対に慎むべきことを参謀本部に注意し、これを聞かなければ作戦の発動中止を命じるつもりにて、その旨を伝達することを命じられる。よって奈良は参謀次長真崎甚三郎を侍従武官府に招き、天皇よりの注意を伝達する。真崎は聖旨に違背せざる旨を言明し、直ちに参謀総長載仁親王にもこの旨を言上する旨を答える。午後二時、奈良は呉竹寮において天皇に謁し、真崎の奉答を言上する。(30)

天皇は、熱河作戦に一定の歯止めを掛けたかに見えたが、日本の進路にとって重大だったのは、斎藤実首相らが懸念した通り、この作戦が国際連盟での日本の立場を決定的に悪くし、結局は脱退へとつながってしまったことである。関東軍による熱河作戦は、一九三三年二月二三日に開始され、翌二四日、国際連盟総会は、リットン報告書を賛成四二・反対一(日本)・棄権一(シャム)で採択し、日本代表・松岡洋右は議場を退席した

(日本の連盟脱退通告は三月二七日)。

関東軍は三月上旬には長城線に達したが、さらに中国軍を長城線付近から駆逐しようと、四月になると長城線を越えて河北省へと侵攻を開始した。四月一八日、天皇は、四月六日より奈良武次大将にかわって新たに侍従武官長となっていた本庄繁大将(満洲事変勃発時の関東軍司令官)を呼び、「関東軍に対し、其前進を中止せしむべき命令を下しては如何」[31]と下問した。「実録」の同日の条でも、「午後、侍従武官長本庄繁をお召しになる。国際信義の保持に鑑み、関東軍の北平・天津地方へのさらなる進出の中止を命じること の可否につき、御下問になる」[32]とある。これは「御下問」とはいうものの、そうとう強い調子の発言であったものと思われる。本庄が天皇の言葉を真崎甚三郎参謀次長に伝えるや、翌一九日には、参謀総長は関東軍に長城線に復帰するよう指示を出している[33]。そのため関東軍は、長城線まで兵力を引き下げざるを得なかった。新任の侍従武官長・本庄には、天皇は摂政の頃からの武官長である奈良に対してよりも強くものが言えたし、本庄も天皇の言葉をそのまま参謀本部に伝えたのであろう。

だが、河北省の中国軍撃破と華北進出の足場づくりをねらう関東軍は、参謀本部の同意を得た上で、五月七日、再度、長城線を越えて作戦を開始した[34]。当然のことではあるが、天皇は、これに憤慨した。天皇は、一〇日、本庄侍従武官長に次のように言っている。

関東軍は長城線を越へ引続き関内に進出しつゝあるが、元来参謀総長が熱河に軍を進むべきを請ひし時、「1関内に進出せざること、2関内を爆撃せざること」を条件として許可したるものなり。然るに、何時までも関内に進軍するは、情況の変化と云はゞ夫れまでなるべく、外交問題と雖《いえども》深く懸念にも及ばざるべしと雖、一旦総長が明白に、予が条件を承はり置きながら、勝手に之を無視したる行動を採るは、綱紀上よりするも、統帥上よりするも穏当ならず。(35)

国際連盟脱退通告後のことであるので、天皇は、関東軍の暴走を、外交問題というよりも、大元帥である自分の意図を無視したことに力点をおいて叱責している。だが、注目すべきは、天皇は前回の関東軍の長城線突破の時とは異なり、作戦中止までは求めなかったことである。本庄も「陛下は敢て作戦を差控へしめんとせられる抔《など》の御意図にあらず。只統帥の精神に悖るが如きを許さず、とせらるゝにあり(36)」としている。これは、あくまでも本庄武官長の解釈が加わっているので、天皇の真意は分かりにくい。本庄が天皇の意志を正確に伝えていると仮定しても、あえて作戦の中止までは求めないが、統帥の精神すなわち天皇親率の建て前をないがしろにしてはいけない、というのはそもそも矛盾する意見である。統帥の精神を尊重するならば、天皇が認めていない作戦は中止するのが筋であろう。しかし、これは、満洲事変が勃発したときに、独断越境した朝鮮軍に関して天皇が言った「此度は致方なきも将来は充分注意せよ」と同じ論理だといえる。始まった作戦は仕方がないが、以後は自分の意図・方針を尊重せよ、という現状追認の論理であり、そして、現状追認の後にくるのが、結果優先の論理なのである。

関東軍の河北省侵攻作戦は、天皇の当初の憂慮にもかかわらず急速に進み、五月三一日には塘沽《タンクー》停戦協定が結ばれるにいたる。塘沽停戦協定は、熱河省を満洲国に併合し長城以南に非武装地帯を設けることなど、日本側の主張をほぼ全面的に容認したものであった。手法は乱暴であっても、明らかな軍事作戦の成功と中国政府の譲歩を獲得した以上、また、英米など列強の介入もなかったとあって、天皇は関東軍の行動を認めたのである。

熱河侵攻問題は、昭和天皇にとって大元帥としての行動様式を固める第一の契機となった。塘沽停戦協定が結ばれた後、六月一一日に、熱河侵攻、国際連盟脱退などの一連の出来事に関して、天皇の弟である高松宮宣仁《のぶひと》は次のように日記に記している。

　お上の御心配はまことに大きなものである。陸軍は何をしてゐるのか。中央の統率はどうもきかぬ。而《しか》して国の信義は次ぎ次ぎに破れる。国際聯盟の脱退も止むを得ぬにしても先皇の結ばれたものを軽々しく捨てることは忍び難いところである。この内外多事の日本を若し自分の御代に傷つける様なことがあつては祖先の天皇にまことに申しわけない、と云つた様な唯現在又は将来の利害をもととした考へばかりではゐらせられぬ。最近数カ月で二貫近く体重が御減りになつた由だが、私は案外に実際いつもより却つて御気分さわやかであられる様にお見受けした。御苦心もたしかに此の上なき御修養であつて御心労のよつてきたる帝王学の御素養を更に加へるものである。だが御心配によつて御食のへることは遺憾であつて、そうした時にはもつと勇気をおもちにならねばならぬと信ずる。(37)

高松宮は、天皇の言として、天皇の憂慮の念の源が、「先皇の結ばれたものを軽々しく捨てることは忍び難」く、日本を「自分の御代に傷つける様なことがあつては祖先の天皇にまことに申しわけない」といったところにあることを伝えている。また、数カ月の間に「二貫(七・五キログラム)近く」も体重が減ったとしつつも、天皇が「いつもより却つて御気分さわやかであられる様にお見受けした」としているのは注目に値する。満洲事変勃発以来の陸軍の無統制と熱河侵攻をめぐる内外情勢の困難は、昭和天皇にとって「此の上なき御修養」であり、「帝王学の御素養を更に加へるもの」と高松宮は見ているのである。確かに、天皇は、身を細らせながらも、陸軍が推し進める極端な膨張主義を、時には抑制し、時には賞賛して士気を鼓舞しながら国威を発揚していくやり方を、体得しつつあった。高松宮は天皇の気の弱さを心配しつつ、「もつと勇気をおもちにならねばならぬ」としている。帝国主義国家・日本の君主、大元帥として、昭和天皇が、高松宮の言うような「勇気」(一定の押しの強さ)をもつにいたったのは、この後の二・二六事件を経験してからのことである。

3　二・二六事件

二・二六事件についての「実録」の記述は非常に詳しく、とりわけ注目すべきは、一九三六年二月二六日から二八日にかけて、本庄繁侍従武官長の拝謁が、二六日一四回、二七日一二回、二八日一五回に及んだこと、侍従次長広幡忠隆(侍従長鈴木貫太郎が襲撃されたため)の拝謁も二六日六回、二八日七回に及んだことが記されていることである。

だが、二・二六事件の経過に関して「実録」では、基本的に『昭和天皇独白録』『本庄日記』に依拠した叙述がなされており、天皇は終始一貫して「叛軍討伐」を強く主張している。ただし、天皇の激しい怒りの源が、政治・経済の混乱、列強への影響、統帥権の干犯、国内分裂への恐怖などの中で、その核心は何であったのかは「実録」の記述だけではよく分からない。その意味で、「実録」によって従来の二・二六事件像が大きく変化したという部分は見当たらない。

ただ、「実録」が、事件発生後、昭和天皇が宮中に男性皇族(軍人)を招致し、間接的ではあるものの、皇族が皇道派・青年将校側に取り込まれるのではないかと警戒していたことを示しているのは重要である。おそらく天皇を憂慮させたのは、二月二六日「午前十時十五分、御学問所において、軍令部総長(伏見宮)博恭王に謁を賜う。その際、速やかな組閣及び戒厳令の回避を要望する意見の言上を受けられる」(38)とあるように、海軍の長老・伏見宮が、早々と明らかに皇道派の筋からの意を受けて、意見を述べに来たことである。事実、伏見宮は、この日早朝、加藤寛治海軍大将と真崎甚三郎陸軍大将の申し入れを受け、彼らの傀儡となって天皇に進言にやってきたのである。皇道派のクーデターを成功させるか否かの重要なポイントは、真崎を首班とする暫定内閣の樹立にあったが、まさにそのシナリオにそって長老格の皇族が動き始めたのは、天皇にとっての大きな脅威であったことは間違いない。

その後、天皇は、二六日のうちに、朝香宮鳩彦《あさかのみややすひこ》王・高松宮宣仁親王・東久邇宮稔彦《ひがしくにのみやなるひこ》王と面談し(朝香宮との面談については、「実録」ではわざわざ「なお、この御対面は前日より予定されていたもので、事件発生を以て取り止められることなく行われる」との但し書きが付されている)、二七日には久邇宮朝融《あさあきら》王・梨本宮守正《なしもとのみやもりまさ》王・秩父宮雍仁《やすひと》親王・高松宮宣仁親王と面談している。そして二八日には次のような記述がある。

午後五時二十二分、奥御対面所において、雍仁親王・宣仁親王と御対面になる。なお、この日午後、葡萄ノ間に雍仁親王・宣仁親王・博恭王・朝融王・守正王・鳩彦王・稔彦王・〔竹田宮〕恒徳《つねよし》王が参集し、事件につき皇族としての所見を纏めるべく会談する。しかし所見の一致をみず奏上は見送られる。(39)

昭和天皇は、皇族軍人を宮中に招致し、意見の一致を図ったが、皇族たちは意見をまとめるには至らなかった。天皇は、明らかに皇族軍人の青年将校側への接近を警戒して行動したと思われ、それゆえに皇族軍人たちが皇道派側に取り込まれないように、面談と宮中への参集を呼びかけたのである。しかし、皇族軍人たちは、天皇の期待に反して、一致団結するどころか、所見をまとめることすらできなかったことは、彼らに対する天皇の不信感を醸成させたと考えられる。だが、「実録」においては、天皇と皇族軍人たちの不協和音については、すなわち事件勃発直後に参内して意見を述べた伏見宮の行動の意味、皇道派に近いと目されていた朝香宮と秩父宮(独断で任地の弘前から帰京)の動きの意味などについては全く記述されていない。

なお、昭和天皇にとって二・二六事件が、長くトラウマとして残ったことも「実録」から分かる。一九四三年八月一一日の条では、東條英機陸軍大臣より「軍隊内務令」の制定・施行の奏請の際、天皇から下問があった。

陸相に対し、編纂理由書中に記載の「隊長中心主義」なる字句につき御下問になる。……〔陸相は〕その後熟考の結果、かかる字句は士官と兵卒の結合を助長し、二・二六事件の如き結果を生じる恐れありとして、……かかる字句を用いないことに決し、十九日に拝謁して改訂理由書につき奏上する。(40)

「隊長中心主義」という字句から、天皇は、指揮官の独断専行、士官と兵卒の同志的結合を連想し、その点を東條陸相も斟酌して「軍隊内務令」案から削除したというのである。

＊　＊　＊

張作霖爆殺事件から二・二六事件に至る時期に、大元帥・昭和天皇の思考・行動の基本パターンが形成される。対外膨張主義に傾斜する陸軍の「暴走」に憂慮しつつも、田中義一叱責と田中内閣総辞職、政府方針未確認のままの熱河作戦裁可など自身の勇み足もあり、天皇も非常に厳しい立場に追い込まれてしまう。しかし、急激な膨張と欧米諸国を刺激する過度なやり方には深い憂慮の念を抱いた天皇であったが、大陸における権益拡大と国威発揚ということ自体は何ら否定するものではなかったことは、「実録」の叙述においてもそれを注意深く読めば浮き彫りになってくるように思われる。

第四章　戦争指導・作戦指導の確立
──日中戦争期(一九三七〜四〇年)

本章では、盧溝橋《ろこうきょう》事件(一九三七年)に端を発する日中全面戦争の始まりから、大本営の設置(一九三七年)、張鼓峰《ちょうこほう》事件(一九三八年)・宜昌《ぎしょう》作戦(一九四〇年)に至る時期における「昭和天皇実録」の叙述を検証していく。

1　日中全面戦争の始まりと御前会議開催論

一九三七(昭和一二)年七月七日、盧溝橋事件が勃発すると、天皇はまずソ連の出方を注視した。『西園寺公と政局』によれば、西園寺公望の秘書である原田熊雄に対して湯浅倉平内大臣は、次のように語っている。

〔七月〕十一日に参謀総長の宮さん〔閑院宮載仁〕を陛下がお召しになるといふことをき

いたので、自分〔湯浅倉平〕はすぐ参内して拝謁を願ひ、「参謀総長宮に御会ひになる前に、総理に御会ひになつたらどうか」といふことを陛下に申上げたところが、陛下は「満洲事変の時、総理に先に会つたところが、後から陸軍から統帥権云々といふことを言はれて、総理も非常に迷惑したやうなことがあつたから、この際近衛〔文麿〕には後で会はう」とのことで、まづ参謀総長宮に会はれた。陛下から参謀総長宮に「もしソヴィエトが後から立つたら、どうするか」といふ御下問があつたが、閑院宮殿下は「陸軍では立たんと思つてをります」と奉答された。すると重ねて陛下から「それは陸軍の独断であつて、もし万一ソヴィエトが立つたらどうするか」といふ御下問があつたが、殿下はたゞ「致し方ございません」といふやうな御奉答をされた。このため陛下には非常に御不満の御様子であらせられた。(1)

総理大臣〔近衛文麿〕に政府の対処方針をまず確認したらどうかという湯浅内大臣の進言にもかかわらず、昭和天皇は統帥権重視の立場から、まず閑院宮載仁参謀総長を呼んで状況を聞き、ソ連が介入してくることを心配している。「実録」にもそれに対応する記述がある。

一九三七〔昭和一二〕年七月一一日　日曜日

午前九時三十五分、内大臣湯浅倉平に謁を賜う。内大臣より、昨夜の日支両軍再衝突を受け参謀総長より拝謁の願い出があった件に関し、北支への派兵は日本と支那との交戦、ついで日本対支那・ソ聯邦との戦争につながる恐れがある旨の言上を受けられる。その際、天皇は、満洲事変時の如く陸軍が統帥権干犯論を持ち出す恐れがあるため、内閣総理大臣を召すのは参謀総長奏上後にすべきこと、及び参謀総長の奏上内容によっては、総理の意見を聞くまでは裁可を保留する旨を仰せになる。十一時二十五分、参謀総長（閑院宮）載仁親王に謁を賜い、日支両軍衝突事件の昨日の状況及び事件への対策につき奏上を受けられる。これに対し、万一ソ聯邦が武力を行使した場合の措置につき御下問になる。(2)

総理大臣の見解・方針を確認する前に、一応、参謀総長の奏上を受けることで「統帥権干犯」批判をかわすという点は、『西園寺公と政局』と同じだが、「実録」では軍の奏上内容によってはその裁可は総理の意見を質すまでは保留する件が加えられている。確かに、熱河作戦の際の失敗に照らせば、そうした判断を天皇がしたことは大いにありうることである。

天皇は、中国に対してはどう思っていたのか。『昭和天皇独白録』では、日中戦争の勃発前後の状況について、次のように述べられている。

〔昭和〕十二年の初夏〔五月〕の頃、北支に於る日支間の対立は愈々《いよいよ》尖鋭化し、宋子文支配下の税警団が天津を包囲した。〔中略〕

日支関係は正に一触即発の状況であつたから私は何とかして、蔣介石と妥協しよーと思ひ、杉山〔元〕陸軍大臣と閑院宮参謀総長とを呼んだ。

丁度この頃北満の国境に乾岔子《カンチャーズ》島事件〔六月一九日〕が起つてゐたので、世間へはこの為に呼んだものと「カムフラージ」されたが、実は対支意見を求めるために呼んだのである。

若し陸軍の意見が私と同じであるならば、近衛に話して、蔣介石と妥協させる考であつた。これは満洲は田舎であるから事件が起つても大した事はないが、天津北京で起ると必ず英米の干渉が非道くなり彼我衝突の虞《おそれ》があると思つたからである。

当時参謀本部は事実石原完〔莞〕爾が採〔采〕配を振つてゐた。参謀総長と陸軍大臣の将来の見透しは、天津で一撃を加へれば事件は一ケ月内に終るといふのであつた。これで暗に私の意見とは違つてゐる事が判つたので、遺憾乍《なが》ら妥協の事は云ひ出さなかつた。

かゝる危機に際して蘆《ママ》溝橋事件が起こつたのである。之は支那の方から仕掛けたとは思はぬ、つまらぬ争から起つたものと思ふ。(3)

天皇は、英米との衝突回避のために蔣介石と「妥協」しようと思っていたが、ちょうどその時に盧溝橋事件が勃発した、と回想している。しかしながら、これは天皇自身が日中戦争中に語っている内容とかなり相違する部分がある。そもそも天皇は、いずれは中国と戦争になると考えていたようである。事件勃発の三年後、『木戸幸一日記』によれば一九四〇年七月一一日、天皇は木戸幸一内大臣にこう語っている。

盧溝橋事件の起らざる前だったが、どうも支那とは結局戦はなければならぬ様に思はれたのだが、而し一面ソヴィエットに備へなければならぬ、そうすれば支那とは一度妥協するの外なからうと思ひ、実はカンチャツカ〔カンチャーズ島事件〕の問題と云ふことになって居たが、総長宮〔閑院宮載仁〕と陸相〔杉山元〕を招き其の点はどうかと尋ねたところ、陸軍としては対ソの準備は心配ない。支那は万一戦争となっても二三カ月で片付と云ふ様な意味の答申であったので、其の儘となってしまった、私の考へでは実は近衛に話て御前会議でも開いて之を決しようかと思った、それにしても軍が反対では駄目なので、予め軍に話て見たところそう云ふ訳で駄目だったが、それならそれで一貫して其主張ならいゝのだが、支那と戦ふことになって見ると兵力が足りない、思ひ切って満蘇国境より廻してはと云ってもそれは出来ないと云ふ

様なことで、とうとう今日に迄なってしまった。(4)

中国との衝突が不可避であると天皇が判断していたこと、そして、天皇がやはりソ連の動きを第一に心配していたことが分かる。『昭和天皇独白録』で述べられている蔣介石との「妥協」も、ソ連に備えるための一時的妥協という文脈で語られている。盧溝橋事件直後に筆記された前掲の『西園寺公と政局』の記録や日中戦争中の天皇の発言から判断する限り、対蔣介石「妥協」問題については、『昭和天皇独白録』の記述をそのまま史実とするには疑問が残ると言わざるをえない。

それでは、天皇がこの時にソ連の出方を特に心配したのはなぜか。一九四〇年におけるる天皇発言の中にも出てくるように、直接には、盧溝橋事件の直前にソ満国境でおきたカンチャーズ島事件が原因である。日中全面戦争が始まる二週間ほど前、「満洲国」とソ連の間で国境紛争が起こっていた。それほど有名ではないが、のちの重大事件(張鼓峰事件・ノモンハン事件)の伏線ともなったこの事件について、天皇にもその発端から状況が伝えられていたことが「実録」の記述からも分かる。

一九三七年六月二五日　金曜日

午前十時、侍従武官酒井康より、去る十九日に発生の黒龍江上の乾岔子島《カンチャツ》【露名センヌハ島】及び金阿《チンア》穆《ム》河《ホウ》島【露名ボリショイ島】に対するソ聯軍兵士の不法侵入事件【いわゆる乾岔子島事件】につき上聞を受けられる。[5]

六月二八日　月曜日

午後七時四十分、侍従武官酒井康より、乾岔子島事件に関する参謀総長の関東軍司令官に対する指示、並びに事件のその後の状況につき上聞を受けられる。この日、参謀総長（閑院宮）載仁親王より関東軍に対し、攻撃中止及び外交交渉の推移を待つべき旨の指示が出される。翌二十九日、ソ聯邦外務人民委員リトヴィノフは、乾岔子島・金阿穆河島より撤兵して原状を回復することに異存はなく、日本側においても形勢の緩和に資せんことを希望する旨を提議する。[6]

カンチャーズ島は、「満洲国」北部、アムール河（黒龍江）を黒河市からやや下った地点に位置する中州である。このあたりは、ブラゴベシチェンスク（ソ連側）と黒河（「満洲国」側）が対峙する「満洲国」北部の戦略的要衝で、二・二六事件の後で派遣された第一師団（東京）が駐屯、三つの大規模な国境陣地が構築されつつあった。[7]日本側の記録によれば、この事件は、一九三七年六月一九日、ソ連兵がカンチャーズ島などに上陸、これに対し、陸軍中央部の制止にもかかわらず、六月三〇日、現地の第一師団が速射砲（対戦車砲）でソ連軍砲艇（河川砲艦）一隻を撃沈、一隻を撃破した、というものである。この後、七月二日にソ連軍は地上兵力・水上艦艇を撤収した(8)。大規模な衝突に発展した翌日、七月一日にはこの事件について天皇は報告を受けている。「実録」には次のようにある。

七月一日　木曜日

午後一時三十分、御学問所において、海軍大臣米内光政に謁を賜い、黒龍江上のソ満国境乾岔子島付近に不法侵入したソ聯邦海軍の砲艦が我が軍隊を射撃したため、応戦の上、同艦を撃沈する事件が昨日午後に突発したことにつき、奏上を受けられる。これに対し、事件の見通しにつき御下問になり、戦争には発展しない旨の奉答を受けられる。三時三十分、軍令部総長（伏見宮）博恭王に謁を賜い、右事件に関し海軍艦船部隊を派遣する件、並びにその任務及び行動等につき奏上を受けられる。総長に対しても事件の見通しにつき御下問になり、戦争には発展しないと思われるも相当の紛糾は予想される旨の奉答を受けられる(9)。

米内海軍大臣と伏見宮軍令部総長に紛争の見通しを下問した天皇は、翌日にも杉山陸軍大臣と閑院宮参謀総長に状況を問い質している。

七月二日　金曜日

午後一時五十五分、御学問所に参謀総長(閑院宮)載仁親王・陸軍大臣杉山元をお召しになり、五十分余にわたり謁を賜う。乾岔子島事件に伴う対ソ戦備の状況、並びに支那と開戦した場合における陸軍の見通しにつき御下問になる。これに対し、総長と大臣より、陸軍としては対ソ戦備は憂慮に及ばず、また万一支那との戦争となっても短期間にて処理できる旨の奉答を受けられる。(10)

ここで、天皇がソ連の出方についてだけでなく、「支那と開戦した場合」についても下問していることは重要である。これは、日本側が推し進めている華北分離工作をめぐって日中戦争に発展する可能性があると天皇も考えていたことを示しており、前掲の一九四〇年七月一一日付『木戸幸一日記』の内容とも符合する。

天皇は、中国(蔣介石政権)との開戦は避けられないとの見通しのもとに、国務と統帥をどのように一致させるか(国家意思の統一)という点で苦慮していた。これは、前述したように、総理大臣よりも参謀総長に先に会うことで「統帥権干犯」批判をかわし、それでも統帥部の奏上の内容によっては首相の意見を質すまで決定を保留しようとしていた天皇の言動からも見てとることができる。中国問題を契機として、昭和天皇は、政・戦略の統合を図るためには御前会議の開催が必要だと考えていた。一一月一一日に湯浅内大臣が原田熊雄に語ったところによれば、天皇は、湯浅に対して次のような下問をしたという。

戦況が今日の如くに立至つて、万一先方から講和の申出でもあつた時に、こちらとしては何の用意もないやうに見える。なにかそれを決めなければならないのぢやないか。そのために御前会議の用意でも始めたらどうかといふことを、総理に自分から話してみたい。いま自分の見るところでは何の用意もないし、その用意するだけの仕組が今日ないのだから、その仕組を今日からしておかなければならないのぢやないかといふことをたづねてみようと思ふが、どうか。(11)

この時、湯浅は、天皇が状況をリードすることに婉曲に懸念を示してこう答えている。

これは重大なことでございまして、前から元老（西園寺公望）の意見もあることでございますから、予め元老に御下問になつた後、総理にお話しになったらどうでございませうか。(12)

ここで決定的な役割を果したのが西園寺公望である。西園寺も、湯浅同様、天皇がイニシアティブをとるような形になってはならないと考えていた。それが西園寺の天皇観であった。西園寺は原田にこう語っている。

とにかく第一に総理に意見を立てさせてみて、御前会議をやられるよりしやうがないぢやないか。なほ陸軍あたりで言つてゐるやうに、陛下の思召といふことで出先を抑へるといふことだが、もし実際にそれができなかつたらどうするか。一度出た陛下のお言葉は取戻すことはできないし、陛下がデマの中心となるやうなことになつては大変である。で、結局もし自分に御相談となるならば、とにかく総理にまづ第一に意見をたづねてみて、政府のすべての膳立で政府から願ふといふことでなければよくない。陛下からの御下命で出来るやうな御前会議では困る。なほ、出先の軍人も、「すぐ帰れ」と言つてもなかなか帰るまい。思召とか或は御勅裁とかいふ風なことで持つて行くといふやうなことに陥る虞があつてはならないが、もしそこに行つたとして、その思召なりなんなりに従はない場合はどうするか。要するに君権に瑕《きず》がつくことになり、申訳のないことになるから、よほど慎重な態度を要する。で、御親裁とかなんとかいふことで本当にやる気ならば、これはよほど支度をしておかなければならないし、全然別の問題である。しかしそれはできないし、危険千万なことであるから、もし今度の御前会議をお開きなるにしても、いはゆる枢密院に常に御親臨になる意味の御前会議であつて、御勅裁とか御親裁とかいふことにならないやうにしなければいけない。（一九三七年一一月一一日）[13]

西園寺は繰り返し「どこまでも君権に瑕がつかないやうに」[14]と強調し、天皇が前面に立たないように、天皇の発言がそのまま政策決定とされないように、と重ねて釘をさした。満洲事変の際にも西園寺は、もし御前会議の決定が実行されない場合には「陛下の御徳を汚す」としてその開催自体に反対していた。だが、今回は、同様に考えつつも開催についてはやむを得ないとの立場をとった。当時、御前会議で根本国策・国家戦略を決定すべきだ、という意見は、参謀本部における不拡大派や昭和天皇だけではなく、各方面から出ていたからである。満洲事変の頃とは異なり、西園寺が、御前会議開催論を抑えきれなかったのも、その拡がりを示すものである。たとえば、当時、軍令部第四部（通信）に勤務していた高松宮宣仁少佐も、「事局対策御前会議の必要」として、同年八月四日付の日記に次のようなメモを残している。

も早や陸軍の統帥部、自力にて統帥事項を決し得ざる態なるを以て、又、事局は政略の範囲となりたる部分大なるとを以て、少くとも、御前において決定して、正当なる方針を強行する要あり。〔中略〕

御前会議のメンバーは決定困難なれば、御前閣議に二、三の人を加ふるものにて十分なるべし。而して陸軍のためみたいなものにて、之で陸軍統帥者がバックせられて、妥当なる御思召によつて統率を遂行せらるべし。〔中略〕決定すべき事項は、(一)北支事変の今後の対策方針、(二)対支外交方策、(三)直接関係する対内策⑮。

政・戦略の統一方針を御前会議あるいは御前閣議において決定しようという構想である。これが、高松宮個人の所見なのか、軍令部での議論なのか、明確ではないけれども、統一方針が決まらないので、陸軍統帥部が混乱しているという認識が示されている。

「実録」には、政界上層部における御前会議開催論・不要論については、ほとんど記述がないが、御前会議は、次のような形で現れてくる。

一九三七年一一月一九日　金曜日

午後一時五十五分、御学問所において内閣総理大臣近衛文麿に謁を賜い、政務奏上を受けられる。なおこの日、閣議は大本営設置につき政戦の連繫に関して申し合わせを行い、左のとおり発表する。

一、大本営と政府との連絡については政府と大本営のメンバーとの間に「随時会談」の協議体を作り随時これを開くこととする、この両者の会談は特に名称を附せずまた官制にもよらず事実上の会議とする〔中略〕

一、特に重要なる事項の場合は御前会議を奏請し参謀総長、軍令部総長の外陸海軍大臣及び特旨に依り総理大臣が列席し場合によつては思召により閣僚も列席することもある、御前会議は総理大臣より奏請する場合と参謀総長、軍令部総長より奏請する場合とある

一、右協議体の幹事役は内閣書記官長、陸海軍両軍務局長がこれに当る

この月二十四日午後三時、総理大臣官邸において第一回の大本営政府連絡会議が開催され、今後の会談内容の発表方法その他につき懇談し、四時五十分に散会する。

〇侍従日誌、侍従職日誌、内舎人日誌、百武三郎日記、近衛文麿公関係資料、風見章日記・関係資料、現代史資料、読売新聞、東京日日新聞、東京朝日新聞(16)

つまり、大本営の設置にともない、大本営と政府との協議機関である大本営政府連絡会議を設け、重要事項の場合には、それを御前会議とするということである。政府と同格の大本営の登場によって、名実ともに日本の国家意思、政・戦略は二本立てとなった。それを融合させる手段としての大本営政府連絡会議であり、形式上の統合を図るものが御前会議であるといえよう。

一九三八年一月一一日、第一次世界大戦参戦を決定した一九一四年八月一五日の大正天皇による御前会議以来、実に二四年ぶりに国策決定のための御前会議が、宮中の御学問所において開かれた。天皇は、必要に応じて枢密院本会議と大本営会議には「親臨」することになっていたが、国策決定のための御前会議は昭和天皇にとって初めての経験である。御前会議には、大本営側から閑院宮参謀総長・伏見宮軍令部総長、多田駿参謀次長、古賀峯一軍令部次長、政府側から近衛文麿首相、広田弘毅外相、杉山元陸相、米内光政海相、末次信正内相、賀屋興宣《かやおきのり》蔵相が、そして天皇の特旨により平沼騏一郎枢密院議長が出席した。

御前会議で発言すべきか否か、天皇は迷った。陸軍の不拡大派は、前掲の西園寺の言葉からも分かるように、天皇の「勅裁」によって、出先軍を抑え、一挙に講和にもっていこうと工作を展開していた。このような動きは、天皇のもとにも伝わっていたと考えられる。会議前日になっても「一体どうしたらよいか。元老にその意向をもう一遍きいてくれないか」と依然として迷う天皇に、湯浅内大臣は「要するに政治の責任が直接陛下に来るような結果を導くやうなことはおつしやつてはならんといふことだらうと思ひます」[17]と答えた。天皇は、結局この時は、前述したように政府からの発言しないでほしいとの申し入れもあり[18]、西園寺や湯浅の言に従い、御前会議では何も発言せず、和平と継戦の両論併記的な「支那事変処理根本方針」が決定され、御前会議は一時間一〇分ほどで終了した。

ここで注目すべきは、政府からの要請があったにもかかわらず、なぜ天皇がこうまで迷ったのか、ということである。もし天皇が、西園寺や湯浅が考えていたように、あるいは天皇自身が戦後に述べているように、大日本帝国憲法に規定された天皇の地位を純粋な立憲君主として理解・納得していたのであれば、いろいろ迷うことはなかったはずである。むしろ、みずから御前会議の開催を言い出したり、発言すべきか否か迷ったということは、天皇が政・戦略の統一にイニシアティブを発揮した方がいいのではないかと揺れ動いていたことを示している。

2　軍部人事への天皇の介入

戦時ともなれば、部隊の新設や出征が相次ぎ、その指揮官にあてるために軍人の人事はきわめて活発になる。昭和天皇が軍幹部や閣僚の人事に強い関心を持ち、時にはそれに介入をしていたことは『独白録』などでも明らかになっていることだが、「実録」でもこのことは述べられている。「実録」には、陸軍の山下奉文《ともゆき》（皇道派）と石原莞爾《かんじ》の人事に天皇が強い不満を表明したことが記されている。

一九三九（昭和一四）年七月五日　水曜日

午後三時三十二分、御学問所において陸軍大臣板垣征四郎に謁を賜い、八月実施の人事異動につき内奏を受けられる。人事異動案中の陸軍中将山下奉文・陸軍少将石原莞爾の親補職への転任につき、御不満の意を示される。またドイツ国のナチ党大会に招聘された陸軍大将寺内寿一の同国への出張に関し、その目的として防共枢軸強化が強調されていることにつき、不本意である旨を告げられる。それより防共協定強化問題が話題となり、これに関する陸軍の策動を批判され、ひいては日頃御懐抱の陸軍の体質に関する御批判・御不満を種々述べられ、ついには陸軍大臣の能力にまで言及される。陸軍大臣への賜謁は五時四十七分まで二時間余に及ぶ。終わって、侍従より陸軍人事書類が上奏されるも容易に決裁されず、漸く山下・石原の人事及び寺内出張の三事案を除いて御裁可になる。(19)

山下と石原の人事の件について天皇は七月七日にも閑院宮参謀総長に下問し、さらに七月一一日にも次のように記されている。

陸軍長老としての〔閑院宮〕載仁親王より、去る七日の御下問につき、陸軍中将山下奉文・陸軍少将石原莞爾の親補職への転任の件は考科表より見て妥当と考える旨の奉答を受けられる。これに対し、なおお許しなく、改めて善後策につき御下問になる。午後一時過ぎ、侍従武官長畑俊六をお召しになり、その後も二度にわたり武官長に謁を賜う。ここにおいて、石原は浅原事件の取り調べ終了まで、山下は天津租界封鎖問題の解決まで発令せずそのままとし、……いずれも上奏書類のお取り下げを願い、訂正の上、再び上奏することとなる。(20)

親補職とは、天皇自らが任命する師団長などの中将以上の職階である。その山下・石原の人事について、天皇が容易に許さなかったことが分かる。何故に、山下・石原の人事に天皇がこれほど難色を示したのか。皇道派である山下は、二・二六事件への関与が疑われていたこと、石原は参謀本部作戦部長から関東軍参謀副長へと転出した後、関東軍参謀長である東條英機と激しく対立し、軍人の身でありながら勝手に任地を離れ、帰国してしまったこと、すなわち両名とも陸軍の統制を破壊する行いをしたことが天皇の怒りを買った最大の原因であった。

また、山下奉文に関連する人事では、一九四〇年七月、畑俊六陸軍大臣の単独辞職によって米内光政内閣が倒れ、第二次近衛文麿内閣が組閣中の時期に、畑が陸軍の人事内奏をしたことに対して天皇は「手続き上誤りである」と批判している。

一九四〇（昭和一五）年七月一八日　木曜日

午後二時、御学問所において陸軍大臣畑俊六に謁を賜い、陸軍三長官会議の結果、陸軍大臣の後任を航空総監東条英機とし、航空総監の後任を第四師団長山下奉文とする人事案につき内奏を受けられる。これに対して、かかる内奏は組閣中のため手続き上に問題がある旨を御指摘になる。ついで内大臣木戸幸一をお召しになり、陸軍大臣の内奏が手続き上誤りであるとのお考えを示される。また内大臣に対し、桐工作が相当有望であるとの情報をお伝えになる。なお、内大臣は退下後、侍従武官長蓮沼蕃《しげる》に対し、今回の内奏を今後の先例としないように陸軍大臣へ連絡することを希望する。(21)

これは畑陸軍大臣の手続き上の問題と、山下の人事が重なったために、天皇の過敏な反応を引き出したものと考えられる。さらに軍首脳部に関する人事問題については、同年九月一九日の条では、三国同盟の締結、北部仏印進駐といった重大な事態に対応するために、皇族の陸海両総長を更迭すべきことを天皇が発案したと述べられている。

天皇は、いよいよ重大な決意をなす時となったことを以て、この際両総長宮を更迭し、元帥府を確立するとともに、臣下の中から両総長を命じることとしたいとの思

召しを侍従武官長蓮沼蕃に対して御下命になり、内大臣とも協議すべき旨を御沙汰になる。(22)

この参謀総長・軍令部総長の更迭案は、一九四〇年九月の三国同盟締結・北部仏印進駐が日本にとっての大きな転換点であることを昭和天皇が明確に読み取っていたということを示している。

3　日中戦争泥沼化への対応——張鼓峰事件と宜昌作戦

日中戦争の拡大にともない、部隊指揮官(中将以上)の任命式である親補式(鳳凰ノ間)、新設聯隊への軍旗親授式(正殿)などの天皇の大本営での軍務が増えたが、個々の作戦に対してどのような下問をし、統帥部との間にどのようなやり取りがあったのかは、資料が極端に少なく、「実録」にも作戦に関する天皇の具体的な発言記録は稀であるために、十分に再現することができない。ただ、一九三八年の張鼓峰《ちょうこほう》事件、一九四〇年の宜昌《ぎしょう》作戦については、若干の資料が残されているので触れることが可能である。

張鼓峰事件

一九三八年七月九日、日本軍は、「満洲国」南東部のソ連との国境地帯・張鼓峰にソ連兵が進出し陣地を構築し始めたことを確認した。この地域は、「満洲国」とソ連との国境であるが、地形の関係上、関東軍ではなく朝鮮軍が警備を担当していた。大本営は、七月一六日、大陸命第一五四号をもって朝鮮軍の張鼓峰方面への兵力集中を許可したが、とりあえず実力行使は別命によるものとされた(23)。朝鮮軍は、第一九師団(師団長・尾高亀蔵中将)に対して歩兵四個大隊を基幹とする兵力を派遣することを命じ、第一九師団は、七月一九日朝までに兵力の展開を終えた。

参謀本部作戦課では、課長・稲田正純大佐をはじめ、張鼓峰のソ連兵を急襲してこれを駆逐してしまおうという積極的武力行使論が支配的であった。稲田課長は、七月一九日には閑院宮参謀総長の実力行使許可の決裁を得ただけでなく、陸軍省首脳の同意もとりつけていた。稲田ら参謀本部の積極論者には、同年秋に予定されている武漢作戦中にソ連が出てくるかどうか事前に探っておこうという「威力偵察論」が強かった。作戦課では武力行使を命ずる大陸命案を起案し、翌二〇日、参謀総長と板垣征四郎陸相が大命の允裁を求める上奏を行おうとした。さらに作戦課は、大命の裁可は当然得られるものとみて、すでに一九日のうちに大陸命案をもたせて参謀を朝鮮軍にむけて出発させていた。

ところが、すでに武力行使に反対する宇垣一成外相・米内光政海相・湯浅倉平内大臣から、外交交渉前に武力行使などすべきでないとの奏上をうけていた昭和天皇は、宇垣らの進言を容れ、参謀総長らに侍従武官長を通じて武力行使は認めないので、「上奏するに及ばない」旨を伝えた[24]。参謀総長は、上奏を取りやめて退出したが、板垣陸相は、七月二〇日昼、参内して武力行使について上奏した。その際、天皇が板垣に「関係大臣との連絡はどうか」と下問したのに対し、板垣は「外務大臣も海軍大臣も賛成致しました」と答えた[25]。『西園寺公と政局』によれば、外相・海相から反対論を聞いていた天皇は、陸相の欺瞞的な発言に激怒し、

> 元来陸軍のやり方はけしからん。満洲事変の柳条溝《ママ》の場合といひ、今回の事件の最初の蘆《ママ》溝橋のやり方といひ、中央の命令には全く服しないで、たゞ出先の独断で、朕の軍隊としてはあるまじきやうな卑劣な方法を用ひるやうなこともしばしばある。まことにけしからん話であると思ふ[26]。

と厳しくたしなめたという。そしてさらに、「今後は朕の命令なくして一兵だも動かすことはならん[27]」と語気鋭く言ったのである。あまりの言葉に板垣陸相は、驚き恐懼して退出した。「実録」には次のように記述されている。

一九三八（昭和一三）年七月二〇日　水曜日

午後四時二分、御学問所において参謀総長（閑院宮）載仁親王に謁を賜い、張鼓峰問題につき朝鮮軍の兵力使用に関する奏請を受けられる。政府の諒解の有無、ソ聯邦との全面的戦争の可能性等につき御下問になり、全面戦争の可能性が皆無とは確言できない旨の奉答を受けられる。遂に御裁可なく、書類を御手許に留め置かれる。終わって内大臣湯浅倉平をお召しになる。また、侍従武官長宇佐美興屋を通じ、陸軍大臣に対し、同件に関する拝謁は無益である旨を伝達される。しかるに、陸軍大臣板垣征四郎よりの強いての拝謁願いにより、五時五十二分、御学問所において陸軍大臣に謁を賜う。関係閣僚との相談につき御下問になり、委細協議した旨の奉答、及び速やかなる実力行使の必要な所以につき奏上を受けられる。これに対し、語気を強められ、満洲事変・支那事変勃発時の陸軍の態度につき御言及の上、命令に依らずして一兵たりとも動かさないよう訓諭される。(28)

「実録」の記述では、天皇の怒りだけでなく、板垣の強引なやり方が強調されている。天皇の怒りのために、参謀総長は、翌二一日、大陸指第二〇四号を発して武力行使を強く戒めざるをえなかった。

一　満鮮国境ニ集中セル部隊ノ行動特ニ偵察及戦闘準備等ハ慎重ヲ期シ、厳ニ紛争ノ惹起ヲ防止スヘシ
二　満「ソ」国境ニ近ク配置セル従来ノ行動ニ就イテモ亦故《またことさ》ラニ「ソ」軍ヲ刺戟スルコトナキヲ要ス(29)

武力行使容認から慎重路線への一変は、天皇がそうさせたといってよい。天皇は、断固として武力行使を禁じたのである。

ところが、武力行使が容認されるとばかり思っていた第一九師団は、七月二九日に張鼓峰の隣にある沙草峰に数名のソ連兵が現れたのを口実にして(武力行使が止められた張鼓峰ではなく、別個の侵犯事件が発生したとみなした)、翌三〇日夜、独断でソ連側に攻撃をしかけ、沙草峰だけでなく張鼓峰までも占領してしまった。天皇があれほど強く反対した武力行使を、第一九師団は独断で実施してしまったのである。

翌七月三一日、葉山御用邸に多田駿参謀次長がおもむき、事件を報告した。その際、多田次長は、今回の事態は、ソ連側の新たな国境侵犯に対する「自衛的戦闘」であり、ソ連軍を撃退した日本軍は「国境線に停止」して監視中であると説明した(30)。稲田作戦課長の回想によれば、ちょうど一〇日前に板垣陸相を叱責した天皇は、多田の説明にこのように言ったのである。

出来たことは致し方がない。然しよく止った。第一線の将兵に定めし苦労であろうが、しっかり国境線を固めて絶対にそれ以上出ないようにせよ、と伝えよ。(31)

天皇は多田に「御満足の御言葉」を与えたのである。稲田は、「上奏を終わって大本営に帰還した時の次長の安心した嬉しそうな面持が今もありありと目の前に浮んでくる」としている。(32)天皇は次長が拍子抜けするほどあっさりと事態を容認し、それればかりか、「国境線」にとどまったことを賞賛したのである。参謀次長の奏上の次第は、ただちに現地第一九師団に伝えられた。尾高亀蔵師団長をはじめ、師団の参謀たちも涙を流して感激したという。(33)この七月三一日の多田の奏上について「実録」は、

午後五時、参謀次長多田駿に謁を賜い、張鼓峰方面における日ソ両軍衝突につき奏上を受けられる。(34)

と記すのみである。張鼓峰事件のこの後の経過は、よく知られているように、第一九師団はソ連軍の猛反撃にさらされて一個聯隊壊滅（戦死五二六名、負傷九一四名）の大損害を被り、モスクワでの外交交渉によって八月一〇日に停戦となった。

八月一五日、閑院宮参謀総長は事件終結を天皇に報告した。その際、参謀本部調製『張鼓峯事件史』によれば、天皇は、総長に対してこのような「御言葉」を与えたとされる。

今回ノ張鼓峯《ママ》事件ニオイテ、ワガ将兵ガ困難ナル状況ノ下ニ寡兵コレニ当タリ、自重隠忍克クソノ任務ヲ完ウセルハ満足ニ思ウ。尚死傷者ニ対シ哀矜《あいきょう》ノ情ニ勝《た》エズ。コノ旨将兵ニ伝エヨ(35)。

この言葉も、ただちに朝鮮軍に電報で伝えられ、独断攻撃をした第一九師団関係者にも伝達された。またしても、天皇の結果優先の論理により独断専行の戦争挑発者は、英雄になったのである。この結果優先の天皇の豹変については、「実録」は記していない。

宜昌作戦

中国戦線では、戦線の拡大とともに、一九三九年一〇月一日より全戦線の部隊を指揮する支那派遣軍総司令部が統帥を発動した。当時(一九三九年末)の中国戦線は、二八個師団・一五個独立混成旅団が配置され、総兵力は七〇万人に達していた。だが、日本軍の各部隊は分散配置され、広大な占領地を維持するのが精いっぱいの状態であった。この日本軍の手詰まり状態に対して、中国軍は一九三九年一二月半ば頃から全戦線において冬季攻勢を展開した。この攻勢は漢口奪回をめざすもので、第一一軍(司令官・岡村寧次中将)は一九四〇年一月下旬まで優勢な中国軍の攻撃を執拗に受け、小部隊に分散していた日本軍は各地で苦戦を強いられた(36)。

中国軍の冬季攻勢に手を焼いた第一一軍は、この際、新たな侵攻作戦を実施し、蔣介石軍の主力を叩き、あわせて重慶への物資補給を圧迫することをめざした。第一一軍司令部はこの目的を達成するために、日本軍の占領地最前線(岳州)から揚子江をさらに二〇〇キロもさかのぼったところにある湖北省宜昌を攻略する計画を立てた。支那派遣軍総司令部は第一一軍の作戦に賛成したが、大本営は、中国戦線の兵力を五〇万人まで削減することを計画していたので、新たな戦線拡大には難色を示し、結局、宜昌作戦は、中国軍の主力撃滅を主目的とし、宜昌は一度は占領してもその後は放棄して、部隊は元の戦線まで引き揚げることを条件に許可された。大本営は、宜昌は占領しても確保するのに二個師団程度の兵力増強が必要であり、これは在中国兵力の削減方針に反するので、このような条件をつけたのである(37)。

一九四〇年四月一〇日、大本営は大陸命第四二六号をもって「支那派遣軍総司令官ハ現任務遂行ノ為五、六月ノ候中南支方面ニ於テ一時既定ノ作戦地域ヲ越エテ作戦スルコトヲ得(38)」と宜昌作戦を許可した。わざわざ「一時」としたのは、大本営が宜昌の確保を認めていないことを示している。この大陸命の允裁を受ける上奏をした際、天皇は「宜昌ノゴトキハデキルナラバ手ヲツケルナ」[39]と発言したという。当時、支那派遣軍総司令部参謀であった井本熊男は、天皇の「手をつけるな」という発言の真意がどのようなところにあるのか思い迷った。「天皇は一言でも、絶対に軽々しいことは言われないことをよく承知していたので、考えさせられた」という[40]。この四月一〇日の上奏について「実録」はこう記している。

午後三時十三分、参謀総長載仁親王及び参謀本部第一部長富永恭次に謁を賜い、五・六月の候における中南支方面の作戦につき上奏を受けられる。○侍従日誌、侍従職日誌、内舎人日誌、侍従武官日誌、陸軍御裁可書類交付簿、侍従武官府歴史、支那事変ニ於ケル主要作戦ノ梗概、「大本営陸軍部」大陸命・大陸指総集成、百武三郎日記、陣中日誌、井本熊男日記、戦史叢書[41]

「実録」は、『井本熊男日記』、『戦史叢書』を典拠として掲げながらも、宜昌には「手ヲツケルナ」という天皇の発言には全く触れていないのである。

第一一軍が四個師団を投入した宜昌作戦は、五月一日に始まった。作戦は途中、第三師団が中国軍に包囲されたり、第三九師団が聯隊長を失うなど苦戦が続き、一時は頓挫しかけたが、六月一二日に宜昌を占領した。第一一軍は、占領部隊に宜昌占拠は一週間以内とし、市街破壊後に撤退するよう指示した。これで、作戦は終了するかに見えたが、この後、天皇もふくめての方針転換劇がおこる。

四月一〇日に大本営が宜昌作戦を許可する前から、宜昌は占領後放棄しないで確保すべきだという意見があった[42]。これは主に海軍からの要求で、宜昌を確保して飛行場を設定すれば、漢口から行う重慶への戦略爆撃の際に中継基地として利用できるので都合がよい、というものであった。大本営も支那派遣軍総司令部も戦面不拡大・兵力削減方針を大前提としていたので、海軍の要求に難色を示した。

ところが、五月一日に作戦が開始され、六月に第一一軍が宜昌を占領するまでの間に世界情勢が大きく変わった。すでに第二次世界大戦は、一九三九年九月に始まっていたが、一九四〇年五月一〇日、ドイツ軍は大規模な西方攻勢を開始、六月一四日にはパリを占領した。ドイツが急速にヨーロッパの地図を塗り変えようとしているのを目の当りにして、日本では南進論、重慶に対する軍事的圧迫強化論がにわかに高まった。

もともと重慶への戦略爆撃に積極的であった海軍は、重慶空爆を主導した。第一一軍が宜昌作戦を開始した翌日(五月二日)、大本営陸軍部は、大陸指第六八四号をもって「支那派遣軍総司令官ハ自今航空進攻作戦ヲ実施スルコトヲ得」[43]と命じた。これは、重慶などへの航空攻撃の許可であった。陸海軍共同の航空作戦は、百一号作戦と呼称され、漢口を拠点とし重慶・成都などを目標として、空襲を実施することをめざした。五月一三日に陸海軍協定が結ばれ、漢口に陸軍三六機・海軍九〇機の爆撃機を集中したうえで、海軍は五月一八日より、陸軍は六月六日より作戦を開始した。ところが、海軍の九六式陸上攻撃機を中心とする日本軍空襲部隊には、遠距離攻撃のため戦闘機の護衛がつけられず、中国軍のソ連製戦闘機の反撃によって損害が続出した反面、空襲の成果はあがらなかった。(44) 重慶・成都などへの戦略爆撃を有効に行うためには、護衛戦闘機を爆撃機に随伴させる必要があった。このため、第一一軍が宜昌を占領した頃、海軍の宜昌確保論は熱烈なものになっていた。

かくして海軍の強い要求と、ヨーロッパ情勢の急展開からくる刺激によって、大本営の中にも宜昌確保の積極論が台頭しつつあった。『戦史叢書』によれば、ちょうどその頃、六月一五日、参謀総長と軍令部総長代理の上奏をうけた天皇は、席上、海軍側より重慶爆撃の中継基地として宜昌が大きな価値を持っていることを聞き、参謀総長に「陸軍ハ宜昌ヲナントカナラナイカ」と下問したのである。(45) 天皇は、四月とはうってかわって、宜昌の確保を要求したのである。

この天皇の一言で、大本営は宜昌確保に方針を一決、翌六月一六日、大本営は支那派遣軍に宜昌確保を命じた。この六月一五日の軍事・外交関係の出来事について、「実録」にはこう記録されている。

一九四〇(昭和一五)年六月一五日　土曜日

午前十時三十分、御学問所において陸軍大臣畑俊六に謁を賜い、奏上を受けられる。○侍従日誌、侍従職日誌、内舎人日誌、侍従武官日誌、百武三郎日記

午前十一時より一時間余にわたり、御学問所において外務大臣有田八郎に謁を賜い、昨十四日閣議決定の日支新関係調整条約の締結交渉案につき内奏を受けられる。午後一時三十分、御学問所において参謀総長載仁親王・軍令部次長近藤信竹に謁を賜い、日支新関係交渉開始に伴う統帥部関連事項につき奏上を受けられる。○侍従日誌、侍従職日誌、内舎人日誌、侍従武官日誌、陸軍上聞書控簿、海軍上聞書控簿、日支新関係調整条約ノ締結交渉ニ関スル内奏案、日支国交調整ニ関スル条約案訓令ニ関スル外務大臣内奏(案)、百武三郎日記、木戸幸一日記、陣中日誌、機密戦争日誌、読売新聞(46)

「実録」の記事を読む限り、この一六日の作戦方針の大きな転換が、天皇の言葉をきっかけになされたことは全く分からない。支那派遣軍総司令部は、同日夜、第一一軍に宜昌再確保命令を下した。第一一軍はこの前日、第一三師団などの宜昌占領部隊の撤退を下令していたため、多くの部隊は、すでに宜昌を放棄して移動中であったが、再確保命令をうけ、部隊は反転して再度宜昌を占領した(47)。中央の方針の急転換によって、前線

の将兵は右往左往することになった。昭和天皇は、このあと一〇月に侍従武官を宜昌に派遣して、前線将兵を激励した(48)。

従来の日本軍占領地から突出している宜昌の確保には、その後も多くの犠牲が払われたが、実は宜昌の戦略的価値は、六月に言われたほどのものではなくなった。海軍が八月に航続距離の長い零式艦上戦闘機(ゼロ戦)を漢口に進出させたことにより、爆撃機への護衛が可能になったからである。

＊　＊　＊

日中戦争が始まると天皇は、政・戦略の統合を図るために御前会議の開催を求めるなど積極的に事態の打開を図ったといえる。その点は「実録」の記述からも一定程度は見えてくる。また、将官人事への介入ということも記述されている。だが、張鼓峰事件と宜昌作戦に見られるように、当初は現地軍の行動拡大を強く差し止めていたり、消極的であった天皇が、実際に戦闘が起きるとその成功を賞賛したり、戦略的価値ありと見るや前言を翻して積極的作戦を促すなど、急角度に言動を変化させ、作戦行動に大きな影響を与えたことについては、「実録」は天皇の具体的な言動には触れないか、触れても慎重論のみにするなど、天皇の積極面は消されていることが分かる。

第五章　アジアとの戦争／欧米との戦争

——南進と開戦(一九四〇〜四二年)

本章では、南部仏印進駐(一九四一年)から武力南進路線と対米交渉の行き詰まり、一九四一年の四回の御前会議を経て、対英米開戦を憂慮する昭和天皇が次第に開戦論に傾斜していく過程、さらには緒戦における天皇の戦争指導を検証し、「昭和天皇実録」では何が強調され、何が消されているのかを明らかにする。

1　武力南進路線

一九三九(昭和一四)年九月、ドイツはヨーロッパで勢力圏再分割を求めて戦争を開始し、さらに一九四〇年五月以降の西部戦線における電撃戦で、イギリス大陸派遣軍をダンケルクに追い落として六月にはフランスを降伏させた。このような世界情勢の変転を目の当たりにして、日本の統帥部、とりわけ陸軍は、一方でドイツとの同盟を再びめざし、他方で援蔣ルートの遮断を名目に宗主国が敗戦の憂き目を見た仏印への進出を図るようになる。ドイツによる世界秩序の転換に便乗して、自らの勢力圏拡大をもくろんだのである。こうした極端な便乗主義的な膨張に対して昭和天皇が一定の懸念を持っていたことは確かである。一九四〇年六月二〇日、天皇の言葉を内大臣・木戸幸一は次のように記録している。

本日拝謁の際、御話、仏印の問題に触れたるが、我国は歴史にあるフリードリッヒ大王やナポレオンの様な行動、極端に云へばマキアベリズムの様なことはしたくないね、神代からの御方針である八紘一宇の真精神を忘れない様にしたいものだねとの御言葉あり、恐懼す。(1)

この天皇の言葉は、「実録」においてもそのまま記録されている。(2)「マキアベリズム」ではなく、「神代からの御方針である八紘一宇」でいこう、というのである。この言葉からも分かるように、少なくとも領土拡張・勢力圏拡大という点については天皇自身、何ら否定するものではなかった。これは、昭和天皇が、機会さえあれば、領土を拡張することが君主としての重要な任務であると認識していたことを示している。それだからこそ、昭和天皇は、明治天皇をふかく尊敬し、サンフランシスコ講和条約の調印(一九五一年）直後に、「寛大な条約」であることを報告した吉田茂首相に「明治大帝の孫である自分の治世に、日本が海外領土をすべて失わなければならないことは、自分にとって痛切な打撃である」(3)と、領土の喪失をいたく残念がったのである。領土拡張・勢力圏拡大を是とする考え方は、明治天皇をモデルとした世界強国＝帝国主義国家の君主としては、むしろ自然な発想であったといえよう。

天皇の言う「マキアベリズム」とは、「フリードリッヒ大王やナポレオンの様な行動」を引きあいに出しており、感覚的には、権謀術数を駆使したり、相手が困難に陥ったことに乗じて征服する、といった意味で使っているのであろう。しかし、そういった方法を嫌悪していたにせよ、戦前期の昭和天皇の書斎には、リンカーンやダーウィンと並んで、皇太子時代、ヨーロッパ訪問の際に自らデパートで買ったナポレオンの胸像があったという(4)。「マキアベリズム」はいやだが、「神代からの御方針である八紘一宇」ならばよい、という考え方は、以後、しばしば、統帥部のような強引なやり方は困るが、結果として領土・勢力圏が拡大することは容認するという昭和天皇の戦略判断として具体化してくる。満洲事変勃発の際も、熱河作戦の時も、日中戦争が拡大したときも、天皇は当初は懸念を示し反対した。しかし、現実的な戦果があがり、勢力圏拡大が達成されると、事態を事後承認し、独断専行者たちを賞賛するというやりかたを繰り返したのである。また、昭和天皇は、杜撰な計画や行動を非常に嫌い、つねに用意周到な計画、緻密な計算を要求した。それが結果的に、軍部の作戦計画樹立を促進することもあった。

たとえば、大本営陸軍部（参謀本部）第二〇班（戦争指導班）の記録である『杉山メモ』によれば、蒋介石政権との和平交渉が駐兵問題（講和後も日本軍が防共・治安維持のために重要地域に駐屯し続けることを日本側が要求）で暗礁に乗り上げ、見切り発車的に汪兆銘《おうちょうめい》政権を承認して日華基本条約を締結した一九四〇年一一月三〇日、天皇は参謀総長・杉山元大将に対して、次のような下問をしている。

総長編制事項ニ関シ上奏シタル際御下問
一、対支長期武力戦ニ関シ
イ、重慶迄行ケヌカ
ロ、行ケヌトセバドウスルカ
ハ、占拠地域ハ先日ノ御前会議ノ通リテ動カヌカ
二、南方問題ニ関シ
イ、南方問題ハ慎重ニ考ヘヨ
ロ、南方作戦計画ハ出来タカ(5)

「重慶迄行ケヌカ」とは、もちろん「重慶まで進撃は出来ぬか」とその可能性を問う

ているのである。(6) この下問について、当時、大本営陸軍部第二〇班にいた種村佐孝少佐は、「この御下問は、参謀本部にとっては、全く痛いところである。参謀総長は恐縮し、研究の上、改めて奉答することにおねがいして退下したのであった」(7) と回想している。なぜ、この下問が「痛いところ」だったのか。それは、統帥部にしてみても、天皇に「重慶迄行ケヌカ」と言われても、そこまで進撃する余力がないことは自覚している。はたまた「行ケヌトセバドウスルカ」と聞かれても、答えるべき具体策はない。したがって、陸軍としては、天皇の下問の前半部分・対重慶戦略については「恐縮」したものの、それ以降もなかなか対応策が立てられなかった。しかし、後半部分・対南方戦略はそうではない。天皇は、「南方問題ハ慎重ニ考ヘヨ」と言いつつも、他方でずいぶん性急に「南方作戦計画ハ出来タカ」とまで聞いたのである。ここには、「マキアベリズム」はいやだが、「八紘一宇」ならばよい、という天皇の発想がよくあらわれている。南方進出は列強を刺激するので慎重にやりたい、しかし進出を支える作戦計画は早く作れ、というのである。「実録」ではこのやり取りは次のように記録されている。

一九四〇(昭和一五)年一一月三〇日　土曜日

午後四時より約一時間にわたり、御学問所において参謀総長杉山元に謁を賜い、近衛歩兵第一聯隊の内地帰還等の編成事項につき上奏を受けられる。その際、汪精衛

〔汪兆銘〕政権承認後の対支長期武力戦に関し、重慶まで進攻できないか否か、進攻できない場合の兵力整理の限度と方法、占拠地域の変更の有無、南方作戦の計画等につき御下問になり、また南方問題を慎重に考慮すべき旨を仰せになる。十二月二日、内大臣木戸幸一をお召しになり、この日の参謀総長への御下問と奉答につき述べられる。○侍従日誌、侍従職日誌、内舎人日誌、侍従武官日誌、陸軍御裁可書類交付簿、御下問奉答綴、「大本営陸軍部」大陸命・大陸指総集成、木戸幸一日記、木戸幸一関係文書、機密戦争日誌、陣中日誌、杉山メモ、田中新一中将業務日誌(8)

「実録」の記述では、『杉山メモ』で記されている「南方作戦計画ハ出来タカ」という天皇の発言は「南方作戦の計画等につき御下問になり」とされ、「南方問題を慎重に考慮すべき旨を仰せになる」という部分が強調されている。

しかしながら、現実には、天皇の対南方戦略に関する下問が参謀本部を活気づけたことは確かである。「南方作戦計画ハ出来タカ」という天皇の下問を受けて、参謀本部第一部(作戦部)は一九四〇年一二月九日、参謀本部と陸軍省の関係者に対して、さっそく南部仏印・泰《タイ》への軍事基地の設定、南方作戦に応ずる軍隊の改編・教育訓練・戦法教育の実施、情報の収集、占領地統治法・資源開発方法の研究の実施、これら諸点に関する研究を行うよう要請した(9)。天皇の下問は、陸軍に対する南方作戦・占領地統治の研究開始命令に等しい効果をもたらし、陸軍中央部の南進膨張意欲をさらにかきたてたのである。

南方作戦計画の立案を督促した天皇ではあるが、その後の陸軍統帥部による南部仏印進駐計画、日泰軍事協定案などについては、陸軍の独走をきわめて憂慮していた。一九四一年二月一日、首相・両総長三者がうちそろって「已ムヲ得サレハ仏印ニ対シ武力ヲ行使」し「帝国ノ仏印、泰両地域ニ於ケル指導的地位ヲ確立スル如ク施策」することをめざす「対仏印、泰施策要綱」案を上奏した。天皇はこの「施策要綱」には不満であったようだ。しかし、例の「マキアベリズム／八紘一宇」的発想で承認した。二月三日に天皇は木戸内大臣にこう言っている。

両総長、首相より対仏印・泰施策に関し上奏を聴いたが、自分としては主義としては相手方の弱りたるに乗じて要求をなすが如き所謂《いわゆる》火事場泥棒式のことは好まないのであるが、今日の世界の大変局に対処する場合、所謂宋襄《そうじょう》の仁《じん》を為すが如き結果となっても面白くないので、あの案は認めておいたが、実行については慎重を期する必要があると思ふ。(10)

この天皇の発言も、ほとんどそのまま「実録」にも記されている。(11)「火事場泥棒式」

はいやだが、「宋襄の仁」(情けのかけすぎ)もまずい。問題は、「マキアベリズム」「火事場泥棒式」と言われないような大義名分が立てられるか否かであり、また、いかに天皇の君主としての徳を傷つけないような手段で領土・勢力圏が拡張できるか、ということにあった。

2　対英米戦への躊躇

日中戦争から対英米戦争への拡大は、一九四一年後半の四回の御前会議を経て決定されていった。天皇を頂点とする日本の国家指導層は、独ソ開戦(六月二二日)直後の七月二日御前会議において「南方進出ノ態勢ヲ強化」(南部仏印へ進駐)するためには「対英米戦ヲ辞セズ」との重大決意をなし、続く九月六日御前会議で一〇月上旬までに日米交渉がまとまるめどが立たない時にはただちに戦争を決意すると決定する。そして、日米交渉を進めつつ、一一月五日御前会議で一二月初旬の武力発動を決め、一二月一日御前会議において開戦を最終的に確認するのである。

昭和天皇は、九月六日御前会議までは、対英米戦争回避を望むきわめて慎重な姿勢をとっていた。しかし、近衛内閣の総辞職と東條内閣の成立(一〇月一八日)を経て、一一月五日御前会議のころになると統帥部の開戦論に理解を示し、戦争を容認するようになっていたのである。この二カ月間に昭和天皇を戦争に傾斜させたものは何か。

七月七日、陸軍が御前会議決定に従って「関特演」（独ソ開戦後、極東ソ連軍の一部が欧州に転用されたらソ連領に侵攻しようとする対ソ戦準備）の第一次動員を開始し、南部仏印進駐をめぐる日米交渉の期限がせまると、再び天皇の不安は高まった。杉山参謀総長とのやり取りを「実録」の記述で見てみよう。

一九四一年七月二二日　火曜日

御学問所において参謀総長杉山元に謁を賜い、防空準備に関する命令、第二十九師団臨時編成・第三師団一部の編制改正並びに第八十六次復員要領の制定につき上奏を受けられる。また、仏印交渉の状況につき奏上を受けられる。その際、武力によらない支那事変解決の方法の有無をお尋ねになる。参謀総長より、事変解決のためには重慶政府のみならず、英米等の援蔣国家群も抑えなければならないため、武力以外の解決は困難である旨の奉答を受けられる。天皇は御納得なく、物資を中心に国力が不十分な中、武力行使による目的達成の可否、またその期間につき御下問になる。参謀総長より、国力は相当不十分なるも、現状にて推移すれば事変を解決し得ないのみならず、ますます困難な立場となるため、機会を捕捉して攻撃しなければならず、また短期間にて勝利するためにも我が国の発展する方向を検討する必要がある旨の奉答あり。これに対して天皇は、南部仏印進駐に当たっては武力を行使しないよう仰せられる。○侍従日誌、侍従職日誌、内舎人日誌、侍従武官日誌、陸軍御裁可書類交付簿、侍従武官府歴史、御下問奉答綴、百武三郎日記、小倉庫次侍従日記、陣中日誌、杉山メモ、田中新一中将業務日誌、「大本営陸軍部」大陸命・大陸指総集成(12)

この日の天皇と杉山参謀総長とのやり取りは、『杉山メモ』では次のように記録されている。

御上　支那事変解決ニ何カ好イ考ハ何カ無イカ。

総長　此ノ前ニモ申上ケシ通リ重慶側ハ戦力戦意共ニ衰ヘ軍ハ低下シ財政経済的ニモ困憊シテ居リ、恰《あたか》モ瀕死ノ状態ト考ヘラレ、命タケヲ保ツテ長期抗戦ヲシテ居ルノテアリマス。
此ノ長期抗戦ガ出来ルノハ、英米等敵性国家ノ注射又ハ栄養ヲ与ヘル為テアリマス。即チ英米ガ重慶ノ起死回生ヲヤツテ居ルノテアリマシテ、英米ヲ抑ヘナケレハ支那事変ノ解決ハ困難ト考ヘマス。
第二次欧洲戦ノ発生前ハ支那事変ノミヲ考ヘテヨカツタガ、之レガ始マリ又独「ソ」戦ガ始マリシヨリ以来ハ、世界戦争ノ動キニ依リ反枢軸諸国ヲ傷メルコトカ重慶ヲ長続キサセヌモノト思ヒマス。従ツテ活力ヲ与ヘルモノヲオシツケル必要ガアルモノト思ヒマス。

御上　武力ヲ以テセズ何カ他ニ好キ方法ハナイカ。

総長　武力以外ハ困難テアリマス。

御上　而シ国力特ニ物ニ於テ充分ナラス。之レテ武力ヲ行使シテ目的ヲ達成シ得ルカ。

総長　国力ノ相当不充分ナ事ハオホセノ通リテアリマス。而シ今日此ノ儘《まま》推移セバ帝国トシテ支那事変ヲ解決シ得サルノミナラス、年ノ経過ト共ニ困難ナ立場トナルト思ヒマス。ヤハリ機ヲ捉ヘテ撃タナケレハナラヌト思ヒマス。

御上　ソウ云フ事ヲ云ウテモ物カナイデハナイカ。

総長　海軍ハ知ラヌカ、陸軍ハ一年位大丈夫ト思ヒマス。

御上　ソンナ事ヲ云フカ、一年テ勝ツト思フカ。

総長　マア一年デ必ストハ申シ上ゲラレマセンガ、何トカ機会ヲ捉ヘテ伸ビテ行ク方策ヲ取ラネハナラヌト思ヒマス。（中略）海軍ニシテモ陸軍ニシテモ時カ経テハ六《むつ》カ敷《し》クナルコトヲ知ラナケレハナラヌト思ヒマス。

御上　ソウカネ、武力ヲ使ハズニ出来ヌカネ。仏印ハアノ様ニ行ケハ結構ダカ英国ガ泰ニ兵ヲ入レテ居ルト云フガドウカ。

総長　新聞等ニ散見致シマスガ、恐ラクハ入レルコトハナイト思ヒマス。〔中略〕若シ英国兵カ泰ニ入ルコトガアレハ用兵上更ニ如何ニスヘキカヲ判断シ、奏上シテ御決メヲ戴キマス。

御上　仏印ニ武力行使ヲシテ行クコトハナイダラウネ。

総長　軍司令官ニモ澄田〔睞四《らいし》郎《ろう》〕機関長ニモ平和進駐ヲ立前トスルコトハ充分通シテアリマス。「ビシー」政府ハ内地ノ大決意ト動員トヲ知ツテ反対シタラヒドイ目ニ遭フト云フコトヲ考ヘテ楽々ト承知シタモノト思ヒマス。〔中略〕

御上　マー、武力ハ使ハヌガ宜シイ。

〔総長所見〕本日ノ御下問ニ依レハ、徹頭徹尾武力ヲ使用セヌ事ニ満チ満チテ居ラレルモノト拝察セラル。依ツテ今後機会ヲ捉ヘテ此ノ御心持ヲ解ク様ニ申シ上ゲ度《た》キ考ナリ。南〔南進・対英米戦〕カ北〔対ソ戦〕カ、ソレハ如何ニヤルカ逐次決意ヲ要スル点等ヲ段々ト御導キ申上ケル必要アリト考フ。本件ハ一切他言セサル様[13]。

特に傍線部からも分かるように、天皇は、従来にもまして強く武力使用方針を忌避した。そして、この武力使用忌避は、「実録」が記すような「武力によらない支那事変解決の方法の有無」ではなく、蔣介石政権を支援する英米に対する武力行使の有無のことである。天皇の不安の核心は、「ソウ云フ事ヲ云ウテモ物カナイデハナイカ」という発言からも分かるように、戦争が日中戦争だけでなく、対英米戦まで拡大した際の、武力行使の裏づけとなる物動計画の未確立にあった。また、統帥部が英米戦不可避を主張するわりには、具体的な作戦の見通しについていっこうに語らないことも不安材料であった。「何トカ機会ヲ捉ヘテ伸ビテ行ク方策ヲ取ラネハナラヌト思ヒマス」といった参謀総長の答えでは、とても天皇としては安心できなかったのである。

戦争に勝てるか否か、天皇は作戦をつかさどる参謀総長と軍令部総長にたびたび質問したが、いっこうに納得のいく回答が得られなかった。たとえば『木戸幸一日記』によれば、一九四一年七月三〇日、軍令部総長・永野修身大将は、天皇に対して日米の国交調整はもう不可能であると前置きしたうえで、「従って油の供給源を失ふこととなれば、此侭《このまま》にては二年の貯蔵量を有するのみ、戦争となれば一年半にて消費し尽くすこととなるをもって、寧ろ此際打って出るの外なし」(14)と強硬に早期開戦論を述べたという。ジリジリと石油備蓄が少なくなり、ついには武力を発動しようにもどうにも動けなくなってしまうことを恐れる見方を「ジリ貧論」といった。「ジリ貧」を恐れるがゆえの早期開戦論は、永野だけではなく当時の統帥部中堅幕僚層にも支配的な考え方であった。石油備蓄が無くならないうちに開戦に踏み切るべきだとする論は、突然に出てきたものではなく、海軍が前年の一九四〇年五月二一日に行った対米図上演習研究会において、アメリカによる石油禁輸から四～六カ月以内には開戦すべし、との結論が出されていたことに基づくものである。(15)「ジリ貧」回避のための早期開戦論は海軍の既定の戦略であったといえる。

この時、天皇は永野に「然らば両国戦争となりたる場合、其結果は如何」と問い、さらに「〔統帥部が〕提出したる書面には勝つと説明しありたる故、自分〔天皇〕も勝つとは信ずるが而し日本海ゝ戦の如き大勝は困難なるべし(16)」と重ねて質問した。天皇は対英米戦の苦戦を予想しつつも、一応は海軍統帥部の作戦構想を尊重し、勝利は信じるけれども日露戦争の日本海海戦のような大勝利というわけにはいくまい、と永野総長に対英米戦必勝の秘策と決意のほどを質したのである。ここにある「提出したる書面」の内容は定かではない。だが、軍令部が聯合艦隊の真珠湾奇襲作戦計画案を承認する前のことであるから、大正以来、日本海軍が計画を練りに練ってきた「漸減邀撃《ぜんげんようげき》作戦」(来攻するアメリカ艦隊を潜水艦と巡洋艦の波状攻撃によってあらかじめ「漸減」しておき、日本海海戦のように日本近海で主力決戦を行う作戦)のことを指すものと思われる。この既成作戦計画による図上兵棋《へいき》演習はそれまでにも繰り返し天皇の前で実施されており、つねに日本艦隊が勝つことになっていた。(17) したがって、天皇は、演習の筋書き通り、あるいは日本海海戦のようにとはいわないまでも、勝てる要因のいくつかを永野総長に答えさせたかったのであろう。ところが、天皇の期待に反して、永野総長は「日本海ゝ戦の如き大勝は勿論、勝ち得るや否も覚束《おぼつか》なし(18)」と全く頼りない回答しかできなかったのである。天皇はすっかり落胆して木戸幸一内大臣に「斯《か》くてはつまり捨ばちの戦をするとのことにて、誠に危険なり」「永野の意見は余りに単純なり(19)」との感想をもらしている。早期開戦を主張する統帥部幕僚長にも勝利の確信がないようでは、天皇が不安にかられたのも当然であろう。

永野総長が天皇を不安にさせた頃、横須賀航空隊の教官をしていた高松宮宣仁中佐も、天皇のもとにやってきて早期開戦論を主張したようである。『高松宮日記』によれば、天皇は、高松宮の言ったことを「米国と戦争せねば皇太子様の御代があぶない(20)」と聞き取ったようで、すぐに近衛文麿首相にそのことを話し、近衛からそのことを聞いた原田熊雄(西園寺公望の元秘書)は、高松宮に「余り御心配になる様な事は云はぬがよいだらう(21)」と忠告している。「実録」によれば、高松宮の進言は、一九四一年八月五日のことであったようだ。

御夕餐後、〔高松宮〕宣仁親王・同妃喜久子参内につき、皇后と共にニュース映画を御覧になる。その際、親王が、ジリ貧になるため、速やかに断乎たる処置を取るべき旨を言上したことに対し、天皇は持久戦となりし場合の措置方につき質される。親王より、その場合にはまた方法があるべき旨の奉答を受けられる。○侍従日誌、女官日誌、侍従職日誌、内舎人日誌、侍従武官日誌、高松宮日記、沢本頼雄海軍大将業務

メモ(22)

「実録」では、高松宮の進言の内容には踏み込んでいないが、早期開戦論の主張であったように受け取れる叙述になっている。

対英米開戦論に対する天皇の憂慮は、九月六日の御前会議の前後において頂点に達した。九月五日、翌日に御前会議をひかえて、総理大臣・近衛文麿は議案の「帝国国策遂行要領(23)」を天皇に内奏した。ここでも天皇は重ねて憂慮の念を表明した。「要領」によれば、一カ月後の一〇月上旬にいたっても日米交渉がまとまりそうになければ、その時点で対英米蘭戦争を決意し、一〇月下旬には戦争に突入できるようにするというのである。この「要領」を文字通り実施すれば、戦争か否かの決意は一カ月以内にしなければならない。日米交渉の争点は、三国同盟問題、アメリカの援蔣と日本軍の中国からの撤兵問題、仏印からの撤兵問題と多岐に及んでいる。わずか一カ月の間に、妥結の見通しを得ることは極めて難しい。御前会議において「要領」を決定することは、開戦へのタイマーにスイッチを入れるのに等しいものであった。

近衛文麿『平和への努力』によれば、内奏された「要領」に対して天皇は、「之を見ると、一に戦争準備を記し、二に外交交渉を掲げてある。何だか戦争が主で外交が従であるかの如き感じを受ける(24)」と、戦争への傾斜の度合いが大きいと率直に懸念を示し、心配な点について明日の御前会議で質問したいと言いだした。近衛は、御前会議には文官も出席し、純軍事的な問題では統帥部幕僚長も十分な答えができないだろうから、今すぐに永野・杉山両総長を呼んで聞いてみたらどうかと天皇に進言した。[25] 天皇は、ただちに永野・杉山両総長を呼ぶように命じ、そのただならぬ雰囲気に参謀本部も一時緊張した。

『杉山メモ』によれば、大本営陸軍部第二〇班（戦争指導班）長・有末次大佐は、この時の天皇と杉山参謀総長とのやり取りの一部を次のように記録している。

御上　成ルヘク平和的ニ外交テヤレ
　外交ト戦争準備ハ並行セシメスニ外交ヲ先行セシメヨ
　右ニ対シ（参謀総長は）種々奉答ス

御上　南方作戦ハ予定通リ出来ルト思フカ
　参謀総長右ニ対シ馬来《マライ》比島等ノ予定作戦ヲ詳細奉答ス

御上　予定通リ進マヌ事カアルタラウ
　五ケ月ト云フカソウハイカヌコトモアルタラウ

総長　従来陸海軍テ数回研究シテ居リマスノテ大体予定ノ通リ行クト思ヒマス

御上　上陸作戦ハソンナニ楽々出来ルト思フカ

総長　楽トハ思ヒマセヌカ陸海軍共常時訓練シテ居リマスノテ先ツ出来ルト思ヒマス
御上　九州ノ上陸演習〔四月上旬の演習〕ニハ船カ非常ニ沈ンタカアーナレバドウカ
総長　アレハ敵ノ飛行機ガ撃滅セラレル前ニ船団ノ航行ヲ始メタカラテアツテ、アーハナラヌト思ヒマス
御上　天候ノ障碍ハドウスルカ
総長　障害ヲ排除シテヤラネハナリマセヌ
御上　予定通リ出来ルト思フカ
御前〔杉山〕ノ大臣ノ時ニ蔣介石ハ直ク参ルト云フタカ未タヤレヌテハナイカ(26)

天皇はまず外交優先を指示したうえで、作戦が予定通りいくかどうかを繰り返し質問している。明らかに天皇は作戦の成功に懐疑的である。杉山参謀総長は、だいたい予定通りいくだろうとの見通しを語っているが、天皇は、杉山が陸軍大臣の時に始まった日中戦争は「蔣介石ハ直ク参ル」という当時の杉山の言とは異なり、いっこうに予定通り進まなかったではないかとまで反問している。最後の部分について参謀本部作戦部長だった田中新一少将の『業務日誌』によれば、天皇は杉山に対してこのように詰問したという。

支那事変ノ初メ、陸軍大臣トシテ閑院宮〔参謀総長―当時〕ト一緒ニ報告シ、速戦即決ヲ主張シタルカ果シテ如何、今ニ至ルモ事変ハ長クツツイテイルテハナイカ、考ヘ違ヒカ。(27)

『杉山メモ』では杉山の回答は記されていないが、田中作戦部長は杉山が「一挙ニ事変ヲ解決スルヤウ申上ケ、マコトニ恐縮ノ外ナシ」と答えたとしている。臨席していた近衛によれば、天皇は有末や田中の記録のニュアンスよりもさらに厳しく杉山に迫ったようだ。近衛『平和への努力』には、次のようにある。

……陛下は杉山参謀総長に対し、「日米事起らば、陸軍としては幾許《いくばく》の期間に片付ける確信ありや」と仰せられ、総長は「南洋方面だけは三ケ月〔五カ月?〕位にて片付けるつもりであります」と奉答した。陛下は更に総長に向はせられ、『汝は支那事変勃発当時の陸相なり。其時陸相として、「事変は一ケ月位にて片付く」と申せしことを記憶す。然るに四ケ年の長きにわたり未だ片付かんではないか』と仰せられ、総長は恐懼して、支那は奥地が開けて居り予定通り作戦し得ざりし事情をくどくどと弁明申上げた処、陛下は励声一番、総長に対せられ「支那の奥地が広いといふなら、太平洋はなほ広いではないか。如何なる確信あって三月〔五月？〕と申すか」と仰せられ、総長は唯頭を垂れて答ふるを得ず……(28)

「支那の奥地が広いといふなら、太平洋はなほ広いではないか」というのは非常に厳しい指摘である。ここまで天皇に言われれば、参謀総長も返す言葉がなかったであろう。

もっとも、有末が記録した『杉山メモ』にはこのあと、

参謀総長更《あらた》メテ此ノ機会ニ私ノ考ヘテ居リマスコトヲ申上ゲマスト前提シ、日本ノ国力ノ漸減スルコトヲ述ヘ、弾撥力〔物的・人的資源の余裕〕ノアルウチニ国運ヲ興隆セシムル必要ノアルコト又困難ヲ排除シツツ国運ヲ打開スル必要ノアルコトヲ奏上ス。(29)

と杉山参謀総長が開戦の必要性をなお主張したように記録されているが、田中『業務日誌』によればこれは杉山ではなく永野軍令部総長の言であるとされている。具体的には、

時機ヲ逸シテ数年ノ後ニ自滅スルカ、ソレトモ今ノ内ニ国運ヲ引キ戻スカ、手術ヲ

例ニ説明申上ク。又七―八分ノ見込カアルウチニ最后ノ決心ヲシナケレハナラヌ、相当ノ心配ハアルモ、コノ大病ヲ直スニハ大決心ヲモッテ国難排除ニ決意スル外ハナイ。(30)

といったものであったと記録している。近衛『平和への努力』でも天皇の追及に絶句した杉山に永野が日米関係を病人にたとえて「助け船を出し」たとあるし、(31) 軍令部作戦部長・福留繁少将も永野から同様の談話を聞いているので、(32) この回答は杉山ではなく永野が述べたものと見た方が自然である。後述するように、「実録」でもそのように扱われている。

『杉山メモ』に記されているこのあとの天皇と永野総長のやり取りは興味深い。

御上　絶対ニ勝テルカ（大声ニテ）

総長　絶対トハ申シ兼ネマス　而シ勝テル算ノアルコトタケハ申シ上ケラレマス　必ス勝ツトハ申上ケ兼ネマス
尚日本トシテハ半年ヤ一年ノ平和ヲ得テモ続イテ国難カ来ルノテハイケナイノテアリマス　二十年五十年ノ平和ヲ求ムヘキテアルト考ヘマス

御上　アヽ分ツタ（大声ニテ）

総長　決シテ私共ハ好ンテ戦争ヲスル気テハアリマセン　平和的ニ力ヲ尽シ愈々ノ時ハ戦争ヲヤル考テアリマス
永野軍令部総長ハ大阪冬ノ陣ノコト其他ノコトヲ申上ケタル所　御上ハ興味深ク御聴取遊ハサレタルカ如シ　最後ニ総理左記ヲ奉答ス
総理　両総長カ申シマシタル通リ最後迄平和的外交手段ヲ尽シ已ムニ已マレヌ時ニ戦争トナルコトハ両総長ト私共トハ気持ハ全ク一テアリマス(33)

『杉山メモ』ではこの「総長」が杉山のようにされているが、田中『業務日誌』によれば、「絶対トハ申シ兼ネマス……」は永野総長の言、「決シテ私共ハ……」は両総長の言であるとされている。(34)田中・福留両作戦部長の記録などから見ても、前後のつながりや内容からしても、これも永野の発言であろう。

天皇は大声で「アヽ分ツタ」と言っているが、統帥部の言うことはよく納得できたという意味で「分ッタ」と言ったとは思われない。天皇は、これまでのやり取りで相当立腹している上に、永野の「二十年五十年ノ平和ヲ求ムヘキテアルト考ヘマス」といった型にはまった論にうんざりして「モウイイ」という意味で声を荒らげたと見た方が自然である。また、田中『業務日誌』によれば、天皇は近衛首相の最後の回答に対し「ワカツタ承認シヤウ(35)」と言ったとされている。しかし、これは天皇がこの段階で対英米開戦を「承認」したことを意味するのではなく、外交交渉と戦争準備の併進を承認したにとどまったのである。

杉山参謀総長は拝謁を終わったあと「南方戦争ニ対シ相当御心配アル様拝察ス」(36)との所感を述べている。少なくともこの時点では、統帥部幕僚長ですらも勝利の目算すら語れない戦争に天皇は大いに不安の念をもっていた。それは、翌九月六日の御前会議において天皇が明治天皇の和歌「四方《よも》ノ海ミナ同胞《はらから》ト思フ世ニナド波風ノ立チサワグラム」を朗読して、統帥部の姿勢を暗に批判し外交優先を示唆したことからも明らかである。

だが、よく注意してみると永野軍令部総長とのやり取りの中にすでに、昭和天皇が統帥部の論理を承認していく素地が現われている。それは永野が大阪冬の陣など日本古戦史を引いて説明した時に天皇が興味を示したという点である。こうした言い方は、戦史好みの永野総長の得意とするものである。昭和天皇も戦史からよく学んでおり、とりわけ日本古戦史を引きあいにして個別具体的に説明されるとよく理解を示した。天皇は、「やればできる」の冒険主義的な精神論ではなく、筋道の立った、あるいは過去の事例に即した具体的な説明を欲していたのである。九月六日御前会議のあと、統帥部も次第にこの点を理解するようになる。

九月六日御前会議前日の天皇と近衛・杉山・永野のやり取りについて、「実録」は次のように記している。

一九四一（昭和一六）年九月五日　金曜日

午後六時五分、御学問所において再び首相〔近衛文麿〕、並びに急遽参内の参謀総長杉山元・軍令部総長永野修身に謁を賜う。劈頭《へきとう》、天皇は帝国国策遂行要領は外交を主とし、戦争準備を副とすべきにつき、要領の第一項と第二項の入れ替えを要する旨の御意向を示される。参謀総長より戦備完成後に外交交渉を行う所以を言上につき、天皇は、南方作戦の成算と予測される事態への対処方につき種々御下問になる。参謀総長より陸海軍において研究の結果、南方作戦は約五箇月にて終了の見込みである旨を奉答するも、天皇は納得されず、従来杉山の発言はしばしば反対の結果を招来したとされ、支那事変当初、陸相として速戦即決と述べたにもかかわらず、未だに事変は継続している点を御指摘になる。参謀総長より、支那の奥地が広大であること等につき釈明するや、天皇は支那の奥地広しというも、太平洋はさらに広し、作戦終了の見込みを約五箇月とする根拠如何と論難され、強き御言葉を以て参謀総長を御叱責になる。参謀総長が恐懼するなか、軍令部総長は発言を願い出で、現在の国情は日々国力を消耗し、憂慮すべき状態に進みつつあり、現状を放置すれば自滅の道を辿るに等しきため、ここに乾坤一擲の方策を講じ、死中に活を求める手段に出なければならず、本要領はその趣旨により立案され、成功の算多きことを言上する。天皇は、無謀なる師を起こすことあれば、皇祖皇宗に対して誠に相済まない旨を述べられ、強い御口調にて勝算の見込みをお尋ねになる。軍令部総長は、勝算はあること、短期の平和後に国難が再来しては国民は失望落胆するため、長期の平和を求めなければならない旨を奉答する。天皇は了解した旨を仰せられる。両総長は、決して戦争を好むにあらず、回避できない場合に対処するのみであることを言上する。首相より、最後まで外交交渉に尽力し、已むを得ない時に戦争となることについては両総長と同じ気持ちである旨の言上あり。ここに天皇は、首相と両総長の言上を承認する旨を述べられる。六時五十分、首相・両総長は御前を退下する。○同五十五分、天皇は第六回御前会議開催に関する内閣上奏書類を御裁可になる。○侍従日誌、侍従職日誌、内舎人日誌、侍従武官日誌、内大臣府日記、御裁可モノ控簿、大本営政府連絡会議議事録、御下問奉答綴、百武三郎日記、小倉庫次侍従日記、木戸幸一日記、沢本頼雄海軍大将業務メモ、田中新一中将業務日誌、機密戦争日誌、侍従武官城英一郎日記、東京裁判資料・木戸幸一尋問調書、陣中日誌、杉山メモ、高木惣吉　日記と情報、平和への努力、昭和天皇独白録(37)

五〇分にわたる天皇と両総長・首相とのやり取りについて「実録」は、天皇の「強き御言葉」「御叱責」「強い御口調」を強調し、全般的に淡々とした記述の多い「実録」にしては異例な叙述であるといえる。天皇の憂慮の念が最も高まった時期であるから当然かもしれない。だが、問題は、九月六日御前会議から一一月五日の御前会議の間、約二カ月間の天皇の変化である。

3　対英米開戦論への傾斜

対英米戦への昭和天皇の憂慮の念は軍部にもよく伝わっており、陸軍省の軍政関係者はそれを比較的率直に受け取っていた。九月六日御前会議が終了すると、陸軍省軍務局長・武藤章少将は部下をあつめて開口一番「戦争なんて飛んでもないことだ」と切り出した。そして、

> これは何が何でも外交を妥結せよという御意だ。おれは結局戦争になるものと達観しておるが、天子様に押しつけてはいけない。外交に万全の努力を傾け、天子様がお諦めになって御みずから戦争をご決意なさるまで精出さねばならぬ。おれはこのことを大臣〔東條英機陸相〕にも言っておく。(38)

と述べたという。武藤軍務局長は主戦論者の一人ではあるが、外交交渉がどうにもな

らなくなり、天皇が「諦め」て戦争を決意するところまでいくしかないと、天皇が納得することを尊重しようとしたのである。

だが、さらに強硬な主戦論者である参謀本部の作戦関係者は、積極的にはたらきかけて天皇の考えを変えさせようとした。統帥部にとって、天皇を説得すること、すなわち天皇が納得するレトリックを編みだすことが今や最大の課題となっていた。

九月六日御前会議の直後、武藤の部下である軍務課高級課員・石井秋穂中佐は、参謀本部作戦課長・服部卓四郎大佐を訪ね(石井と服部は陸軍士官学校の同期生)、御前会議における天皇の姿勢からしても戦争はあり得ないから、むしろ重慶攻略作戦の準備をしたほうがよいのではないかと忠告すると、服部作戦課長は次のように激しく石井に言い返したという。

　今のうちに戦争をやっておかぬと動けなくなる。いくらでもその理由を具体的に説明してやろうか。陸軍大臣として目下努むべきことは、毎日毎夜でも参内して天皇陛下に開戦の必要を上奏することだ。(39)

同じく石井によれば、一〇月一〇日頃のこととして次のように回想している。

この頃参謀本部はあせり且急《かつ》いだ。種村〔佐孝・戦争指導班長〕中佐の如きは私等軍務局の下僚の許に来て「目下陸相として為すべき唯一最大の途は、毎日毎夜でも参内し即刻開戦の必要を上奏するに在る。此の旨大臣へ具申せよ」とかつて服部大佐の言った通りに詰め寄った。私は久しぶりに怒った。(40)

また、海軍でも一〇月初め(一〇月九日と推定)には海軍省軍務第二課長・石川信吾大佐ら佐官級の強硬派が深夜、及川古志郎海相宅を訪れ、就寝中の海相を起こしてまで早期開戦をせまるという事態となっていたが、及川が「お上の御意向もあってそうも行かない」(41)と答えたことから、統帥部の主戦論者は天皇説得の重要性をあらためて認識する結果となったのである。

主戦論の中心である参謀本部作戦課では、一〇月になるとただ陸軍省に詰め寄るのでは埒が明かないと判断し、服部作戦課長を中心に、作戦面で対英米戦に勝算があることを天皇に奏上するための課内研究を始めた。説明文の起案を服部作戦課長から命じられたのは、作戦課員・高山信武少佐である。高山は、作戦課内での討論・検討を経て、(42)一度「対英米蘭戦争ニ於ケル作戦的見透シ」「南方作戦ノ見透シニ関スル件」という草案を上奏文形式で起案するが、「御下問奉答資料」(想定問答集)として作り直すよう命じられ一〇月二〇日に「対英米蘭戦争ニ於ケル初期及数年ニ亘ル作戦的見透シニ就テ」を完成させた。この「御下問奉答資料」はきわめて長文にわたるので、主要な部分だけを紹介してみよう。まずこの「御下問奉答資料」は「作戦成功ノ見透シ」と「作戦ノ勝味」として、

(1)「英、米、蘭、露等ノ実質的提携ニ先ダチ同時各個ニ急襲撃破シ得ルコト」

(2)「英米本国ヨリノ増援ニ先ダチ各個ニ撃破シ得ルコト」

(3)「先制急襲ノ徹底」

(4)「海軍竝航空作戦ノ確算」

(5)「上陸後ニ於ケル陸上作戦ニ就テハ彼我ノ編制、装備、素質、兵力等ヨリ考察シ国軍ニ絶対的確算アリ」

の五点の根拠を挙げ、「要スルニ速ニ決意シ断乎トシテ決行スルニ於テハ対米英蘭作戦ハ作戦的ニハ十分ナル確信ヲ有ス」[43]と結論づけた。つまり、初期の戦争遂行については、先制奇襲による各個撃破、海軍・航空・上陸作戦のいずれも「十分ナル確信ヲ有ス」というのである。

だが、問題は、長期持久戦に移行した場合の勝算である。従来、統帥部の見通しにおいて曖昧だったのはこの点である。長期戦に移行しても物的に大丈夫だと具体的に説明

がなされたことはなかった。この「御下問奉答資料」では「数年ニ亘ル作戦的見透シ」としてかなり踏み込んだ分析結果を示している。

帝国ノ所期スル満洲、支那竝南方資源地域ヲ確保シタル以上軍官民一致協力シテ各種資源ノ開発運用ニ全幅ノ努力ヲ捧グルコトニヨリ持久自足可能ノ状態トナリ茲ニ経済的不敗ノ態勢ヲ概成スルヲ得ベク又東亜ニ於ケル凡有《あらゆる》軍事根拠ヲ占拠スルコトニ依リ英米本土ト濠州其他ノ極東方面竝印度洋、西南太平洋方面ノ航通連絡ヲ遮断シ敵ノ実勢力ヲ漸減セシムルヲ得テ帝国ハ戦略的ニモ不敗ノ態勢ヲ確立スルヲ得ベク大持久戦遂行ニ対スル基礎態形ハ概整シタリト観ルヲ得ベシ

此間米、英等ノ企図スベキ通商破壊戦、航空戦等ニ対シテハ当初ハ物的ニ相当ノ困難ヲ伴フコトヲ覚悟セザルベカラズト雖《いえども》逐次此事態ヲ恢復シテ終局ニ於テハ何等ノ不安ナク戦ヒツツ自己ノ力ヲ培養スルコト可能ナリト信ズ之ニ反シ資源上特ニ錫、ゴム、タングステン等ニ於テハ米英両国ニ与フル打撃ハ甚大ナルモノアリ資源上ヨリ観タル彼我ノ比較ニ於テモ大持久戦遂行ハ成算アリト確信ス[44]

以下、「御下問奉答資料」は、戦争遂行に不可欠の兵器・弾薬・燃料等が確実に補給出来るかどうか、生産量と消耗量の予想を掲げて説明している。そこには「南方作戦遂

行ノ為竝ニ引続キ北方作戦生起シタル場合ニ就キ観察」するとされており、対英米戦が一段落した後に対ソ戦を遂行することが前提となっている。

イ、飛行機
南方攻勢ニ引続ク北方攻勢ノ補給ニ支障ナキノミナラズ各年度ノ保有量ハ逓増ス

	整備	消費	残額
一六年度	三四〇〇	八九〇	五〇一〇
一七年度	四〇〇〇	一八七〇	五六九〇
一八年度	四五〇〇	一二四〇	六九五〇

註　現在保有量　四四〇〇（一六年八月一日）〔消費には自然消耗を含んでいない〕
ロ、戦車
南方攻勢ニ引続ク北方攻勢ノ補給ニ支障ナキノミナラズ各年度ノ保有量ハ逓増ス
〔表省略〕
ハ、爆弾
南方攻勢ニ引続ク北方攻勢ヲ行フニ支障ナキノミナラズ最モ減少スル一七年度末ニ於テモ其保有量ハ現状ノ六〇％ナリ〔表省略〕
ニ、地上弾薬

南方攻勢ニ引続ク北方攻勢ニ概ネ支障ナキノミナラズ最モ減少スル一七年度末ニ於テモ其保有量ハ現状ノ八〇%ナリ〔表省略〕

ホ、液体燃料

a　航空揮発油

其ノ一　南方攻勢ヲ行フ場合

判決　南方攻勢ニ支障ナシ〔表省略〕

其ノ二　南方攻勢直後北方攻勢ヲ行フ場合

判決　一七年度上半期中ニ作戦ヲ完了シ得バ之ガ実現ニハ支障ナク引続キ一七年度下半期ハ予想スル消耗ニ対シ一〇%、同一八年度ニハ三〇%ノ不足ヲ生ズルモ一九年度ニ入リ逐次好転ス〔表省略〕

b　自動車揮発油

其ノ一　南方攻勢ヲ行フ場合

判決　南方攻勢ニ支障ナシ〔表省略〕

其ノ二　南方攻勢直後北方攻勢ヲ行フ場合

判決　一七年度上半期中ニ作戦ヲ完了シ得バ之ガ実施ニハ支障ナク引続キ一七年度下半期ハ予想スル消耗ニ対シ五〇%ノ不足ヲ生ズルモ一八年度ニ入リ逐次好転ス

へ、船腹

〔表省略〕

右ノ如ク重要物資ノ生産、生活必需品ノ供給等ニ及ボス影響ハ尠《すくな》カラサルモ作戦期間ノ延長セザル限リ軍需生産及国民生活最低限ノ維持ハ概ネ可能ナルベシ南方攻勢ニ引続キ北方攻勢ヲ行フ場合ニ於テ発動後半年間ハ月平均船腹約二〇万噸《トン》乃至三〇万噸更ニ逼迫ス〔表省略、以下略〕(45)

この「御下問奉答資料」の結論は、「当初ハ物的ニ相当ノ困難ヲ伴フコトヲ覚悟セザルベカラズト雖逐次此事態ヲ恢復シテ終局ニ於テハ何等ノ不安ナク戦ヒツツ自己ノ力ヲ培養スルコト可能ナリト信ズ」という部分にある。また、「南方作戦」＝対英米戦が一段落したあとで「北方攻勢」＝対ソ戦を開始することが分析の前提となっており、対ソ戦まで手を広げた場合には当初かなり苦しいが、対英米戦だけならば全く戦力・物資面での心配はない、という論理になっている。むしろ、長期戦になれば南方で獲得した資源によって戦力が培養され、日本軍の東南アジア占領によってゴムやタングステンなど重要資源が英米側に流出しないので、ますます有利になるというのである。これは、飛行機の保有量の見通しからも分かるように、生産は年々増加するのに対して損失は一九四二(昭和一七)年度をピークにして以後は減少することが見込まれているからである。

今日、戦争の結果を知っている者の目から見れば、持久戦段階における戦力消耗の見通しが甘すぎることは確かであるが、ともかく、一〇月二〇日前後の段階で、単に「やればできる」の精神論だけではなく、具体的な数字を挙げて「終局ニ於テハ何等ノ不安ナク戦ヒツツ自己ノ力ヲ培養スルコト可能ナリ」との結論を陸軍統帥部が出したことが重要である。また、「御下問奉答資料」という形でこれがまとめられたということは、杉山参謀総長を始めとする参謀本部上層部が、長期持久戦が可能であるとの認識を共有した上で、天皇を説得できる有力な根拠資料を得たことになり、これ以降、奏上が繰り返されるにつれて天皇に統帥部の意見が浸潤していったことが想定できる。

陸軍統帥部が戦力的にも長期戦は不安はないとの天皇向けの結論を出したのとちょうど同じ頃(一〇月一九日)、海軍統帥部も聯合艦隊司令部が強く要請していた真珠湾奇襲攻撃案を正式に承認した。陸海統帥部が真珠湾攻撃を含んだ全作戦計画を天皇に「御前兵棋演習」の形で提示したのは一一月一五日の大本営会議でのことである。それに先だって一一月八日、図上演習の趣旨を説明する奏上が行われた。この説明「兵棋ニ依ル作戦計画御説明ニ関スル件」は参謀本部作戦課員・竹田宮恒徳少佐と軍令部作戦課員・華頂博信少佐が起案したもので、まずハワイ奇襲攻撃の概要説明を行い、

本奇襲作戦ハ桶挟間ノ戦ニモ比スベキ極メテ大胆ナル作戦デ御座イマシテ其ノ成否

ハ固ヨリ戦運ニ依リ左右セラルルコト大デ御座イマスガ、奇襲当日敵艦隊ガ在泊シテ居リマス限リ戦艦及航空母艦各二、三隻ヲ撃沈致シマスコトハ可能ト存ジマス(46)

と総括している。この「桶狭間ノ戦ニモ比スベキ極メテ大胆ナル作戦」という表現は、聯合艦隊司令長官・山本五十六大将が海軍大臣・嶋田繁太郎大将に語った「桶狭間トヒヨドリ越ト川中島トヲ合セ行フ」(47)にも似ているが、日本古戦史に通じた永野軍令部総長好みの表現であり、かつ昭和天皇の好みでもあった。「御前兵棋演習」の趣旨説明はこのあと、南方作戦における各艦隊の任務分担を説明し、アメリカ艦隊との主力決戦が起きた場合の勝算について述べている。

米国主力艦隊トノ決戦ニ関シマシテハ先般奏上致シマシタ如ク我方ガ企図シテ邀撃《ようげき》配備ヲ執リマシタ場合ニハ現在ノ兵力比竝ニ地ノ利等ニ鑑ミマシテ充分ナル勝算ガ御座イマス　即チ米国海軍ガ仮リニ大西洋ニ在ル艦艇ヲ全部引揚ゲ決戦場ニ集中致シマシタ場合ニ於キマシテモ我ハ彼ノ約七割五分ノ勢力ヲ有シ、航空母艦ニ於キマシテハ彼ノ七隻ニ対シ我ハ小型ヲ併セ一〇隻ヲ有シテ居リマス

米海軍ハ現在艦艇ノ約四割ヲ大西洋ニ配備シテ居リマシテ、日米開戦ノ場合ニモ独逸海軍ニ対スル防禦ノ為若干ノ兵力ヲ残ス必要ガ御座イマスノデ決戦場ニ於ケル彼

> 我兵力比ハ更ニ有利トナルモノト判断セラレマス
> 又決戦海面ヲ南洋群島ニ展開スル我基地航空機ノ行動半径内ニ選定致シマスレバ決戦場ニ於ケル航空兵力ハ絶対優勢トナル見込デ御座イマス(48)

対米七割五分の艦艇比率、空母が一〇対七で優勢、独海軍による牽制、基地航空兵力の展開等により、対米決戦が起こった場合にも「充分ナル勝算」があると海軍統帥部は奏上した。真珠湾奇襲が成功すれば、情勢はさらに有利になるはずである。「日本海〻戦の如き大勝は勿論、勝ち得るや否も覚束なし」という七月の永野総長の発言と比べ、海軍統帥部は対米戦に満々たる自信を持ちえたように見える。だが、長期持久戦になった場合はどうなのか。この点については次のように説明がなされている。

> 持久戦トナリマシタ場合ノ作戦ノ見透ハ極メテ困難デ御座イマスガ年月ノ経過ト共ニ通商保護ノ為必要ナル小型艦艇竝ニ沿岸哨戒用飛行機等モ整備サレテ参リマスシ又仮令《たとい》敵ガ多数潜水艦ヲ建造致シマシテモ、其ノ日本沿岸竝ニ南支那海方面ニ於テ使用シ得マスモノハ根拠地ガ著シク遠距離ニ在リマス関係上其ノ四分ノ一ニモ達シ得ヌ見込デ御座イマスノデ帝国自存上必要ナル海上交通線ノ保護ハ可能ノ見込デ御

座イマス　又独逸ト緊密ニ提携スルコトニ依リマシテ有効ナル通商破壊戦ヲ実施致シマシテ少クモ濠洲ハ英米ヨリ之ヲ孤立セシメマスコトハ可能ト存ジマス(49)

たとえ持久戦になっても対潜艦艇と航空機が整備されていくので危険はないし、そもそも初期の作戦が成功すれば米潜水艦根拠地は遠隔地にしか設定できないので、なかなか日本沿岸には近寄れないだろう、というのである。この予想が甘かったことは確かだが、ともかく海軍統帥部は、天皇に対して乾坤一擲の「桶挟間ノ戦ニモ比スベキ」奇襲作戦、艦隊の主力決戦になった場合の「充分ナル勝算」、そして持久戦となった場合も「海上交通線ノ保護ハ可能」であることを奏上するにいたったのである。この一一月八日の事前説明「兵棋ニ依ル作戦計画御説明ニ関スル件」について「実録」は記載していないが、一五日の大本営会議についてはこのように記している。

一九四一（昭和一六）年一一月一五日　土曜日

午後一時五分、東一ノ間に開催の大本営会議に臨御される。会議には、陸軍より参謀総長杉山元・参謀次長田辺盛武・参謀本部第一部長田中新一・同第二課長服部卓四郎ほか参謀三名、海軍より軍令部総長永野修身・軍令部次長伊藤整一・軍令部第一部長福留繁・同第一課長富岡定俊ほか参謀三名が参列し、元帥陸軍大将載仁親王・同守正王・元帥海軍大将博恭王、及び陸軍大臣東条英機・海軍大臣嶋田繁太郎が陪席する。天皇は、両統帥部第一部長の説明にて、戦争初頭のマレー・香港・ビルマ・蘭印・フィリピンを中心とする南方作戦の指導とその推移に関する兵棋演習を御覧になる。説明御聴取の後、軍令部総長に対し、陸軍輸送船団の護衛問題につき、また参謀総長に対し、支那軍の北部仏印への動き如何、我が軍のマレー半島南下中に敵がインド洋方面から上陸することの有無につきそれぞれ御下問になり、両名より奉答を受けられる。四時、入御される。○侍従日誌、侍従職日誌、内舎人日誌、侍従武官日誌、侍従武官府資料、侍従武官府歴史、昭和十六年上奏関係書類綴、大本営政府連絡会議議事録、百武三郎日記、侍従武官城英一郎日記、嶋田繁太郎日記、井本熊男日記、佐薙毅ノート、大東亜戦争作戦日誌、大東亜戦争全史、戦史叢書(50)

「実録」の記述のように、大本営会議における対英米戦「御前兵棋演習」は一一月一五日午後一時より四時まで実施された。井本熊男『業務日誌』によれば、その際天皇は、対英米戦の勝算についてはもはや質問せず、軍令部総長に対して、

(1) 輸送船団ノ航行ニ対シ、水上艦艇ト航空機トイズレガ妨害損傷ヲ与ヘルカ、(51)

(2) 英主力艦ガ来航ノ際ハイカニ処理スルカ

といったことを質している。総長は第一の下問に対しては「水上艦艇ハ大シタコトナク、航空機ガ問題デアリマス。コレニ対シテハ十分力ヲ尽クシ安全ニ護衛スルコトニ関シ努力イタシマス」(52)と答えている。

第二の「英主力艦」についての下問は、「実録」には記されておらず、また回答内容についても資料が見つからないが、英主力艦の来航は開戦後、現実に起こったことであり、英戦艦二隻（プリンス・オブ・ウェールズとレパルス）のシンガポール進出がまだ確認されていない時期における発言であるので、天皇の指摘はきわめて重要であり、天皇の軍事認識の高さを示している。先に引用した「兵棋ニ依ル作戦計画御説明ニ関スル件」においても「第一段作戦中若シ米国主力艦隊ガ来航致シマスレバ、第三艦隊及南遣艦隊ヲ残シ聯合艦隊ノ大部ヲ挙ゲテ之ヲ邀撃撃滅致シマス」(53)とはあるが、英主力艦については全く触れていない。これは、一一月五日に発令された大海指第一号別冊「対米英蘭戦争帝国海軍作戦方針」における「第一段作戦」構想のなかに英主力艦来航という想定がなされていないからである。大海指第一号別冊では「第二段作戦」において「英国ノ有力部隊来航セバ」(54)との想定はあったが、「第一段作戦」期間中に来航する可能性のある艦隊といえば「米国主力艦隊」としか考えられていない。

聯合艦隊司令部が英戦艦二隻のインド洋進出を確認したのは、天皇の下問があった九日後の一一月二四日のことである。[55]そのため一二月一日に発令された大海令第九号では、従来の「米国主力艦隊来航セバ」という表現を改め「敵艦隊東洋方面ニ来航セバ」とされた。大本営会議における天皇の指摘は、現実のものとなり、統帥部もその点を考慮せざるをえなかったということである。

統帥部による戦争指導の見通しと具体的な作戦計画が出そろうにしたがって、天皇も次第に開戦論に傾斜していった。一〇月に入り、近衛内閣の末期には明らかにその傾向が現われていた。のちに（大戦中）近衛は、富田健治（近衛内閣当時の内閣書記官長）に次のように述懐している。

自分〔近衛文麿〕が総理大臣として陛下に、今日、開戦の不利なることを申し上げると、それに賛成されていたのに、明日御前に出ると「昨日あんなにおまえは言っていたが、それほど心配することもないよ」と仰せられて、少し戦争のほうへ寄って行かれる。又次回にはもっと戦争論の方に寄っておられる。つまり陸海の統帥部の人達の意見がはいって、軍のことは総理大臣には解らない。自分のほうが詳しいという御心持のように思われた。従って統帥について何ら権限のない総理大臣として、唯一の頼みの綱の陛下がこれではとても頑張りようがない。[56]

この証言には、戦争を回避できなかったという近衛自身の弁解としての性格が多分にあると思われる。だが、いまだ敗戦による戦争責任の懸念がない時期のフランクな発言であり、「実録」においては一貫して戦争回避を主張していたかに描かれている昭和天皇であるが、次第に開戦論の方へ傾斜していったことは確かであろう。実際に天皇は、一〇月上旬頃から周囲の者にも結局は戦争になるだろう、との見通しを語るようになっている。

一〇月九日、海軍の長老・伏見宮博恭元帥は永野軍令部総長と同様に、天皇に即時開戦の要ありと進言する。その時、天皇は必ずしも伏見宮の即時開戦論に同調しなかったが、(57)「それにしても今少し待ちたい。結局やらなければならぬことになるだろう。私もその覚悟は致している」(58)と答えたという。天皇は開戦の「覚悟」について発言したのである。同じ時期に天皇の「覚悟」を示す別の発言資料もある。『木戸幸一日記』によれば天皇は、一〇月一三日に木戸内大臣を相手に、

昨今の情況にては日米交渉の成立は漸次望み薄くなりたる様に思はるゝ処、万一開戦となるが如き場合には、今度は宣戦の詔勅を発することとなるべし。其の場合、今迄の詔書について見るに、聯盟脱退の際にも特に文武恪循《ぶんぶかくじゅん》と世界平和と云ふことに就いて述べたのであるが、国民はどうも此点を等閑視して居る様に思はれる。又、

日独伊三国同盟の際の詔書に就いても平和の為めと云ふことが忘れられ、如何にも英米に対抗するかの如く国民が考へて居るのは面白くないと思ふ。就ては今度宣戦の詔書を出す場合には、是非近衛と木戸も参加して貰って、篤と自分の気持を述べて、之を取り入れて貰ひたいと思ふ[59]。

と宣戦の詔書の内容について相談している。この時点で宣戦の詔書をどうするかといったことを天皇が考え始めていたことは、ただ単に昭和天皇が用意周到であったということだけでなく、戦争という選択肢が天皇のなかで次第に有力なものになってきたことを示している。この時、さらに天皇は、木戸に対して次のようにも言っている。

対英米戦を決意する場合には、尚一層欧洲の情勢殊に英独、独ソの和平説等を中心とする見透し及び独の単独和平を封じ日米戦に協力せしむることにつき外交々渉の必要あり。又、戦争終結の場合の手段を初めより充分考究し置くの要あるべく、それにはローマ法皇庁との使臣の交換等親善関係につき方策を樹《た》つるの要あるべし[60]。

天皇はここではさらに踏み込んで、戦争になった場合、ドイツの単独講和を封じてドイツを日米戦争に協力させることやローマ法王庁を通じて外交交渉のチャンネルを確保することなど、戦争終結にいたる戦争指導の基本を確立すべきことを論じている。すでに天皇は、最終的には日本はドイツと一体となって対英米戦争に邁進するしかないとの覚悟を固めつつ、独自に戦争終結の方途について思案をめぐらしていたのである。この「戦争終結の場合の手段を初めより充分考究し置くの要」ありという天皇の指摘は、戦争指導の基本方針を確立せよという政府・統帥部への強い要求でもある。この点をあいまいにしたままでは、天皇も最終的に戦争に踏み切れなかったのである。

統帥部の戦争計画が次第に具体的になるにしたがい天皇もそれに理解を示すようになり、独自に戦争指導の方針について検討するようになったが、やはり天皇が戦争を完全に決断するのは東條英機が首相に就任してからである。東條内閣の成立をもって開戦が決定的になったと論じられやすい。しかし、東條は独走して天皇に開戦を強要するようなことをせず、あくまでも天皇の意思に従おうとした。首相就任の直前のことであるが、武藤章軍務局長や石井秋穂軍務課高級課員らがどんなことがあっても仏印撤兵問題は譲るべきではないと文書で東條陸相に進言すると、「君達のこの名文は拝見しました。だが、私は天子様がこうだとおっしゃったら、はいと言って引き退ります」[61]と言ってその案文をつき返したという。一〇月一八日、首相に就任すると東條はただちに陸軍省軍務局の下僚に国策再検討の研究を命じ、二三日以降三〇日まで大本営政府連絡会議は連日、開戦か臥薪嘗胆か、国策の再検討を行った。

統帥部とりわけ参謀本部の作戦関係者は、徹底した主戦論者と見られていた東條が執拗に国策再検討を主張することに「節操アリヤ」と強く反発した[62]。一〇月二一日、参謀本部部長会議はこのままでは作戦的好機を逸するとして「十月末日ニ至ルモワガ要求ヲ貫徹シ得ザル場合ニハ対米交渉ヲ断念シ開戦ヲ決意ス[63]」ることをあらためて申しあわせた。東條は天皇の意思を盾にして和戦両様、すなわち戦争準備を整えつつも外交交渉を継続することを強調し、対する統帥部は即時交渉うちきりと開戦決意をせまった。

国策決定のための大本営政府連絡会議を前にして一一月一日早朝、東條首相兼陸相は杉山参謀総長と会談したが、ここでも東條は天皇の意向をもちだして統帥部の即時開戦論をたしなめた。

> 昨夜各大臣と個別に会談して見たが、海相〔嶋田繁太郎〕、蔵相〔賀屋興宣〕、企画院総裁〔鈴木貞一〕は、何れも和戦両様論である。外相〔東郷茂徳〕の考えはよくわからない。何よりもお上の御心をよく拝察しなければならない。日露戦争とは比較ならぬ程の存亡の一戦である。今開戦を決意することは、到底お聞き届けにならないと思う。統帥部の主張は止めはしないが、お上の御納得を戴くのは容易なことではない。開戦論〔即時開戦論〕は、お上はお聞き届けにならぬとおもう[64]。

これを記録した田中新一作戦部長も、東條にとって「お上の御意志こそが、何物にも勝る絶対的のもの」(65)であったとしている。あくまでも天皇の意思を尊重しようとする東條の姿勢は天皇にもよく通じており、戦後、昭和天皇も東條について「彼程、朕の意見を直ちに実行に移したものはない」(66)と木下道雄侍従次長に語っている。このように東條は天皇の意思を盾にして(さらに正確に言えば、彼が天皇の意思だと信じた線にそって)統帥部とわたりあったが、実際の天皇の意向は、統帥部の説得、あるいは具体的な作戦計画の提示によりこの時期にはかなり開戦論に傾いていた。

一一月一日の大本営政府連絡会議では、一六時間におよぶ討議の末、交渉不成立の場合には一二月初旬に武力発動を行うとする「帝国国策遂行要領」と対米交渉の甲案・乙案(南部仏印撤兵まで譲歩する)が決定された。この「要領」は一一月五日御前会議で国策として正式に承認された。天皇の動向に神経をとがらせていた大本営陸軍部第二〇班の『大本営機密戦争日誌』によれば、この前後の天皇の様子として次のように記録されている。

〔一一月二日〕御上ノ御機嫌ウルハシ　総長既ニ　御上ハ決意遊バサレアルモノト拝察シ安堵ス

〔一一月四日〕御上ハ極メテ御満足ナリシ由　之ニテ国家ノ決意益々鞏《かた》シ　結果ハ良

好トナレリ

〔一二月五日〕御上モ御満足ニテ御決意益々鞏固ヲ加ヘラレタルガ如ク拝察セラレタリ(67)

天皇が機嫌よく満足そうにみえたのは、東郷外相らが主張したように南部仏印からの撤兵を許容した対米交渉乙案が事態を打開できるのではないかと判断したからであろう。しかしながら、同時に統帥部関係者が目ざとく見てとったように、天皇は乙案でだめなら開戦やむなしとの覚悟を固めつつあったのである。

すでに天皇は東條首相兼陸相が考えていたよりも明確に戦争への覚悟を決めていたが、東條は天皇がまだ不安にかられているのではないかとみて、御前会議終了後、ただちに武藤軍務局長と石井高級課員に対英米蘭戦争終結の腹案研究を命じた(68)。どのように戦争を終結に導くか、戦争指導の基本方針を明確にしてあらためて天皇の安堵を得ようとしたのである。東條は重ねて天皇の意思にそうよう努めた。東條から腹案研究を命じられた石井は、海軍省軍務局第二課首席局員・藤井茂中佐と相談して腹案の原案をつくり、関係部署の承認を得たうえで、「対米英蘭蔣戦争終末促進ニ関スル腹案」として東條に提出した。

一一月一五日、大本営政府連絡会議は、石井・藤井起案の「対米英蘭蔣戦争終末促進

ニ関スル腹案」を国策として決定した。この「腹案」は、太平洋戦争初期における日本の戦争指導の基本方針、すなわちどのようにして戦争を終わらせようとしたのかを端的に示すものである。まず、「腹案」では「方針」として次の二点が掲げられている。

一　速ニ極東ニ於ケル米英蘭ノ根拠ヲ覆滅シテ自存自衛ヲ確立スルト共ニ更ニ積極的措置ニ依リ蔣政権ノ屈服ヲ促進シ独伊ト提携シテ先ツ英ノ屈伏ヲ図リ米ノ継戦意志ヲ喪失セシムルニ勉ム

二　極力戦争相手ノ拡大ヲ防止シ第三国ノ利導ニ勉ム(69)

戦争をいかにして勝利に終わらせるか、その基本的な道筋が構想されているが、よく検討してみると、「方針」の一には、五つの課題が盛り込まれていることが分かる。すなわち、(1)英米蘭根拠地の占領、(2)占領地の開発(自給自足経済圏の建設)、(3)蔣介石政権の打倒、(4)独伊と協力してイギリスの打倒、(5)アメリカの戦意を喪失させること、である。これらのうち、究極の課題はやはりアメリカの戦意を喪失させることであり、その他はそのための条件である。課題を達成する手順としては、(1)占領から始まり、(2)開発に進むのと、(4)英打倒から進んで、(5)米屈服に終わるのは分かるが、(3)蔣政権打倒の位置は明確ではない。また、必ずしも(2)開発から(4)英打倒へ進むというわけではなく、(2)

開発、(3)蔣政権打倒、(4)英打倒が全体として達成されれば、(5)米屈服に行きつけるだろうという見通しになっている。

「腹案」ではこの「方針」につづき、「要領」として戦争勝利のための具体的な手だてが述べられている。それを要約すると次のようになる。

1　米英蘭根拠地を占領して資源地帯・交通線を確保、長期自給自足の態勢をつくる。

2　米海軍主力を誘い出して撃滅する。

3　日独伊の三国が協力して英の屈服をはかる。

(1)　そのために日本はオーストラリア・インドと英本国との連絡を遮断する。また、ビルマ・インドの独立を促進する。

(2)　独伊を近東・北アフリカ・スエズ方に進出させる。英本土封鎖を強化させ、状況有利ならば英本土への上陸作戦をやらせる。

(3)　三国がインド洋で連絡をとるとともに、海上作戦を強化し、英への物資の流れを遮断する。

4　日独伊の三国が協力して米の戦意を喪失させるようにつとめる。

(1)　そのために日本はフィリピンを確保するとともに、米・濠をはじめアメリカの海上交通路を遮断し、米国世論の厭戦気分を盛り上げるような宣伝を行う。

(2)独伊に対米海上作戦を強化させるとともに、中南米での工作をやらせる。

5　政・戦略のあらゆる手段を強化して重慶政権の屈服をはかる。

6　独ソを講和させ、ソ連を枢軸側に引き入れる。

すなわち、この「腹案」のポイントは、日独伊の三国同盟が総力をあげてイギリスを屈服させ、またあわせて日本がアメリカ艦隊主力を撃滅することによりアメリカの戦意を喪失させる、という点にある。連合国側の弱点はイギリスにありという従来の統帥部とりわけ陸軍の基本認識が色濃く反映している。だが、日本が対イギリス軍事戦略としてできることは、シンガポール等の拠点占領、オーストラリアの封鎖、インドやビルマの独立促進という間接的なものに限られ、日本が直接にイギリス本国を降伏に追い込む決め手はない。よって、やはりイギリス打倒はドイツに頼らざるをえない。ここまでならば、天皇が納得しなかった九月六日御前会議の段階での統帥部の戦略見通しと全く同じである。だが、天皇の安堵を得るために作成された「腹案」では、このあとに一工夫がされている。つまり、日本がドイツの戦力をイギリスに集中させる決め手を握っている、とのレトリックが挿入されたのである。独ソ戦が継続する限り、ドイツがイギリス上陸作戦に踏み切る可能性は低い。そこで、独ソ両国にパイプをもっている日本が独ソ講和を斡旋し、ドイツの戦力をイギリスに集中させれば、早期にイギリスを屈服させることができる、というのである。

　したがって、この「腹案」シナリオを前提にすれば、戦争の勝敗は、外交戦略的には独ソ講和斡旋＝ソ連のとりこみの成否という点にかかってくるのである。そして、ソ連をとりこみ、ドイツがイギリスを打倒し、さらに日本が重慶政権を屈服させ、アメリカ海軍主力に打撃をあたえて強固な迎撃態勢を確立すれば、アメリカも打つ手がなく孤立しついには継戦意欲を喪失するであろうという見通しである。

　この「腹案」の見通しの適否はともかく、統帥部は、「腹案」において独ソ講和斡旋という新戦略を挿入することによって、昭和天皇が一〇月中旬にかなり開戦を覚悟しつつ指摘した「戦争終結の場合の手段」について一応の見通しを提示した。また「腹案」には、戦争終結をはかるために「速ニ南米諸国、瑞典〔スウェーデン〕、葡国〔ポルトガル〕、法王庁ニ対スル外交竝ニ宣伝ノ施策ヲ強化ス」と、天皇が提案したローマ法王庁を介しての外交交渉についても言及されている。統帥部は、天皇の意向も盛り込みながら、天皇の説得に成功したのである。この「腹案」については、第一章でも述べたように「実録」では全く言及されていない。

　一二月一日御前会議において、開戦が最終的に決定され、ここにいわゆる「開戦の聖断」が下された。大本営は翌二日に、開戦日を八日と決め、出先部隊に連絡した。『杉山メモ』によれば御前会議後、天皇は両総長に対して「此ノ様ニナルコトハ已ムヲ得ヌコトダ、ドウカ陸海軍ハヨク協調シテヤレ」[70]と激励の言葉を与えたが、その際「竜顔〔天皇の表情〕イト麗シク拝シ奉レリ」と記録されている。九月六日御前会議の時点では外交優先を指示した昭和天皇ではあったが、その後、統帥部の具体的な作戦計画が出そろうにしたがって一〇月には戦争を覚悟するにいたり、戦争終結の方策についても一応の見通しが示された一一月には東條英機と統帥部を信頼して対英米蘭戦争を決断したのである。

4　緒戦の勝利

ところで、「実録」は宮中関係の史料も使用しながらの叙述になっているので、他では得がたい情報も盛り込まれている。たとえば、一九四一年一二月八日の対英米開戦当日の天皇の動きは、注目に値するであろう。途中を割愛しても長文になるが、ここで確認しておこう。

午前二時五十分、天皇は御起床になり、海軍軍装を召され、三時、御学問所において外相に謁を賜う。外相より〔ルーズベルト米大統領からの〕親電写の内容並びに去る七月の仏印撤兵をめぐる交渉の顚末をお聞きになり、親電に対する御回答案を聴許される。三時十五分入御され、同二十五分再び御格子になる。〔中略〕午前六時五十五分、再び御起床になる。七時十分、御座所において侍従武官山県有光・同城英一郎より、我が軍のマレー半島上陸、ハワイ奇襲の成功、シンガポール爆撃、ダバオ【ミンダナオ島】・グアム島・ウェーキ島への空襲の戦況につき上聞を受けられる。ついで七時十五分、御学問所において軍令部総長永野修身に、同三十分、参謀総長杉山元にそれぞれ謁を賜い、対米英戦の開始につき奏上を受けられる。午前七時二十五分、御学問所において内閣総理大臣東条英機に謁を賜い、米英両国に対する宣戦布告の件、並びに本朝閣議決定の宣戦の詔書につき内奏を受けられる。よって、直ちに米英両国に対する宣戦布告の件を枢密院へ御諮詢《ごしじゅん》になる。十時五十分、西溜ノ間に開催の枢密院会議に臨御される。会議では審査委員長鈴木貫太郎より本日急遽開催の委員会における審議結果を報告し、採決の結果、全会一致を以て御諮詢案が可決される。十一時、天皇は入御される。同二十五分、内閣上奏書類「米国及英国ニ対スル宣戦ノ布告ノ件」を裁可され、宣戦の詔書並びに臨時帝国議会召集に関する詔書に御署名になる。同四十五分、米国及び英国に対する宣戦の詔書が渙発《かんぱつ》される。〔詔書省略〕

宣戦の詔書は、内閣書記官長星野直樹の命を受けた内閣官房総務課長稲田周一により十一月中旬に起草され、内閣書記官長・陸海両軍務局長・外務省亜米利加局長その他若干名において審議し、また首相も内大臣と協議しつつ検討に加わり、宮内省御用掛吉田増蔵【学軒】・内閣嘱託川田瑞穂【早稲田大学教授】・徳富猪一郎【蘇峰】による推敲と意見の追加等を経て、同月末頃に案文の完成に至る。開戦の廟議決定後、首相よりしばしば詔書案につき内奏を受けられた天皇は、日英関係は明治天皇以来特別親密にして、自身も皇太子として渡英した際、非常な優遇を受けたため、今回の開戦は全く忍び得ず、自身の意志ではない旨を詔書に盛り込むよう希望される。天皇の聖旨により、詔書案には「豈《あに》朕カ志ナラムヤ」の文言が挿入される。なお首相は、マレー半島の攻略上、中立国のタイ国領土【シンゴラ】への進駐が必要につき、今回の詔書には日清・日露の両戦役時とは異なり、国際法規の準拠につき記さない旨を奏上する。(71)

まず、午前二時五〇分、天皇は起床し、「海軍軍装を召され」とされている。海軍部隊による真珠湾攻撃は日本時間午前三時三〇分前後の予定であったので、そのための「海軍軍装」着用だと思われるが、天皇は東郷茂徳外相にルーズベルト米大統領からの親電についての説明をうけただけで、その後、まさに攻撃開始の頃(三時二五分)に就寝してしまう。外相に会うだけならば、わざわざ「海軍軍装」を着用する必要はなかったように思われるので、記述されていない海軍作戦に関する儀式か、海軍軍人への賜謁があったのか、それとも天皇だけの戦勝祈願の思いの現れなのか、「実録」では説明がなされていない。

また、宣戦の詔書作成の経緯が記された後、東條首相が、「マレー半島の攻略上、中立国のタイ国領土【シンゴラ】への進駐が必要につき、今回の詔書には日清・日露の両戦役時とは異なり、国際法規の準拠につき記さない旨を奏上」したと記述されており、タイの中立を侵犯することを前提に詔書が作成されたとも受け取れる。そもそも日清・日露戦争の頃とは国際法規も変わっており、日本も批准した「開戦ニ関スル条約」(一九〇七年)では、「締約国ハ理由ヲ附シタル開戦宣言ノ形式又ハ条件附開戦宣言ヲ含ム最後通牒ノ形式ヲ有スル明瞭且事前ノ通告ナクシテ其ノ相互間ニ戦争ヲ開始スヘカラサルコトヲ承認ス(72)」とあり、マレー半島への上陸や真珠湾攻撃の後に「宣戦の詔書」を渙発し、「宣戦布告」を通告するというやり方(一二月八日午前一一時四五分に米・英・カナダ・オーストラリア駐日大使に宣戦布告文書を手交)自体が国際法規に準拠していなかったのであるから、タイの中立侵犯だけが述べられているのは不可思議なことである。

一二月八日、アジア太平洋戦争開戦の日、大元帥・昭和天皇は泰然自若としていたという。内大臣・木戸幸一は「国運を賭しての戦争に入るに当りても、恐れながら、聖上の御態度は誠に自若として些の御動揺を拝せざりしは真に有難き極みなりき(73)」と日記に記している。
日本軍の進攻作戦が、各方面ともおおむね順調に進展しているのを確認すると、天皇は、作戦計画の繰り上げの必要性を参謀総長に語っている。田中新一作戦部長『業務日誌』等に基づいて、一九四二年一月六日における天皇と参謀総長・杉山元大将とのやり取りを再現してみよう。

天皇　南方作戦ハ既定計画ヨリ相当進度ガ早イヨウダガ、計画ヲ修正スル必要ハナイカ。

杉山　〔実行が計画よりも進んでいる状況を説明し、「既定計画ニモ弾力性ガアル次第ナレバ、ソレデ調整シ、現実ノ戦局ニ吻合《ふんごう》サセセツツアル」旨を回答〕

天皇　第一期作戦後ハドウスルカ。

杉山　第一期作戦終了セバ、爾後機ヲ失セズ、海軍作戦ヲ主トシテ、米豪遮断作戦ナラビニ印度洋作戦ナド、カネテ申シ上ゲマシタル戦争終末促進ノ腹案ニ準拠スル作戦ニ移ルコトニツキ、目下検討中デアリマス。
北方ソ連ニ対シテハ独伊ノ作戦ニヨリ安固ヲ図リ、機会ガアレバ外交的ニ独ソ和平ニ導キ、作戦、外交、謀略面カラ総合的ニ具体的ナ検討ヲ加ヘ、ソノ基本方略ヲ確立致シタイト考ヘテオリマス。

天皇　ヨロシイ、ソレハスミヤカニヤレ。(74)

杉山参謀総長は天皇の意見を参謀本部の部長会議において紹介し、南方攻略作戦終了後にとるべき作戦・外交・謀略の具体的方策を確立するよう指示した。(75)また、このやり取りからも分かるように、大元帥としての天皇は緒戦の戦果に浮かれてばかりいたわけではなく、次に打つ外交戦略についての検討を早々と指示している。この日の天皇と参謀総長とのやり取りについて「実録」では、わずかに「午前、御学問所において参謀総長杉山元に謁を賜い、戦況につき奏上を受けられる(76)」と記されているのみで、天皇の積極的な政・戦略指導については触れられていない。

天皇は、開戦前に立案した「対米英蘭蔣戦争終末促進ニ関スル腹案」の線にそった外交戦略の展開を督促しつつ、進展中の作戦についても、それがはかばかしくないと見るや、直ちに積極的作戦を促した。

緒戦期において、日本軍の攻勢作戦が順調に進展している中で、唯一難渋していたのが要塞化されたフィリピン・バターン半島とコレヒドール島の攻略であった。もともとこれらの要塞に対する研究が不足していた大本営陸軍部と南方軍(司令官・寺内寿一大将)は、一月二日のマニラ占領をもってフィリピン戦線は残敵掃討の最終段階に入ったと判断し、攻略にあたっていた第一四軍(司令官・本間雅晴中将)から第四八師団と戦車一個聯隊、第五飛行集団などを抽出し、早々とそれらを蘭領東インド(インドネシア)とビルマ戦線に転用することを決めてしまった。

第一四軍は、陸戦力としては第一六師団(京都)・第四八師団(台湾)・第六五旅団と戦車二個聯隊を基幹とし、およそ四万九〇〇〇名の兵力を有していたが、その歩兵戦力のおよそ四割と戦車の半分、航空兵力の大部分を抽出され、きわめて不十分な態勢で米比軍約八万がたてこもるバターン要塞を攻撃しなければならなかった。

第一四軍はとりあえず、一月九日より第六五旅団(旅団長・奈良晃中将、兵力六六五一名)をもってバターン要塞を攻撃させたが、第六五旅団は警備兵力として開戦直前の一九四一年一〇月八日に臨時編成された部隊で、訓練も十分でなく、米軍の圧倒的な砲兵火力の前に、たちまち苦戦に陥った。一月一三日、宮中東一ノ間で大本営会議が開かれ、天皇は、大本営陸軍部参謀・竹田宮恒徳王(少佐)より香港及びフィリピン方面の戦地視察に関する説明を聞いた(77)。「実録」には記されていないが、田中『業務日誌』(78)によれば、その際、天皇は杉山参謀総長に対して「バタアン攻撃ノ兵力ハ過小デハナイカ」と下問した。陸軍統帥部としては、自らが兵力を転用させた直後であるので、これは手痛い質問だった。ここで、新たな兵力を増派することは、統帥部の判断の誤りを認める結果となるため、大本営も南方軍も兵力過少の第一四軍をひたすら叱咤激励してバターン要塞を力攻させたが、有力な攻城兵器をもたない第六五旅団の損害は大きく、攻撃は一月一九日、ついに頓挫した。

一月二一日、田中『業務日誌』によれば、第六五旅団苦戦の状況を憂慮した天皇は「バタアン半島ノ攻略ノタメ現兵力デ十分ナノカ、兵力増加ヲ必要トシナイカ」(79)と再度下問した。これに対し、参謀総長は「コレ以上兵力増加モサホド必要デハアリマセン。……イズレニシテモ無益ノ犠牲ヲ払ワヌヨウニスルコトガ必要ト存ジマス」(80)と回答している。このバターン増援の件について「実録」は、一月二二日のこととして以下のように記している。

御学問所において参謀総長杉山元に謁を賜い、戦況の奏上、並びにビルマの要域攻略の命令に関する上奏を受けられる。その際、対北方攻勢への陸軍の意向、及びバターン半島への兵力増強の要否等につき御下問になる。○侍従日誌、侍従職日誌、内舎人日誌、侍従武官日誌、陸軍上聞書控簿、陸軍御裁可書類交付簿、昭和十七年上奏関係書類綴、百武三郎日記、入江相政日記、「大本営陸軍部」大陸命・大陸指総集成、田中新一中将業務日誌(81)

天皇の再度の下問に対しても陸軍統帥部は、兵力増派の必要性をなかなか認めようとしなかった。参謀本部は、フィリピンでの米比軍の抵抗力を明らかに過小評価していた

本の豆知識

●欧文書体の８系統●

Iwanami Shinsho 012345

ゴシック系

Iwanami Shinsho 012345

オールドフェース系

Iwanami Shinsho 012345

中間的書体（トランジショナル）

Iwanami Shinsho 012345

モダンフェース系

Iwanami Shinsho 012345

イタリック系

Iwanami Shinsho 012345

エジプシャン系

Iwanami Shinsho 012345

サンセリフ系

Iwanami Shinsho 012345

スクリプト系

のである。そして、兵力派遣の代わりに陸軍統帥部が行ったのは、天皇が事態をいたく憂慮している旨を南方軍と第一四軍に緊急打電することであった。(82) 天皇の「御軫念《ごしんねん》」(憂慮の念)という電報の効果は絶大で、第一四軍は第六五旅団に、急遽、第一六師団の主力を加えて、翌二二日(二三日か)よりバターン攻撃を再開させた。統帥部は、現地軍に兵力や弾薬・食糧を送れない時、あるいは送りたくない時、しばしば天皇の「御嘉賞の御言葉」や「御軫念」を打電して、将兵に物的戦力以上のものを発揮するよう要求した。

このバターン第一次攻略戦の場合も、米軍の防御火力の前に遮二無二突進した日本軍の損害は予想以上に大きく、第六五旅団は、一月二四日までに総兵力の二八パーセントにあたる一八五二人の死傷者をだし、(83) すっかり攻撃能力を失ってしまった。この結果、一月二九日、第一四軍はバターン攻略の失敗を大本営に報告せざるをえなかった(さらに二月八日までに第一六師団もあわせて七〇〇四名の死傷者をだした)。これは、明らかに陸軍統帥部の判断ミスからくる大きな失敗であった。

陸軍統帥部は、天皇に兵力派遣の必要なしと回答してきたものの、部内では、一月二一日の二回目の天皇の下問を契機として、やはり兵力増派が必要ではないかと検討を始めていた。そして、第一四軍の攻略失敗後、二月八日に、上海に大本営直轄部隊として待機させてあった第四師団(大阪、師団長・北野憲造中将)のフィリピン派遣を内定する。(84)大本営と南方軍は、今度は慎重に攻略する方針をたて、四月上旬を目標に兵力を集中させることとした。しかし、天皇は、日本軍が苦戦していることを米軍が海外放送でさかんに宣伝することを憂慮したようで、その後もしばしば早期攻略を促した。『杉山メモ』によれば、二月九日には、杉山参謀総長と次のようなやり取りをしている。

オ上　今後ノ第十独立守備隊ハ何処ヘヤルノカ　アレハ直ク比島ニヤルノカ
総長　之カラ編成シ訓練ヲシテ更ニ隊長ノ掌握下ニシツカリ入ツタ後デナケレバアチラニヤルコトニ出来マセン　第六十五旅団ヲ直ク持ツテ行ツタ結界《ママ》(果)ハアノ通リテ苦イ経験ヲ再ヒ掌《ママ》(嘗)メナイ様ニシタイト思ヒマス[85]

この第一〇独立守備隊(隊長・生田威雄少将、兵力定員三七三三名)は、占領地警備のために、二月一六日に名古屋と京都で編成が予定されている部隊であった。この問答からも明らかなように、参謀総長は、第六五旅団の失敗を率直に認めざるを得なかった。だが、第一〇独立守備隊を具体的にどうするかという天皇の質問には答えられなかった。なお、この時の天皇と参謀総長とのやり取りについて「実録」は、わずかに「参謀総長杉山元に謁を賜い、戦況につき奏上を受けられる[86]」と記すのみである。

問題の第一〇独立守備隊は、天皇の督促どおり四月上旬にフィリピンに派遣された。緒戦が順調な中で、バターン半島の苦戦は、天皇にとって非常に気になる問題であった。

そのためこの後も、フィリピンに対する早期攻略を促す天皇の発言は続いている。田中『業務日誌』や井本熊男『業務日誌』によれば、二月二〇日には杉山参謀総長に「バタアンハ将来イカニスルカ」と聞き[87]、この時、総長が「目下研究中デ計画策定次第申シ上ゲマス」と答えると、さっそく二月二六日には「バタアン攻撃計画ハマダデキテイナイノカ」と攻略促進をかさねて督促している[88]が、この件についても「実録」は記していない[89]。

『杉山メモ』によれば二月一六日、シンガポール陥落が伝えられると天皇は「天機《てんき》殊ノ外麗シク」「全ク最初ニ慎重ニ充分研究シタカラダトツクヅク思フ」と言い[90]、『木戸幸一日記』によればバンドンのオランダ軍降伏、ビルマ方面でもラングーン陥落の報に接した三月九日には「竜顔殊の外麗しくにこにこと遊され「余り戦果が早く挙り過ぎるよ」と「真に御満悦の御様子」であった[91]。「実録」では、「内大臣木戸幸一をお召しになり、戦果につき御満足の意を示される」とかなり控え目に記されている[92]。

＊　＊　＊

緒戦の事例においても分かるように、アジア太平洋戦争中の記述において「実録」では、天皇が作戦に対して積極的な姿勢を見せる発言はほとんど紹介されていない。そのような部分は基本的に消されている。しかし、それでも積極果敢な作戦を求める天皇の姿勢を窺わせる記述はわずかに見受けられる。たとえば「実録」一九四二年五月八日の条には、次のようにある。

夕刻、御学問所において軍令部総長永野修身に謁を賜い、珊瑚海海戦の戦果につき奏上を受けられる。戦果に満足の意を示され、残敵の全滅に向けての措置につき御下問になる。軍令部総長より第四艦隊司令長官は追撃を中止し、艦隊に北上を命じた旨の奉答あり。天皇は、かかる場合は敵を全滅すべき旨を仰せになる。軍令部総長の退出後、侍従武官長蓮沼蕃をお召しになり、今回の戦果は美事なるも、万一統帥が稚拙であれば、勅語を下賜できぬ旨を仰せられ、勅語下賜の可否を御下問になる。(93)

天皇は、「戦果に満足の意を示され」としながらも、明らかに珊瑚海海戦における第四艦隊司令長官・井上成美中将の追撃中止措置に対し不満で、永野修身軍令部総長に対して「かかる場合は敵を全滅すべき」と言い、蓮沼侍従武官長にも「万一統帥が稚拙であれば、勅語を下賜できぬ」と話している。天皇の下問に対し、武官長がどのように奉答したのかについて「実録」は触れていないが、その後、五月一二日に、大本営は珊瑚海海戦の「綜合戦果」として米空母サラトガ型一隻撃沈、同ヨークタウン型一隻轟沈、米戦艦カリフォルニア型一隻轟沈を始めとする轟撃沈四隻・大破三隻・大損害一隻（実際には空母〈レキシントン〉・駆逐艦・油槽船各一隻が沈没）を発表し、[94] 天皇も山本五十六聯合艦隊司令長官に対し、戦果を嘉尚する勅語を下した。[95] 大本営の誇大な「綜合戦果」の認定・奏上（九日）・発表（一二日）によって勅語下賜の妥当性に関する議論はうやむやになったが、八日の永野軍令部総長の戦況奏上の際、永野はすでに空母二隻の「撃沈」を報告したものと考えられる（午後五時二〇分の大本営発表ではそのようになっている）。だが、天皇はそれに必ずしも満足せず、「残敵の全滅に向けての措置」について下問したことは、作戦に対する天皇の積極的姿勢を示しているといえるだろう。

第六章　悪化する戦況と「国体護持」
――戦争指導と敗戦（一九四二～四五年）

本章では、ガダルカナル攻防戦（一九四二～四三年）以降、敗戦に至るアジア太平洋戦争の各段階における昭和天皇の戦争指導に焦点をあて、天皇と統帥部のやり取りがどのように「昭和天皇実録」に記録されているのかを検証する。

1　昭和天皇の戦争指導①　ガダルカナル攻防戦

一九四二（昭和一七）年八月以降、東部ニューギニアとガダルカナル島（以下、ガ島）での攻防戦が激化すると、天皇は非常に積極的に作戦事項について下問するようになる。まず、参謀本部の田中新一作戦部長の『業務日誌』によれば、一九四二年八月六日（米軍のガ島上陸前日）、東部ニューギニア方面の作戦について奏上した杉山元参謀総長に対し、天皇は次のように下問している。

ニューギニア方面の陸上作戦において、海軍航空では十分な協力の実を挙げることができないのではないか。陸軍航空を出す必要はないか。(1)

この時、参謀総長は、陸軍航空を出す考えはない旨を答えている。この下問については、「実録」も触れている。(2)実は、天皇のこの質問は、陸軍の痛いところをついていた。連合軍の戦略拠点東部ニューギニア南岸のポートモレスビー攻略をめざす陸軍の作戦は、航空作戦については全面的に海軍に頼っていたからである。海軍航空隊は、ニューブリテン島ラバウルからポートモレスビーへ片道約八〇〇キロの遠距離出撃をしていた。天皇が下問したこの時点では、まだ、米軍のガ島上陸前ということもあるものの、陸軍には東部ニューギニアやガ島があるソロモン諸島方面(合わせて「南東方面」と言った)に航空部隊を出したくない理由があった。それは、当時、陸軍は南方から航空部隊を引き揚げて、重慶攻略作戦を開始しようとしていたこと、さらに、陸軍航空兵力は渡洋作戦・洋上作戦の経験に乏しく、ラバウルなどから海を越えて「南東方面」の要地を攻撃できる自信がなかったことである。(3)

だが、八月七日に米軍がガ島に上陸し、激しい攻防戦が始まっても、陸軍航空部隊がいっこうに「南東方面」に進出しないのを見て、九月一五日、戦況奏上の際に天皇は、陸軍航空部隊の同方面進出の必要性について再度下問した。参謀総長は、種々研究中であるが、早急に派遣することができない実情である旨を回答して取り繕ったが、「再度の御下問は、陸軍統帥部にとって衝撃であった(4)」という。この日の参謀総長の奏上については、「実録」は、

夕刻、御学問所において参謀総長杉山元に謁を賜い、戦況につき奏上を受けられる。ガダルカナル島確保の見通しにつき御下問になり、参謀総長より弾薬と食糧さえあれば絶対に確保できる旨の奉答を受けられる。○侍従日誌、侍従職日誌、内舎人日誌、侍従武官日誌、陸軍上聞書控簿、百武三郎日記、田中新一中将業務日誌、機密戦争日誌、戦史叢書(5)

と記しているが、陸軍航空部隊の進出督促については触れていない。その後もガ島の戦況は、陸軍の言うほど進展せず、むしろ兵力の逐次投入と補給困難から苦戦に陥ったが、それでも陸軍は航空部隊を進出させようとはしなかった。業を煮やした天皇は、一一月五日、三度、「海軍機の陸戦協力はうまくいくのか、陸軍航空を出せないのか(6)」と下問した。陸軍統帥部とりわけ杉山総長ら首脳部にとって、さすがに天皇の三度にわたる下問を放置することはできなかった。統帥部首脳は、翌一一月六日、「南東方面」へ

の陸軍航空部隊の派遣を決定し、さっそく上奏した。参謀本部作戦課では、航空班長・久門有文中佐が派遣反対論の中心であったことからも分かるように、陸軍航空部隊の派遣は、中堅幕僚層ではなく、天皇から下問を受けて「恐懼」した陸軍統帥部首脳の主導で決定されたのである。(7)これは、班長・課長クラスが主導する作戦立案の通常のコースとは逆であり、天皇が作戦を変えさせた典型的な事例である。「実録」は、天皇が作戦指導の主導性を発揮した一一月五日の天皇と参謀総長のやり取りと翌日の陸軍統帥部の決定について全く記述していない。(8)

統帥部とは異なり天皇は、かなり早い時期からガダルカナルの状況を深刻にとらえていた。八月二四日、杉山参謀総長による戦況奏上の際、天皇は、

一木支隊はガ島に拠点を確保できるか。また南海支隊の方面（東部ニューギニア）はどうなっているか。ひどい作戦になったではないか。(9)

と下問している。ガ島も東部ニューギニアも、天皇の言葉どおり「ひどい作戦」になっていた。ガ島に上陸した一木支隊主力はすでに八月二一日に壊滅、九月に入って増派された川口支隊の攻撃も失敗に終わった。九月一五日、杉山参謀総長は、ガ島の戦況（川口支隊の攻撃の失敗）と今後の作戦について奏上した。(10)田中『業務日誌』によれば、こ

れに対し天皇は、川口支隊の攻撃失敗については、さほど心配した様子ではなかったが、

1　ガ島北西角〔第二師団の上陸予定地〕に対する敵上陸の可能性
2　陸軍航空の南東方面への進出の必要性〔前述〕
3　ポートモレスビー攻略作戦のためのラビ〔ニューギニアの最東端〕占領の必要性
4　ガ島確保に対する自信等

につき下問したという。[11] 杉山参謀総長が海軍航空隊の支援不十分を訴えたのに対し、天皇は陸軍航空の進出を促して切り返し、ガ島が確保できるかどうかの成算を問うて暗に憂慮の念を示している。田中作戦部長もその雰囲気を看取して「陛下は、ガ島確保については望み少ないものと御判断のように拝せられた[12]」としている。

ここで注目すべきは、天皇がガ島にはそれほど拘泥せず、むしろニューギニア方面での新たな攻勢をラビの占領という具体的な形で提起していることである。天皇のこの指摘に対し、杉山は、ラビ攻略がポートモレスビー占領の有力な側面援護となることは勿論であるが、絶対要件ではない。しかし、ポートモレスビー・サマライ・ラビ・ガ島及びツラギの飛行基地線は南太平洋防衛の第一線であるから、その意味でラビ攻略は極めて有意義なことである旨の回答をしている。[13] ガ島よりもニューギニアでの攻勢、という

天皇の考えは、海軍が独自に進出したソロモン諸島まで責任を負いたくないという陸軍の本音と合致していたこともあり、以後、長く陸軍を東部ニューギニアに拘泥させることになる。

ガ島確保に疑念をもった天皇は、制空権を確保できない海軍にもいらだち始めた。九月一八日、杉山参謀総長が陸海軍中央協定について上奏した際、天皇は、

南東太平洋方面、特にガ島をめぐる作戦について奪回並びに爾後《じご》の確保に関し海軍側に果たして熱ありや(14)

と発言した。これは、第一次ソロモン海戦(八月八日)以来、海軍には目立った戦果がなく、ラバウルから約一〇〇〇キロの遠距離出撃のため制空権も確保できず、その結果、ガ島への補給・増援もままならないことに対して率直に不満を表明したものである。天皇のこの発言は、その意図以上に、陸軍側に、そもそもガ島に航空基地を建設した海軍にはそれを奪回する熱意があるのだろうかという不信感を抱かせる結果となった(15)。

このあと海軍は、高速戦艦〈金剛〉〈榛名〉をガ島沖に突入させ、ガ島飛行場を艦砲射撃させたり(一〇月一三日)、ドゥーリットル空襲を行った米空母〈ホーネット〉を南太平洋海戦(一〇月二六日)で撃沈するなどかなりの戦果をあげた。しかし、南太平洋海戦での

日本側の損害も大きく、六九機の艦上機とともに歴戦の有能な指揮官・搭乗員を失った。天皇もそのあたりはよく承知しており、聯合艦隊参謀長であった宇垣纏《まとめ》少将の日記『戦藻録』によれば、一〇月二七日、戦況奏上の際、永野修身軍令部総長に、

有能なる搭乗員多数を失ひたるは惜むべきも多大の戦果を挙げ満足に思ふ。尚一層奮励する様司令長官に伝へよ。(16)

と語ったという。この日の永野軍令部総長の戦況奏上について「実録」は、「夕刻、御学問所において軍令部総長永野修身に謁を賜い、ソロモン群島方面の総合戦果等につき奏上を受けられる(17)」と記すのみで、天皇の嘉尚の言葉は記録していない。また天皇は、二九日には、山本五十六聯合艦隊司令長官あてに、

聯合艦隊は今次南太平洋に於て大に敵艦隊を撃破せり。朕深く之を嘉《よみ》す。惟《おも》ふに同方の戦局は尚多端なるものあり。汝等倍々奮励努力せよ。(18)

との勅語を出して将兵の士気を鼓舞した。『戦藻録』によれば、さらに天皇は、同日、永野総長に対して、

此の際附け加へて申し置き度は勅語の後段に関する事であるがガダルカナルは彼我両軍力争の地でもあり、又海軍としても重要なる基地なるに付、小成に安んぜず速に之が奪回に努力する様に。(19)

と言った。海軍にとって南太平洋海戦は久々の朗報であったが、天皇はそれは客観的には「小成」であるとして、あくまでもガ島「奪回に努力する様に」と気を引き締めた。「実録」も聯合艦隊司令長官あての勅語を掲げた上で、

なお、軍令部総長に対し、今次海戦において海軍は戦果を挙げたが、未だ米艦隊多数残存し、またガダルカナル島を未だ奪回し得ないため、一層奮励すべきことを勅語の後段に含ませた旨を述べられる。○侍従日誌、侍従職日誌、内舎人日誌、侍従武官日誌、海軍上聞書控簿、侍従武官府資料、海軍公報、連合艦隊司令長官ニ賜リタル勅語、百武三郎日記、侍従武官城英一郎日記(20)

と記している。軍令部総長は「只今の御言葉に対しましては、上下一心協力、最善の努力を致し速に作戦目的を達成し、以て聖旨に副《そ》ひ奉らん事を期します」と答えている。

これ自体は形式的な答えであるが、軍令部ではさっそく天皇の「御言葉」を聯合艦隊司令部に打電した。天皇の勅語と「御言葉」に接し、宇垣纏聯合艦隊参謀長は、

ガ島の失策に対し御軫念の程を拝察し恐懼に堪へず、一日も速に目的を貫徹せざればば誠に申訳無き限りなり。

一面戦果を挙げたるも一面不成功の此際、御勅語を拝するは多分の御激励の意味ありと拝察し、奉答文起案に注意したるが今本後電により一層其の感を深くす。

本電中前段の御言葉はカ号作戦各長官に親展として転電す。(21)


と日記に記している。天皇の「御軫念《ごしんねん》」(憂慮の念)や激励に対して前線司令部が敏感に反応していることが分かる。しかし、天皇の激励にもかかわらず、海軍はガ島周辺の制空権・制海権を確保することができず、ガ島での陸戦でも第二師団(仙台)の総攻撃は失敗し(一〇月二五日)、いよいよガ島奪回は絶望的な状態となった。

だが、この段階に至っても、統帥部上層や侍従武官長は、アメリカの反撃を、まだそれほど深刻に考えていなかった。『高松宮日記』によれば、第二師団の総攻撃失敗の報を聞き、杉山参謀総長と蓮沼蕃侍従武官長は、天皇に対して、

アレダケノ損害デ攻撃挫折シタルハ弱イ。日露戦争ノトキ旅順ナドデハモットモット大損害デモ攻撃シタノニ。[22]

と語ったという。参謀総長と侍従武官長は、第二師団の攻撃ぶりを旅順攻撃までもちだして「弱イ」と評している。日本軍が本気を出し、日露戦争の時のような戦いをすれば、ガ島の奪回など困難ではないと見ていたということである。米軍の反撃を、当初より比較的深刻にとらえていた天皇と、統帥部上層・侍従武官長との間には、認識のずれがあった。統帥部の甘い状況認識を示す事件がこの後すぐに起こる。

海軍は、前述したように一〇月一三日から一五日にかけて高速戦艦〈金剛〉〈榛名〉二隻を投入してガ島の艦砲射撃を行ったが、一一月に入ると航空戦での劣勢を挽回しようと、一カ月前と同じように、高速戦艦〈比叡〉〈霧島〉によるガ島飛行場艦砲射撃を計画した。『戦藻録』によれば、一一月一〇日頃に永野軍令部総長がこの計画を上奏すると天皇は、

日露戦争に於ても旅順の攻撃に際し初瀬八島の例あり、注意を要す。[23]

と異例の警告を行った。旅順閉塞戦における戦艦〈初瀬〉〈八島〉の触雷沈没（一九〇四年五月一五日）の教訓をあげて、天皇は作戦当局に作戦のマンネリ化を戒めたのである。艦

艇が陸上を反復して攻撃する場合、どうしても同一航路を辿っての作戦になるため、機雷をしかけられたり、待ちぶせ攻撃にあいやすい。天皇はその点を指摘したのである。

天皇のこの警告は的中した。事態をそれほど深刻にとらえていなかった軍令部では、天皇のこの言葉を「電報するに至らざるを以て本件伝へよ」とちょうど上京中の聯合艦隊の一参謀に託した。この参謀が司令部に帰着・報告したのは一一月一二日のことであった。ところが、すでに作戦は開始されており、まさにその日の夜、ガ島砲撃にむかった〈比叡〉〈霧島〉は、新鋭戦艦を含む優勢な米艦隊のレーダーを使った待ちぶせ攻撃にあい、〈比叡〉は一三日未明に沈没した。開戦以来初めての主力艦喪失に冷静さを失った聯合艦隊司令部は、翌一四日夜にも、〈霧島〉によるガ島砲撃を強行しようとしたが、また も戦艦を含む米艦隊の待ちぶせ攻撃をうけ、〈霧島〉も失ってしまった。この第三次ソロモン海戦は、日本海軍が誇った肉眼による夜戦技術が、米軍のレーダー射撃の前に完敗を喫した戦いでもあった。聯合艦隊司令部は、一度失敗した作戦に固執して、さらに傷口を広げてしまったのである。天皇は眼前の作戦に没入することなく、比較的冷静に戦況を検討していたからこそ、「注意を要す」との警告ができたのである。天皇が過去の海戦史からよく学んでいた証拠である。

ガ島をめぐる消耗戦は、輸送船の喪失という形で戦争経済を圧迫し始めた。そして一二月になると、民需用徴用船を陸軍用に徴用しようとした参謀本部とそれに反対する陸軍省は激しく衝突し、田中新一作戦部長が東條陸相を罵倒して罷免されるまでに至った。田中作戦部長の転出にともないガ島確保論の中心であった服部卓四郎作戦課長も任を解かれ、陸軍統帥部はガ島撤退へと方針を転換した。が、その正式決定にはなかなか踏み出せなかった。一二月二八日、ガ島撤退の正式決定を躊躇する統帥部に対し、天皇は蓮沼侍従武官長を通じて次のような注意をした。

> 本日両総長から本年度の状況について一括して上奏があったが、両総長とも、ソロモン方面の情勢について自信を持っていないようである。参謀総長は明後三十日頃退くか否かにつき上奏すると申していたが、そんな上奏だけでは満足できない。如何にして敵を屈服させるかの方途如何が知りたい点である。事態はまことに重大である。ついてはこの問題は大本営会議を開くべきであると考える。このためには年末も年始もない、自分は何時でも出席するつもりである。(24)

天皇は、統帥部に対して、撤退と新作戦を速やかに決定するよう命じたのである。この天皇の要求により、翌年一月四日に予定されていた大本営会議は急遽一二月三一日に実施されることになった。一二月二八日の参謀総長の奏上と天皇の注意について「実録」は、次のように記している。

一九四二(昭和一七)年一二月二八日　月曜日
午後、御学問所において参謀総長杉山元に約一時間にわたり謁を賜い、我が軍及び欧洲の戦況、米国陸軍の現状、重慶側の最近の動向、ソ聯邦東部方面の軍情につき奏上を受けられる。その際、参謀総長よりガダルカナル島方面の戦況の悪化、並びに同島保持の可否につき海軍と協議中である旨の奏上あり。夕刻、侍従武官長蓮沼蕃をお召しになり、ソロモン群島方面の戦局打開の方策につき御下問になる。その後、蓮沼はソロモン群島方面の作戦につき事情聴取のため、参謀総長・軍令部総長を訪問する。○侍従日誌、侍従職日誌、内舎人日誌、侍従武官日誌、陸軍上聞書控簿、侍従武官府資料、百武三郎日記、小倉庫次侍従日記、尾形健一大佐日記、侍従武官城英一郎日記、嶋田繁太郎大将備忘録、戦史叢書(25)

この「実録」の記述は、「如何にして敵を屈服させるかの方途如何が知りたい点である」といった天皇の事態打開を欲する強い言葉は省かれており、天皇の主導性は消されている。しかし、この時の天皇の統帥部に対する注意が、強いインパクトをもったものであったことは確かである。なぜなら、杉山参謀総長は、天皇の言が伝えられた二八日、新任の作戦課長・真田穣一郎大佐に「敵を撃滅し、戦争を終局を導くための方策を確立し、当面の戦況に善処すること。（場当たりでは不可）／参謀総長、軍令部総長が各々陸海軍の作戦について述べるだけでは、陛下の御希望に副わない。相互に、この問題をどうすると一々けりをつけて、御安心をいただくようにしたい」(26)といった指示をしているからである。ガ島の泥沼化した戦いによって浮足だった統帥部に対して、天皇は、軍を統率する大元帥として「敵撃滅」「戦争終結」という本来の大目標をあらためて提示した。また、一方面の作戦だけに拘泥せず、戦争指導の本筋にもどるよう天皇は命じたのである。

一二月三一日の大本営会議では、杉山・永野両総長が列立して「用兵事項ニ関シ奏上」を読み上げた。この上奏は「南太平洋方面爾後ノ作戦ハ遺憾ナガラ左ノ如ク変換スルヲ至当ト認メマス」と前置きしたうえで、ガ島撤退、ニュージョージア・サンタイサベル島以北の中部ソロモン諸島の確保、ラエ・サラモア等東部ニューギニアの確保を述べ、「南太平洋方面作戦ガ当初ノ見透ヲ誤リマシテ事茲《ここ》ニ到リマシタルコトハ洵《まこと》ニ恐懼ノ至リニ堪ヘザル所デ御座イマス」(27)とひたすら「恐懼」して結ばれている。

日本軍の大きな戦略転換を決定した一二月三一日の大本営会議について「実録」では、次のように記されている。

一九四二（昭和一七）年一二月三一日　木曜日

午前十時、東一ノ間に開催の大本営会議に臨御される。会議には、陸軍部より参謀総長杉山元・参謀次長田辺盛武・参謀本部第一部長綾部橘樹・参謀本部第一課長真田穣一郎、海軍部より軍令部総長永野修身・同次長伊藤整一・軍令部第一部長福留繁・軍令部第一課長富岡定俊が参列し、ほかに陸軍大臣・海軍大臣・侍従武官長が列席する。会議では、南太平洋方面今後の作戦に対する見通し並びに爾後の方針等につき研究が行われ、ガダルカナル島奪回作戦の中止と同島部隊の撤収、ニュージョージア島及びイサベル島以北のソロモン群島の確保、ニューギニア方面における作戦根拠の増強等の方針が結論とされる。十一時五十五分入御される。同五十八分、御学問所において参謀総長・軍令部総長に謁を賜い、大本営会議の結論に基づく南太平洋方面の作戦方針の変更につき上奏を受けられる。引き続き、侍従武官長をお召しになり、ソロモン・ニューギニア方面の作戦に関する陸海軍への勅語下賜につき御内意を示される。○侍従日誌、侍従職日誌、内舎人日誌、侍従武官日誌、海軍上聞書控簿、陸軍上聞書控簿、侍従武官府資料、昭和十八年上奏関係書類綴、百武三郎日記、小倉庫次侍従日記、尾形健一大佐日記、侍従武官城英一郎日記、東条内閣総理大臣機密記録、嶋田繁太郎大将備忘録、機密戦争日誌、太平洋戦争における戦争指導について、戦史叢書(28)

占領地域からの撤退という方針の大転換を決めた大本営会議にしては、きわめて簡潔な記述である。

天皇による「敵撃滅」督促発言をうけて、統帥部は一二月三一日の「用兵事項ニ関シ奏上」において「主トシテ「ポートモレスビー」方面ニ対スル作戦ヲ準備致シマス」とニューギニアでの新たな攻勢を天皇に誓った。井本熊男(第八方面軍参謀)の『業務日誌』によれば、ラバウルに新設された第八方面軍司令部(司令官・今村均大将)に新作戦の伝達のために出張した新任作戦部長・綾部橘樹少将は、一九四三年一月四日、次のように説明している。

総長から上奏の際〔一九四二年一二月二八日〕、ガ島の攻略に自信がない旨を申上げたところ侍従武官長を通じて、「ただガ島を止めただけではいかぬ。何処かで攻勢に出なければならない。」との御内意の伝達があった。そこで大本営としてはニューギニアに重点を置くことにした。[29]

天皇はみずから催促した一二月三一日の大本営会議でガ島撤退が決定されると、「実録」においても「勅語下賜につき御内意を示される」と簡単に記されているが、侍従武官長・蓮沼蕃大将にガ島奮戦に関する勅語を出そうとかなり熱意をこめて提案している。参謀本部作戦課長・真田穣一郎大佐の日記ではこう記されている。

「ガ」島ノ撤退ハ遺憾テアルカ　今後一層陸海軍協同一致シテ作戦目的ヲ達スル様ニセヨ　実ハ「ガ」島カ取レタラ勅語ヲヤラウト思ツテイタカ如何カ　今日迄随分苦戦奮闘シタノタカラ勅語ヲ下シテハ如何カ　ヤルトシタラ何時カ良イカ。(30)

天皇は、ガ島撤退による陸海軍の士気の沈滞を恐れ、また、相互不信に陥った陸海軍の協同関係を修復するために勅語を出すことを提起したのである。勅語は、一九四三年一月四日に宮中に両総長を呼び、第八方面軍司令官・今村均大将および聯合艦隊司令長官・山本五十六大将に対し下賜されたが、一般には公表されなかった。

勅　語

「ソロモン」群島竝東部「ニューギニア」方面ニ作戦セル陸海軍部隊ハ長期ニ亙リ緊密ナル協同ノ下ニ連続至難ナル作戦ヲ敢行シ所有《あらゆる》艱苦ヲ克服シ激戦奮闘屢々《しばしば》敵ニ打撃ヲ加ヘ克《よ》ク其ノ任ニ膺《あた》レリ

朕深ク之ヲ嘉尚ス

惟《おも》フニ同方面ノ戦局ハ益々多端ヲ加フ

汝等愈々《いよいよ》奮励努力陸海戮力以テ朕カ信倚ニ副ハムコトヲ期セヨ(31)

勅語は「朕深ク之ヲ嘉尚ス」とするだけでなく、比較的後半部分が長く、従来にも増して将兵を強く激励するものであった。天皇は、この時期、戦争指導に並々ならぬ意欲で臨んでいた。勅語を出した同じ一月四日、天皇は、ガ島撤退後の「南太平洋方面爾後ノ作戦指導」に関する上奏をうけたが、侍従武官の尾形健一の『業務日誌』によれば、裁可にあたって、作戦計画に関する陸海軍中央協定にいたるまできわめて綿密詳細に閲覧し、今後の作戦の成り行きに重大な関心を示したという(32)。

2　昭和天皇の戦争指導②　天皇の決戦要求

日本軍のガダルカナル島からの撤退後、一九四三年三月五日には今後の作戦方針が大本営会議において決定された。「実録」には次のように記されている。

一九四三(昭和一八)年三月五日　金曜日

午後三時三十分、東一ノ間に開催の大本営会議に臨御される。出席者は参謀総長杉山元・軍令部総長永野修身・参謀次長田辺盛武・軍令部次長伊藤整一・参謀本部第一部長綾部橘樹・軍令部第一部長福留繁・参謀本部作戦課長真田穣一郎・軍令部第

一課長山本親雄にて、陸軍大臣東条英機・海軍大臣嶋田繁太郎・侍従武官長蓮沼蕃が陪席する。天皇は、大東亜戦争昭和十八年度陸軍作戦計画並びに大東亜戦争第三段作戦帝国海軍作戦計画に関する研究を御聴取になる。両作戦計画は南方作戦遂行のための軍備の充実整理を目的に策定され、両総長がそれぞれの大綱につき説明する。五時十五分、入御される。同三十分、御学問所において両総長に謁を賜い、それぞれより作戦計画につき上奏を受けられる。引き続き参謀総長より戦況、並びに自身の出張につき奏上を受けられる。(33)

二時間弱の大本営会議であったが、この御前会議については、参加者の一人である軍令部第一課長・山本親雄が回想を残している。

三月五日の〔大本営〕御前会議は会議とはいうものの、実際は事前に軍令部と参謀本部との間で十分に研究打ち合わせを行い、意見一致して作成した案を、陛下に御説明申し上げて御裁可を仰いだもので、作戦指導方針の原案はもとより、両総長、両次長、両作戦部長が説明する内容も、あらかじめ文書にして準備しておき、これを陛下の御前で読み上げるという、まるで芝居のような方式をとったのである。そのうえ陛下から御下問のある場合も考え、両総長の奉答案まであらかじめ御下問を予想して作っておき、これも文書にして準備しておいた。

このときの会議は順調に、筋書き通りに進み、休憩もなく四時間〔実際には二時間〕ばかりで終わった。あとで当時作戦課の参謀であった高松宮殿下が参内されたさい、陛下から「先日の会議は、少しも会議らしくなかった」と、やや御不満らしいお言葉があったという。そのことを殿下から承わったので、次の御前会議では、準備した書類をそのまま読み上げるような形式的なやり方はとりやめ、説明の要点だけを文書として準備し、これにもとづいてわかりやすくご説明することに改めた。〔中略〕〔三月五日大本営会議では〕長時間にわたる各員の説明が終わったあと、陛下からの御下問や御注意はみな要点をついたものばかりで、われわれ幕僚が準備していた御下問奉答案の大部分が役に立った。これは陛下が各員の説明を聞かれるだけで、いかに適確に要点を把握されたかを明らかにする証拠であると思う。(34)

「実録」の記述とはかなり趣を異にした内容である。昭和天皇は大本営会議が形式に流れるのを不満に思い、自ら意欲的に質問したようである。天皇からの不満の声を間接的に聞いただけで、山本作戦課長は、会議の進め方を次回から変更したとしている。また、山本らが事前に用意した「御下問奉答案」(想定問答集)も大いに役に立ったというから、天皇の質問は詳細をきわめたのであろう。国策決定のための御前会議においては、

「沈黙」が常であった天皇も、大元帥として参加する大本営会議では、一転して活発だったことが分かる。

天皇の意欲的な作戦指導にもかかわらず、戦況の悪化は四月以降も続いた。四月一八日には、ソロモン方面で陣頭指揮にあたっていた山本五十六聯合艦隊司令長官が戦死し、さらに五月一二日には、アリューシャン列島アッツ島に米軍が上陸してきた。米軍のアッツ島上陸から三日たった五月一五日、この日、統帥部両総長は戦況奏上を行っただけで、大本営の今後の措置については何も上奏しなかった。天皇は、統帥部の対応の緩慢さに不満の念をあらわにし、侍従武官尾形健一中佐の『業務日誌』によれば、次回の上奏の許可を求めにきた尾形に「上奏はもっと早いほうが良いのではないか」と言ったという。[35]陸海統帥部は、アッツ島について繰り返し「確保」と「兵力増強」の方針を確認するが、五月一八日には一転してその放棄を内定してしまう。海軍はこの方面に艦艇と航空機を次々と投入してガ島同様の消耗戦になることを恐れていたのである。[36]そもそも、アッツ・キスカ島が確保できるかどうかは、必ずしも十分には検討されていなかった。それゆえ、実際に米軍が上陸してみると「確保」を繰り返し言明しながら、守備兵力の撤収が不可能になった段階で放棄を決定するという不手際を演じた。結局、アッツ島守備隊は増援も得られず、撤収作戦もなされないまま五月二九日に「玉砕」した。

六月六日、天皇は陸海軍の見通しの甘さ、協力の不十分さについて下問した。杉山参謀総長とのやり取りを見てみよう。

御上　此度作戦計画ヲ斯《か》クシナケレハナラナイコトハ遺憾テアル　ドウカ之カラ先ハ克ク見透シヲツケテ作戦ヲスル様ニ気ヲ附ケヨ
総長　洵ニ恐懼ノ至リテ御座リマス今後十分気ヲ附ケテ参リマス
御上　陸軍ト海軍トノ間ハシツカリ協同シテヤツテイルカ
総長　全般ニハ能《よ》ク協同シテヤツテ居リマス殊ニ参謀本部ト軍令部トノ間ハ克ク協同ノ実ヲ挙ケテ参ツテ居リマス　出先ハ局部的ニ各々任務、立場ノ関係カラピツタリ行カヌ点カ無イテモアリマセヌカ　シカシ左様ナ場合ニハコチラカラ幕僚ヲ派遣シタリ出先カラ人ヲ招致シタリシテ遺憾ノ点ノナイ様ニ致シテ参リマシタカ今後ハ中央出先トモニ一層注意ヲ致シマス
御上　米ノ戦法ハ常ニ我背後ヲ遮断シテ日本軍ノ裏ヲカク遣リ方カ従来屢々《しばしば》テアル今後トモ之等ヲ念頭ニ置イテ作戦スル様ニ
総長　今後一層努力シ最善ヲ尽シマス(37)

天皇の質問はアッツ「玉砕」に関連してのものであるが、杉山の回答は要領を得ない。一般的なことを言っているだけである。天皇も大元帥として「米ノ戦法」について注意

を与えているが、いらだちがかなり高まっていたのであろう。この下問をした二日後（六月八日）、天皇は、蓮沼蕃侍従武官長に次のように怒りの言葉を告げている。

今度ノ如キ戦況ノ出現ハ前カラ見透シカツイテイタ筈デアル　然ルニ五月十二日ニ〔米軍が〕上陸シテカラ一週間カカツテ対応措置カ講セラレ濃霧ノコトナト云々シテイタカ霧ノコトナトハ前以テ解ツテイタ筈テアル　早クカラ見透シカツイテイナケレバナラヌ

陸海軍ノ間ニ本当ノ肚《はら》ヲ打開ケタ話合ヒカ出来テイルノテアラウカ　一方カ元気ニ要求シ一方カ無責任ニ引受ケテイルト云フ結果テハナカラウカ　話合ヒカ苟《いやしく》モ出来タコトハ必ス実行スルト云フコトテナケレハナラヌ　協定ハ立派ニ出来テモ少シモ実行カ出来ナイ約束(ソレハ「ガダル」作戦以来陛下カ仰セニナリシコト)ヲ陸海軍ノ間テシテ置キナカラ実行ノ出来ナイコトハ約束ヲシナイヨリモ悪イ

陸海軍ノ間軋轢《あつれき》(38)カアツテハ今度ノ戦争ハ成立シナイ陸海軍カ真ニ肚ヲ割ツテ作戦ヲ進メナケレハ……

天皇は、アリューシャン作戦の致命的失策であった見通しの悪さ、陸海軍の協同作戦のまずさを厳しく叱責した。ガ島攻防戦以来、陸軍からは海軍の、海軍からは陸軍の利己的・消極的な行動を聞かされ続けてきた天皇は、ついに陸海軍の姿勢自体、作戦方針自体を批判した。そして天皇はさらにこう続けている。

霧カアツテ行ケヌヨウナラ艦ヤ飛行機ヲ持ツテイクノハ間違ヒテハナイカ　油ヲ沢山使フバカリデ……斯ンナ戦ヲシテハ「ガダルカナル」同様敵ノ志気ヲ昂《あ》ケ中立、第三国ハ動揺シ支那ハ調子ニ乗リ大東亜圏内ノ諸国ニ及ホス影響ハ甚大デアル　何トカシテ何処カノ正面テ米軍ヲ叩キツケルコトハ出来ヌカ
緬甸《ビルマ》ハ陸軍カヤツテイルカ　陸軍ハ負ケハセヌガ　海洋テハドウモ陸軍ノ力ヲ出スヨウニナツテイナイ……杉山ハ海軍ノ決戦ヲ以ツテ今度ノ戦ヲ「カバー」スルヨウナコトヲ言ツテイタカアンナコトハ出来ハセヌ(39)

作戦の失敗を叱責するだけでなく、その政治的影響を憂慮する天皇の姿は、まさに政・戦略の統合者としてのそれである。ガ島撤退に際しても、天皇は「如何にして敵を屈服させるかの方途如何」を下問しているが、ここではさらに踏み込んで「何処カノ正面テ米軍ヲ叩キツケルコトハ出来ヌカ」と言っている。天皇は、この頃から執拗に米軍との決戦を促すようになる。統帥部に対する天皇の要求は、作戦をどう進めるか(作戦指導)だけでなく、世界情勢をにらんでどのような作戦を立てるか(戦争指導)へとエスカ

レートしたのである。このように天皇は、アッツ島「玉砕」を契機にして、統帥部に対して強い口調で「決戦」を要求するようになるが、「実録」には、そのような天皇の言動は全く記録されていない。

一九四三年六月、アッツ島「玉砕」の衝撃がさめやらぬままに、今度は再びソロモン・ニューギニア方面での連合軍の圧力が強まってきた。アッツ島問題で統帥部を「何処カノ正面テ米軍ヲ叩キツケルコトハ出来ヌカ」と厳しく叱責した翌日、六月九日には、天皇は今度は東部ニューギニアの戦況に関連して、杉山参謀総長と次のようなやり取りをしている。

御上　ナカナカウマクヤルネ　「ニューギニア」方面ハ航空作戦モ糧食弾薬ノ集積モ少シハ良クナツテイルカ　此上トモ十分力ヲ尽シ道路構築モ此上トモ努力シテ何ントカシテ米ヲ叩キツケネハナラヌ　尚東條カ「ニューギニア」作戦ニツイテ気合カ入ツテイナイ様ナコトヲ申シテイタカソウカ

総長　「ニューギニア」ハ「ラエ」、「サラモア」ヲ確保シ爾後ノ攻撃ヲ準備スル方針ニハ微動モアリマセヌ　「マーシャル」群島ト「ビスマルク」諸島ヲ確保シナケレハ海軍作戦ハ成立困難テアリマシテ之ハ海軍丈ノ問題テハアリマセヌ国防圏トシテ背水ノ陣テアリマシテ陸海共ニ是非之ニ努力邁進セネハナラヌト

存シマス

之カ為ニハ「ラエ」「サラモア」保持ハ絶対トナリマス「ラエ」「サラモア」ヲ確保ノ後「ニューギニア」全域ヲ如何ニスルカハ更ニ作戦ノ推移ヲ見究メタ上　御允裁ヲ仰キ度ト存シテ居リマス　コノコトハ本日総理ニモ話シテ置キマシタ(40)

この日の杉山参謀総長とのやり取りについて「実録」は、

午後三時三十分、御学問所において参謀総長杉山元に謁を賜い、戦況奏上を受けられる。○侍従日誌、侍従職日誌、内舎人日誌、侍従武官日誌、陸軍上聞書控簿、百武三郎日記、尾形健一大佐日記、真田穣一郎少将日記、陣中日誌(41)

と記すのみである。天皇と参謀総長とのやり取りは、『真田穣一郎少将日記』に記されているにもかかわらず、あえて天皇の言葉は消されている。

アッツ島「玉砕」以降、天皇は日本軍の「勇戦」を称揚しつつも、必ずと言ってよいほど「決戦」「前進」「戦力拡充」を促すようになる。六月九日の下問でも、最初に「ナカナカウマクヤルネ」とほめたうえで、「何ントカシテ米ヲ叩キツケネハナラヌ」と決戦を求めている。ここで天皇が「ナカナカウマクヤルネ」とほめているのは、陸軍の第六飛行師団がニューギニア中央高地ベナベナとハーゲンにある連合軍飛行場を連日爆撃していることを指している。

しかし、天皇の嘉尚の言葉にもかかわらず、東部ニューギニアと中部ソロモンの戦況はますます悪化していった。六月三〇日にはラエ・サラモアに隣接するナッソウ湾に連合軍が上陸したのをはじめ、同じ日に中部ソロモンでもレンドバ島に、七月三日にはムンダ基地があるニュージョージア島に上陸作戦が開始された。中部ソロモンの防衛線がいよいよ危なくなったのである。この頃から、天皇の海軍に対する姿勢は非常に厳しいものになる。海軍統帥部が言うほど聯合艦隊は積極的に活動しているようには見えず、しばしば天皇の期待を裏切ったからである。たとえば、米軍がナッソウ湾とレンドバ島に同時上陸した六月三〇日の午後四時、天皇は、戦況奏上にきた永野修身軍令部総長と次のようなやり取りをしたと軍令部作戦部長・中沢佑少将がメモに残している。

陛下　今度ハ非常ニ大事　陸海軍協力セヨ　本日戦捷《せんしょう》ヲ祈願ス

総長　今回ノ来襲ハ予期スル処ニシテ「ガ」島作戦後敵ノ戦力ハ向上シアルモ我又大幅ニ向上シアリ。敵ノ来攻ハ恰モ陶晴賢《すえはるかた》ノ厳島ニ上陸セシガ如ク、今度ハ思ヒ切リ叩ク心算、兵力ハ多々益々可ナルモ現状集メ得ル兵力ヲ結集、必勝ヲ期

シテ作戦シ、以テ聖旨ニ副ヒ奉ランコトヲ期ス。(42)

天皇は「今度ハ非常ニ大事」と中部ソロモンでの決戦を要求し、永野も実に調子よく一挙に米軍を撃滅できるかのように言っている。永野が自信満々に語っている「敵ノ来攻ハ恰モ陶晴賢ノ厳島ニ上陸セシガ如ク」云々の一節は、戦国武将・毛利元就が囮を使って陶晴賢の大軍を巧妙に厳島に誘い出し、狭いところで身動きが取れなくなったところを急襲して全滅させたという故事を得意の古戦史からひいている。だが、米軍は中部ソロモンに誘い出されたわけではなく、日本軍を力ずくで圧迫しているのである。永野はさらに「今度ハ思ヒ切リ叩ク心算」などと天皇に期待を持たせるようなことを言っているが、海軍はそのような有力な兵力をこの方面に集中することはできなかった。この日、中部ソロモン方面に集中可能な海軍の基地航空兵力は一三五機を数えるに過ぎず、「思ヒ切リ叩ク」どころか逆に米軍に圧倒され、翌七月一日には可働機が五三機に減ってしまうというたいへんな苦戦だった。(43)だが、天皇は、永野の言葉を信じたのか、これぞ敵撃滅の好機と思ったようである。七月一日、永野に対し再び、

此ノ度上陸セル敵ニ対シ陸海軍ハ其ノ担任地域ノ如何ニ拘ラズ全力ヲ集中克ク協同シテ徹底的ニ之ヲ撃滅、其ノ企図ヲ破摧《はさい》セヨ(44)

と命令した。「陸海軍ハ其ノ担任地域ノ如何ニ拘ラズ」という部分には、「担任地域」を理由になかなか陸海軍が協同した作戦を行わないことに対する天皇の批判が込められている。しかし、敵を撃滅せよとの天皇のとりわけ力のこもった発言であるので、大本営海軍部は、わざわざ南東方面艦隊(司令長官・草鹿任一中将)にこの天皇の言葉を機密電報で送り、積極的作戦を促した。統帥部は、戦力の代わりに天皇の言葉を送るという方法をとったのである。だが、天皇の言葉を伝えた機密電報を受け取った南東方面艦隊司令部は、「ナッソウ湾ノ敵上陸ニ対シ航空攻撃セザルヲ云《い》ヒ釈《わ》ケスルミタイナ電報」を大本営海軍部に寄こしたという[45]。そもそも、南東方面艦隊には両方面の米軍に決戦を挑むほどの戦力と準備はなく、戦果といえば、七月六日のクラ湾夜戦においてわずかに米軽巡洋艦一隻を撃沈したにとどまった(日本軍も駆逐艦一隻が沈没し、四隻が損傷した)。

結局、天皇の期待に反し、海戦・航空戦とも見るべき戦果はあがらず、陸戦でも増援部隊の派遣に失敗し、ますます苦しい状況となった。永野軍令部総長の「必勝ヲ期シテ作戦」するという言葉は全くの反故《ほご》となった。

『高松宮日記』によれば、七月一五日、戦況奏上の際、天皇の下問に対して永野は「決戦ノ峠ヲ越サヌトキニ決戦スルト云フ事ノナイ様ニ致シタイ[46]」といった要領を得ない回答をした。「決戦ノ峠」において機を逸さずに「決戦スル」という意味なのであろうが、天皇は、永野に「何レノ時機ガ決戦カワカラヌ[47]」と厳しく言いかえしている。天皇は決戦の場所と時期について、海軍の作戦指導のあり方があいまいで、決断力に乏しいことを批判しているのである。

天皇の決戦要求と海軍に対する不信・不満は相乗的に高まっていった。八月五日には、天皇は、「何レノ方面モ良クナイ　米軍ヲピシャリト叩ク事ハデキナイノカ」「ソレハソウトシテソウヂリヂリ押サレテハ敵ダケテハナイ　第三国ニ与ヘル影響モ大キイ　一体何処デシッカリヤルノカ何処デ決戦ヲヤルノカ今迄ノ様ニヂリヂリ押サレルコトヲ繰返シテイルコトハ出来ナイノデハナイカ[48]」と杉山参謀総長に強い口調で迫ったこと、そしてこの件について「実録」では全く触れていないことは[49]、本書「はじめに」(ⅶ頁)で記した通りである。

天皇の決戦実施の要求は、直接には海軍に向けられたものである。アッツ島の失陥の時点ですでに、天皇は海軍の消極的作戦指導に不信感をもちつつあった。六月八日、前に引用したように、「海軍ノ決戦ヲ以ツテ今度ノ戦〔アッツ失陥〕ヲ「カバー」スルヨウナコトヲ〔杉山参謀総長が〕言ツテイタカアンナコトハ出来ハセヌ」と海軍の無力ぶりを厳しく叱責している[50]。七月七日の木戸幸一の日記には「海軍の志気につき御話ありたり」とある。前後の天皇の下問からすると、これは海軍の士気低下についての憂慮の言葉であったと推測できる。そして、中部ソロモンに対する米軍の攻勢を阻止できないことが明らかになると、天皇の海軍に対する怒りといらだちはますます激しいものになる。

八月六日、米軍はニュージョージア島ムンダの占領を発表、八日には、同島の日本軍部隊司令部はコロンバンガラ島に撤退した。『真田穣一郎少将日記』によれば、その八日、天皇は杉山参謀総長との間に次のようなやり取りをしている。

御上　局地的ニハ克ク戦闘ヲヤツテイルガ何処カテ攻勢ヲトルコトハ出来ヌカ　之ハ主トシテ海軍ノコトデハアルカ……

杉山　何トシテモ陸軍トシテハ足ヲ持ツテ居リマセヌ　足サヘアリマスレハ御仰セノコトハ出来マス　之ハ方面軍司令官カラ申シテ来マシタ通リテアリマス（中略）

御上　航空ハ陸軍モ大分弱ツテ来タガ早ク力ヲツケルコトハ出来ヌカ

杉山　新事態以前ニ新作戦ノ為ニ準備中テアリマシタカ今度ノ事態発生以来鋭意速急ニ送ルコトニ努力中テアリマス　航空路モ漸《ようや》ク最近略完成シ空中輸送モヤツト緒ニツイタ所デアリマス

御上　ソレハソウデアラウ克ク解ツタ　出来ル丈ケ努力セヨ　海軍ハ一体ドウシテイルデアラウカ

杉山　陸軍トシテモ海軍ノ進出ヲハ切望シテイルノテアリマスガ海軍ニモモツト早

ク出度《でた》イ考ヲ持チナカラナカナカ意ノ如クナリ難イ事情ノアルコトト存シマス
御上　何ントカ叩ケナイカネー(51)

天皇はいつものように「何処カテ攻勢ヲトルコトハ出来ヌカ」と言っただけでなく、「之ハ主トシテ海軍ノコトデハアルカ」とはっきり海軍を名指しで決戦を要求した。参謀総長も「足〔輸送船とその護衛〕サヘアリマスレハ御仰セノコト〔攻勢作戦〕ハ出来マス」などとニュージョージア失陥の責任を海軍にかぶせてしまうようなことを言っている。陸軍にしてみれば、もともと海軍が確保を強く主張してきたムンダなど中部ソロモン諸島は早めに放棄したほうがよいと考えていたこともあり、戦況悪化の原因をすべて海軍に負わせてしまう構えである。天皇も陸軍には「克ク解ツタ　出来ル丈ケ努力セヨ」とまるで海理解ある言葉を与え、その一方で、「海軍ハ一体ドウシテイルデアラウカ」と軍が戦場から消えてしまったかのような言い方をしている。

杉山への下問の後、天皇はさらに蓮沼侍従武官長に次のように語っている。ここでも天皇の海軍不信が繰り返し表明されている。

今ノ様ナコトヲシテイテハ復タ逐次取ラルルニ非スヤ「ラボール〔＝ラバウル〕」「ボーゲンビル」ニ穴カ空クニ非スヤ　海軍ハドウ見込ヲツケテイルノカ　確保スル確

保スルト云ツテ……一向ニ実行カ出来ナイ　若シ「ラボール」ヲシツカリ持ツト謂フナラハソノ準備ハ出来テイルノカ　何処ガ本当ニ持テルノカ　海軍ヲ何トカ出ス方法ハ無イモノカ（註　GF〔聯合艦隊〕ハ内地ニ在リ又2F〔巡洋艦を中心とする第二艦隊〕ハ「トラック」ニジットシテイルコトヲ御承知）確乎《かっこ》タル自信モナク次第ニ後ロヘ押シ退ケラレツツアリ何処カデガチット叩キツケル工面ハナイモノカ(52)

中部ソロモン諸島での日本軍の後退・苦戦の状況から、天皇は陸海統帥部に先立ってその確保は無理と判断したようである。ラバウルや北部ソロモン諸島のブーゲンビル島の確保すら危ぶんでいる。

杉山参謀総長と永野軍令部総長が列立して上奏した際、天皇の下問は永野に対してことのほか厳しかった。『真田穣一郎少将日記』によれば、八月二四日、ラバウルの確保を心配した天皇は、両総長との間に次のようなやり取りをした。ここでも明らかに永野への風当たりは強い。

陛下　来年ノ春迄〔ラバウルを〕持ツト云フガモテルカ
杉山　第一ノ通リ答〔「御下問奉答資料」の番号と推定される〕
陛下　後ロノ線ニ退ルト云フガ、後ロノ線之ガ重点ダネ。

杉山　左様デ御座居マス。後ロノ線ガ重点デ御座居マス　数千粁《キロメートル》ノ正面ノ防備コレハ来春迄ニハ概成シカ出来マセン。ソレ迄ノ間前方ハモタナケレバナリマセン。

永野　「ラバウル」ガ無クナルト聯合艦隊ノ居所ハ無クナリ、為ニ有為ナル戦略態勢ガ崩レマス。「ラバウル」ニハ出来ル丈永ク居タイト存ジマス。

陛下　ソレハオ前ノ希望デアラウガ、アソコニ兵ヲ置イテモ補給ハ充分出来ルノカソレナラシツカリ「ラバウル」ニ補給デキル様ニセネバイケナイ　ソレカラ其所へ敵ガ来タラ海上デ叩キツケルコトガ出来ルナラバ良イガ、ソレガドウモ少シモ出来テ居ナイ。

永野　以前ハ航空ガ充分働カナカツタガ、最近ハ大分良クナリマシタ。

陛下　コノ間陸軍ノ大発ヲ護衛シテ行ツタ駆逐艦四隻ガ逃ゲタト云フデハナイカ〔八月一七日の第一次ベラベラ沖海戦のことを指している〕

永野　魚雷ヲ撃チツクシテ退避シマシタ。

天皇　魚雷ダケデハ駄目、モツト近寄テ大砲デデモ敵ヲ撃テナイノカ。後ロノ線ニ退ツテ今後特別ノコトヲ考ヘテ居ルカ。

永野　駆逐艦モ増加スルシ、魚雷艇モ増ヘマス。

天皇　電波関係ハドウカ。「ビルマ」、「アンダマン」、「スマトラ」ハドウスルカ。

奉答　同時ニ研究シマシテ具体的ニハ何レ更ニ研究ノ上申上ゲマス。(53)

天皇と杉山は、「後ロノ線之ガ重点ダネ」、「左様デ御座居マス」と比較的息のあったところを見せているが、天皇は永野の言うことにはいちいち批判めいたコメントを加えている。永野がラバウルを確保したいと言えば、補給はできるのか、海上で決戦をしないではないかと切り返し、あげくの果てに陸軍の上陸部隊を護衛していた駆逐艦が逃げたではないかとまで言っている。永野が魚雷をうち尽くした、と言えば、もっと近寄って大砲ででもやれ、と徹底的に海軍の姿勢を批判している。天皇の眼には、ラバウルに固執するわりにはいっこうに決戦を挑まない海軍の姿勢が、士気に乏しくきわめて消極的、無為無策に映ったのである。また、「陸軍ノ大発〔上陸用船艇＝大発動艇の略称〕ヲ護衛シテ行ツタ駆逐艦四隻ガ逃ゲタト云フデハナイカ」という一節は、このような苦情を天皇が陸軍から事前に聞いていたことを示している。天皇のもとには、陸海軍の公式の戦況奏上とは別に、陸軍からは海軍への、海軍からは陸軍への不平・不満が寄せられていたことが分かる。

アッツ島失陥頃から天皇は執拗に決戦を要求したが、それは前述したように「斯ンナ戦ヲシテハ「ガダルカナル」同様敵ノ志気ヲ昂ケ中立、第三国ハ動揺シ支那ハ調子ニ乗リ大東亜圏内ノ諸国ニ及ホス影響ハ甚大デアル」からであった(一九四三年六月八日の下問）。政・戦略の統合者・天皇としては、作戦の純軍事的な影響だけでなく、それが世界情勢に及ぼす波紋も考えざるをえなかった。ソ連の動向やヨーロッパの戦況も天皇は見逃してはいない。

七月九日、連合軍はシチリア島に上陸したが、すでにイタリア軍の士気は低下し、戦闘の主役はドイツ軍であった。イタリア本国では、シチリアまで連合軍の進攻を許したことで、ムッソリーニが急速に力を失い、七月二五日に失脚、バドリオ政権が成立した。

「実録」八月五日の条には、天皇が杉山参謀総長から「シチリア島における戦況」について奏上を受けたことが記されているが、『真田穣一郎少将日記』によれば、その際天皇は、連合軍のシチリア島上陸、イタリアの危機を憂慮して、

「シシリー」島ハ持テルト思フカ　独乙ハ引続キ兵力ヲ入レルト思フカ[54]

と下問している。杉山参謀総長が「独乙ハ「シシリー」島ニ執着ヲ持ツトハ考ヘラレマセヌ」と答えると、天皇はさらに、

独乙ハ北部伊太利ト云フカソウナルト「ルーマニヤ」ノ油田モ危イデハナイカ　斯ル時ハ日本トシテモ考ヘナケレバナラナイノテハナイカ（総長註　独「ソ」妥協ノコト

ヲオ指シト拝察サレル）　日本モ考ヘドキニ非スヤ(55)

と言っている。シチリア島の危機はイタリアの脱落に直結することであり、イタリアの脱落はルーマニアの油田の危機だ、という認識は戦略的に的確な観察である。ドイツの戦争経済はノルウェーの鉄とルーマニアの石油で支えられているとみなされていた。ドイツイタリアが南部といえども連合軍に占領されれば、ルーマニアは連合軍航空機の爆撃圏内に入ってしまう。ドイツの勝利に期待して対英米戦に踏み切った日本としては、ルーマニアの油田が破壊され、ドイツが危なくなれば、天皇が言うように「日本モ考ヘドキ」だったのである。

杉山は、天皇の言葉を「独「ソ」妥協ノコト」、すなわち日本が独ソの停戦を斡旋することと解釈している。これは当時、統帥部の一部でソ連がドイツを圧倒してルーマニアに進攻するのではないか、という観測が出てきたことを反映しているものと思われる(56)。また、天皇の「日本モ考ヘドキニ非スヤ」という言は、イタリア・ドイツ・日本がドミノ倒しになることを憂慮したものであると解釈したほうが自然であろう。ドイツが危なくなれば、日本も根本的に戦争指導方針を転換しなければならないのではないか、と天皇は考えつつあった。「実録」では、わずかに「シチリア島における戦況につき奏上を受けられる」（一九四三年八月五日）と記されているだけのことであるが、実際の天皇と参謀総長とのやり取りは、非常に濃密であり、天皇の戦略判断を示すものであった。

3　戦況の悪化——天皇と軍事情報

連合軍の攻勢に為すすべもなく、日本軍が後退を重ねる中で、天皇は米軍の動向に非常に神経過敏となる。たとえば、一九四四（昭和一九）年一月一日、城英一郎侍従武官は次のように記録している。

〇八〇〇（午前八時）、……昨日戦況上聞につき「ブカ」（ラバウルの西方三〇〇キロの島）西方を敵T（輸送船）北上につき、敵の牽制なるやも知れず、「ニューブリテン」西方注意すべしとの御仰せあり。直ちに軍令部に連絡し、其後戦況変化なく、敵の上陸等なき点、言上す。(57)

元日の早朝から天皇は侍従武官を呼びつけ、昨日聞いた戦況奏上で気になることがある、牽制かもしれないが、ニューブリテン島西方の敵輸送船団に注意せよ、と言ったというのである。陸海軍の最高統帥者・大元帥の発言にしてはずいぶん細かい指摘である。しかし、天皇の憂慮は杞憂ではなかった。ラバウル西方を北上中のこの輸送船団は、天皇が「敵の牽制なるやも知れず」と言った通り陽動部隊であった。米軍は、ラバウル方面を狙うかに見せて、ニューブリテン島西方に日本軍の注意を引きつけておき、別個の部隊を、翌一月二日、東部ニューギニア北岸グンビ岬に上陸させた(58)。ちょっとした部隊の移動にも天皇はずいぶん神経をとがらせていたことが分かる。連合軍のこの上陸作戦によって、ダンピール方面に集結していた日本軍の第二〇・第四一師団などの地上部隊は退路を断たれて、日本軍のニューギニア作戦は危機的な状態になった。ガ島の攻防戦以来、実に精力的に戦争指導・作戦指導に打ち込んできた天皇も、疲労の蓄積と戦況の悪化のため、この時期、非常に神経過敏となり、輸送船団一つの動きについてもみずからその企図を推理して統帥部に注意を与えていたのである。

また、一月三〇日、米海軍空母機動部隊がマーシャル諸島に来襲し、翌三一日に同諸島ルオット島に米軍が上陸した。三一日、天皇は、永野軍令部総長を、

「マーシャル」ハ日本ノ領土ナレバ之ヲトラレテホッテオクコトハ如何(59)

と叱責した。聯合艦隊は、三〇日に同方面に「警戒用意」を発令していたものの、米軍の来襲に、どのような反撃をするのか、天皇に明確な方針を示せなかった。天皇は、海軍の不用意を叱責したのである。軍令部作戦課参謀であった高松宮は、「大体申シ上

ゲ方ガハツキリセヌノデ、ソノ点ガオ気ニ召サヌト思ヘル(60)」としている。「申シ上ゲ方」とは、奏上の仕方ということではなく、海軍の対処方針そのものを言っているのであろう。

このような神経過敏の時期を通り過ぎると、天皇の戦争指導に対する意欲は明らかに減退したように思われる。一九四四年三月を過ぎる頃から、天皇による作戦内容にたち入った下問や注意の記録は、次第に少なくなる。天皇の発言自体が少なくなったという確たる証拠はないが、一九四三年六〜八月頃に見られたような決戦を強要するがごとき厳しい言葉がこの時期も繰り返されていたならば、それなりに陸海統帥部関係者の日誌・メモ、『木戸幸一日記』等に残るはずである。

しかしながら、六月一五日、スプルーアンス提督ひきいる米空母機動部隊(空母一五隻基幹)に守られた米軍がサイパン島に上陸すると、天皇は久しく沈滞していた意欲を奮い起こし、統帥部を大いに叱咤激励した。両軍空母機動部隊は次第に間合いをつめ、戦機が熟した六月一七日、中澤佑作戦部長の『業務日誌』によれば、天皇は、嶋田繁太郎軍令部総長に、

此ノ度ノ作戦ハ国家ノ興隆ニ関スル重大ナルモノナレバ日本海々戦ノ如キ立派ナル戦果ヲ挙グル様作戦部隊ノ奮励ヲ望ム(61)

と語り、海軍の奮闘を促した。「日本海々戦ノ如キ立派ナル戦果」は、前年のアッツ島「玉砕」以来、待ち望んでいたことである。天皇が繰り返し「決戦」を促してから、ちょうど一年、主導権は完全に米軍に奪われたものの、ともかくここに乾坤一擲の「決戦」がせまったのである。ただし、すでに米軍はサイパンに上陸しており、水際防御に失敗した陸戦の状況は早くも苦しいものになっていた。六月一八日、天皇は東條英機参謀総長に、

第一線ノ将兵モ善戦シテイルノダガ兵力ガ敵ニ比シテ足ラヌノデハナイカ？　万一「サイパン」ヲ失フ様ナコトニナレバ東京空襲モ屢々アルコトニナルカラ是非トモ確保シナケレバナラヌ(62)

と、サイパンの確保を強く要求した。サイパンの喪失は東京空襲につながる、という認識は、天皇が米軍のB-29戦略爆撃機の脅威についてよく理解していたことを示している。天皇はサイパン島の戦略的重要性を熟知していた。それだけに、天皇は機動部隊による決戦に期待したのである。

しかしながら、「皇国の興廃」をかけた一九四四年六月一九日・二〇日にわたるマリ

アナ沖海戦は日本海軍の大敗北に終わった。海軍はその中核的戦力である第一機動艦隊の大型空母三隻〈大鳳〉〈翔鶴〉〈飛鷹〉と航空機三九五機を喪失した。そのほかに空母四隻も損傷し、聯合艦隊の機動打撃力は事実上壊滅した。しかも、日本軍は、米機動部隊には全く打撃を与えられなかった。海戦の敗北は、サイパン島をはじめとするマリアナ諸島の確保を絶望的なものにした。

だが、天皇はサイパンの確保を主張した。ちょうど海戦が行われている頃(一九日あるいは二〇日と推定)、天皇は「サイパン奪回」を嶋田軍令部総長に命じた。サイパンでは地上戦が続いている最中であるから、この場合の「奪回」とは、サイパンに増援部隊を送り、米上陸軍を撃滅する、ということである。嶋田総長は、すぐに「サイパン奪回を計画するよう」に軍令部作戦部長・中澤佑少将に指示した。軍令部作戦課では、直ちにサイパン逆上陸・奪回の具体案の検討を始め、二一日には一応の計画を作り上げたという。[63] しかし、マリアナ沖海戦での損害は致命的で、奪回計画ができあがった時には、すでにサイパン逆上陸は不可能な状態となっていた。なお、六月一九日から二一日にかけての「実録」の記述を見ても、嶋田については、「御文庫において軍令部総長嶋田繁太郎に謁を賜い、上奏を受けられる」(一九日)、「午後四時三十分より五時五分まで、御学問所において軍令部総長嶋田繁太郎に謁を賜い、戦況につき奏上を受けられる」(二〇日)、「御学問所において軍令部総長嶋田繁太郎に謁を賜い、戦況につき奏上を受けられる」(二一日)[64]とあるのみで、天皇による「サイパン奪回」命令には全く触れられていない。

『戦史叢書』の記述によれば、六月二四日、東條・嶋田両総長は、サイパン奪回作戦を断念したいと上奏した。[65]だが、天皇はそれをすぐには認めず、本当に奪回は不可能か否か元帥府に諮詢したい、とした。翌二五日、伏見宮博恭王・梨本宮守正王・永野修身・杉山元の四元帥と東條・嶋田両総長が列席(もう一人の元帥・閑院宮載仁親王は病気のため欠席)して元帥会議が開かれた。もっとも、この会議でサイパン奪回の妙案が出るはずもなく、各元帥たちは一様に統帥部案(サイパン奪回断念)を支持した。しかし、天皇はあくまでもそれに不満だったようで、みずから「更ニ申シ述ベルコトナキヤ」と各元帥の発言を促したが、杉山が統帥部案支持を再度表明しただけに終わった。これで天皇もサイパン奪回を諦めたようで、後刻、両総長に、

昨日ノ上奏ノコトハ差支ナシ
実行ニ方《あた》リテ迅速ニヤル様ニ
陸海軍ノ航空兵力ノ協同ヲ一層緊密ニ行フ様ニ[66]

と、正式にその奪回断念を認めている。サイパン島をめぐる「決戦」に期待をしただ

けに、天皇のショックも大きかった。意気消沈した天皇は、夜ごと吹上御苑で蛍をながめて気分転換をはかっていたという(67)。

マリアナ沖海戦敗北につぐ七月七日のサイパン陥落、八月二日のテニアン喪失により、天皇も恐れたように米軍はB‐29による日本本土爆撃のための航空基地を確保した。この段階でアジア太平洋戦争における日本の敗北は動かしがたいものとなったのである。戦況はもはや手の施しようがないほど悪化し、サイパン陥落以降の絶望的抗戦期においては心労からか天皇の気力もかなり衰弱した。

しかし、一〇月一二〜一五日の台湾沖航空戦の「大勝利」(実際は誤報・後述)によりやや気を取り直し、一〇月一八日の「捷一号《しょういちごう》作戦」(レイテ決戦)発動に際しては、

皇国ノ興廃此ノ一戦ニ懸ル重大事テアルカラ陸海軍真ニ協力シ一体トナリ万遺算《よろずいさん》ナキヲ期シ奮励スル様(68)

とやや紋切り型ではあるものの、久し振りに力をこめて梅津美治郎・及川古志郎両総長を激励している。

ここでは、一時的にではあれ、天皇に期待をもたせた台湾沖航空戦とそれ続くフィリピン沖海戦を対象にして、戦況奏上の実態について検討しておきたい。戦況奏上の大部

分は、陸海統帥部がほぼ毎日行う天皇への戦況報告である。特に重要な動きがある場合には、陸海軍別個に総長が天皇に拝謁し、冊子となった「戦況ニ関シ奏上」を読み上げる。東條英機陸相と嶋田繁太郎海相が参謀総長と軍令部総長をそれぞれ兼任した時期には、次長が拝謁奏上を代行する場合もあった。総長(次長)による拝謁奏上は毎日行われるわけではなく、通常は、統帥部が「戦況ニ関シ御説明資料」を提出し、侍従武官が説明に当たる。総長による戦況に関する拝謁奏上を単に「戦況奏上」、侍従武官による「戦況ニ関シ御説明資料」による奏上を「戦況上聞」と言うこともある。(69)「実録」には、総長による戦況奏上はしばしば出てくるが(ただし奏上内容はほとんど記されていない)、侍従武官による「戦況上聞」については、実際にはかなりの回数が行われているにもかかわらず、ほとんど触れられていない。

現在、毎日の戦況奏上に関する原資料は、大本営海軍部(軍令部)が作成した『奏上書綴』のうち一九四四年一〇月〜一九四五年一月、一九四五年六月〜八月の分が、月別に製本されて防衛省防衛研究所に所蔵されている。戦争の全期間にわたり、海軍部とともに大本営陸軍部(参謀本部)も同様の戦況奏上書を作成していたはずであるが残っていない。

現存している大本営海軍部『奏上書綴』のうち台湾沖航空戦・フィリピン沖海戦(レイテ沖海戦とエンガノ沖海戦の総称)があった一九四四年一〇月〜一二月の時期について見

てみると、『奏上書綴』は、一〇月三七件・四八六頁、一一月三四件・四四八頁、一二月四〇件・四九八頁におよんでいる。『奏上書綴』には、戦況奏上である「戦況ニ関シ奏上」「戦況ニ関シ御説明資料」と、作戦奏上である「用兵事項ニ関シ奏上」「用兵事項ニ関シ上聞書」「今後ノ作戦指導ニ関スル件」があわせてファイルされている。分量からいえば、「戦況ニ関シ奏上」「戦況ニ関シ御説明資料」からなる戦況奏上に分類されるものが圧倒的に多い。戦況が刻一刻動く場合には、台湾沖航空戦たけなわ一〇月一四日のように、一日のうちに総長による「戦況ニ関シ奏上」とは別に二回も「戦況ニ関シ御説明資料」が提出されたこともあった。

海軍の毎日の戦況奏上では、各方面で進行中の作戦の進捗状況、戦果と損害、輸送船の損害状況、各戦略要点に対する連合軍の空襲状況などが報告される。具体的には後述するが、戦果報告は一般に過大評価されたものが多く、損害については、ほぼ正確な報告がなされている。特に輸送船の損害状況は、商船名・トン数・積載物と沈没日時・場所・原因（潜水艦の雷撃など）が一隻ずつ記され、また空襲状況は、戦略要点ごとに来襲敵機の機種・機数、被害状況、邀撃状況・戦果が一覧表にして示されており詳細をきわめている。報告を見る限り、少なくとも天皇は日本軍の損害については熟知していたはずである。軍令部作戦課長をつとめた山本親雄も次のように回想している。

また毎日、第一線部隊からくる戦況報告の電報は、ことごとく陛下のお手許に差し出すばかりでなく、前日の戦況を要約して書類として陛下の御覧にいれるほか〔「戦況ニ関シ御説明資料」のこと〕、隔日に軍令部総長が参内して奏上するのが例であった〔「戦況ニ関シ奏上」のこと〕。だから陛下は命令や指示はもちろんのこと、日々の戦況は手にとるように御承知であり、戦況活発なときは、たびたび侍従武官を通じて尋ねがあったから、不利な戦況が打ち続くような場合、どれほど陛下が御心痛されているか十分に推察することができたので、作戦担当者として私たちは、まことに恐懼にたえぬしだいであった。(70)

「隔日に軍令部総長が参内して奏上」するというのは必ずしも正確ではないが、戦況奏上の中身を見る限り、山本親雄の言うことは間違いではない。内大臣として天皇を補佐した木戸幸一も、

大本営の発表は兎も角、統帥部としては戦況は仮令《たとい》最悪なものでも包まず又遅滞なく天皇には御報告申上て居ったので、ミッドウェイ海戦に於て我方が航空母艦四隻を失ったことも統帥部は直ちに之を奏上したので、陛下は鮫島〔具重・海軍中将〕武官に「直ぐに内大臣にも知らせる様に」との御言葉があったとて、同武官は私の室

に来られて之を知らせて呉れたのであった。又ガダルカナル島の場合も米軍の反攻上陸の成功、之に対する我軍の三回に亙る総攻撃の失敗、最後に転進の成功と云ふ戦況も其都度陛下には奏上せられて居り、陛下は総て戦況は御承知であった。(71)

と回想している。天皇は自軍の損害についてはほぼ正確な情報を提供されていた。しかし、戦果の報告は、大本営の判定そのものが過大であることが多く、常に実際よりもはるかに大きな戦果を挙げたようになっているので、戦況奏上の文面からは日本軍の損害も多いが、敗北したようには感じられない。ただし、日本軍索敵機等が獲得できた最重要情報（米軍兵力と位置など）はほとんど速報の形で戦況奏上に盛り込まれているので、戦果を挙げたわりに米軍艦艇・航空機がいっこうに減っていないことは結果的に分かる仕組みにはなっている。まず、台湾沖航空戦を例にして、戦況奏上における「索敵状況」と「戦果」の中身について見てみることにしよう。

台湾沖航空戦の発端となったのは、一九四四年一〇月一〇日の米第三艦隊第三八タスクフォースによる南西諸島への大規模な空襲である。一〇日以降の大本営海軍部による戦況奏上を見てみると、日々刻々索敵機から入電する米機動部隊の位置・兵力を克明に天皇に伝えていることが分かる。(72)

一〇月一一日、大本営海軍部第三部（情報部）は部長名（大野竹二少将）で各艦隊司令長官

あてに敵機動部隊に関する電報を送っている。そこでは、米機動部隊が、「正規二、巡洋艦改二ヲ中心トスル四群ヲ以テ編成」されている空母一六隻よりなる大部隊であること、同じ機動部隊(特別任務部隊＝タスクフォース)が、第三艦隊に所属する場合には「第三八特別任務部隊」、第五艦隊に所属する場合には「第五八特別任務部隊」と呼称することなどをつかんでいる。(73)「正規」とはエセックス級大型航空母艦、「巡洋艦改」とはインディペンデンス級軽空母のことである。これらは、米軍パイロットの捕虜の尋問などから得られた情報をもとに分析されたもので、ほぼ実際の米機動部隊(第三八タスクフォース)の勢力を伝えている。モリソン『第二次世界大戦・アメリカ海軍作戦史』第一二巻によれば、実際の一九四四年一〇月一四日時点における第三八タスクフォースは、たしかに四群からなり、航空母艦一七隻(エセックス級正規大型空母九隻・インディペンデンス級軽空母八隻)、戦艦六隻、巡洋艦一四隻、駆逐艦五八隻という陣容であった。(74)実際の米機動部隊が、航空母艦一七隻・戦艦六隻であるのに対し、日本側は航空母艦一六隻・戦艦八〜一〇隻とつかんでいる。航空偵察が十分にできない、劣勢の日本側としては、むしろよく実態をつかんでいるといえよう。

それでは、一〇月一二日の戦況奏上から天皇に報告された情報を見てみよう。

戦況ニ関シ　奏上

謹ミテ戦況ニ関シ　奏上致シマス

一、一昨日南西諸島方面ニ来襲致シマシタ敵機動部隊ハ同日夕刻ヨリ南下避退致シマシタ模様デ御座イマシテ昨日其ノ一群ト推定致シマスモノガ午後二時過ギ「ルソン」島北西端「エンガノ」「アパリ」方面ニ数十機来襲致シマシタガ被害ハ殆ド無カッタ様デ御座イマシテ右以外敵機動部隊ノ来襲ハ御座イマセヌ　其ノ後判明致シマシタモノヲ綜合致シマスルニ同方面ニ於キマスル船舶被害ハ別表ノ通デ御座イマス

昨日並ニ本日ノ索敵状況ハ別図(欠)ノ通デ御座イマシテ新竹ヨリ出発致シマシタ索敵機ハ昨十一日午前十一時五分及午後一時五十分ノ二回ニ亘リマシテ台湾鵞鑾鼻《ガランビ》ノ一一五度四八〇浬附近ニ空母三隻ヲ基幹トスル一群及其ノ北西方約六〇浬ニ兵力不詳ナル他ノ一群ノ機動部隊ヲ発見致シテ居リマス

次イデ昨日午後七時東港ヲ発進致シマシテ夜間索敵ニ向ヒマシタ飛行艇三機ハ夫々《それぞれ》南東方九〇浬乃至三〇〇浬ノ間ニ数回ニ亘リマシテ敵機動部隊ヲ探知概ネ毎回トモ敵夜間戦闘機ノ妨害ヲ受ケ之ト交戦致シテ居リマス　其ノ中ノ一機ハ本朝午前二時四〇分鵞鑾鼻ノ一三五度約一八〇浬ニ空母数隻ヲ含ム機動部隊ヲ発見致シテ居リマス

右ノ状況ヨリ判断致シマシテ同方面ニ行動中ノ敵機動部隊ハ四群程度デ敵機動部

隊ノ主力ト判断致シマス〔中略〕

〔別表〕

沈没　艦艇　迅鯨、五十八号駆潜艇、海威、一五八号輸送艦、魚雷艇十三隻、甲標的二隻　立神、新浦丸（掃海特務艇　二九四屯）

商船　宝莱丸（C三二〇〇屯）、福浦丸（A三二〇〇屯）、大海丸（C二五〇〇屯）、広田丸（A二五〇〇屯）（於宮古島）

機帆船・漁船雄基丸以下多数

大破　江竜丸（C二二〇〇屯）、第一拓南丸（B三四三噸）（於南大東島）(75)

ここでは、一〇月一〇日に沖縄本島をはじめとする南西諸島全域を空襲した米機動部隊が、一二日現在、まだ台湾近海を航行中であり、「敵機動部隊ハ四群程度デ敵機動部隊ノ主力ト判断致シマス」とされている。大本営は、来襲した米機動部隊の全容をほぼ正確にとらえ、それを天皇に報告している。商船名の次に付されているAは陸軍徴用船、Bは海軍徴用船、Cは民需用船舶を示している。すなわち、この奏上から、一〇月一〇日の空襲で、艦艇二一隻・商船四隻・機帆船と漁船多数が沈没したことだけでなく、艦艇・船舶の名前・トン数・徴用の別にいたるまでが天皇に報告されていたことが分かる。

四群・空母一七隻（エセックス級正規大型空母九隻・インディペンデンス級軽空母八隻）から

なる米機動部隊に対する日本軍の航空攻撃は一〇月一二日夜から始まり、一三日の奏上では「略《ほぼ》確実ナル戦果」として「撃沈二隻中破二隻」「敵撃沈中破各一隻ハ空母ノ算大」と報告された[76]。攻撃は一五日まで断続的に続き、一六日の奏上ではこれまでの総合戦果として次のような膨大な戦果が報告された。

轟撃沈
　空母一〇隻(空母六　内一略確実、空母の算大四)・戦艦二隻・巡洋艦三隻・駆逐艦
　または軽巡洋艦一隻・艦種不詳一隻
火災炎上(撃破)
　空母六隻・戦艦一隻・巡洋艦五隻・艦種不詳一一隻[77]

つまり、撃沈一七隻・撃破二三隻、とりわけ来襲した米空母一六隻(日本側判断)のうち一〇隻を撃沈、六隻を撃破したということだから、米機動部隊は全滅したも同然の空前の大勝利である。戦果の奏上があった同じ一六日には、午後三時と午後四時三〇分に大本営発表が行われ、ここでもあわせて、轟撃沈一七隻(うち空母一一隻・戦艦二隻)、撃破二三隻(うち空母六隻・戦艦三〜四隻)と発表された[78]。台湾沖航空戦に限らず、戦果については、天皇への戦況奏上と大本営発表との相違はほとんどない。この場合でも撃沈・

撃破の総数は同じである。ただし、両者を詳細に検討すると戦況奏上では空母は合計一六隻撃沈または撃破したことになっているが、大本営発表では合計一七隻になっている。大本営は米機動部隊の空母は一六隻と判断していたのであるから、国民向けの大本営発表では一隻多いのである。その点、天皇への戦況奏上ではきちんと帳じりをあわせている。

天皇は、一〇月一六日、さっそく木戸内大臣に対して「台湾沖に於ける大戦果につき勅語を賜るの思召」を明らかにしたが(79)、間髪を入れずフィリピン方面で捷一号作戦(レイテ決戦)が発動されたため、勅語はやや遅れて二一日に、寺内寿一南方軍総司令官、豊田副武聯合艦隊司令長官、安藤利吉第一〇方面軍(旧台湾軍)司令官に対して下された。

勅　語

朕カ陸海軍部隊ハ緊密ナル協同ノ下敵艦隊ヲ邀撃シ奮戦大イニ之ヲ撃破セリ
朕深ク之ヲ嘉尚ス
惟フニ戦局ハ日ニ急迫ヲ加フ
汝等愈《いよいよ》協心戮力以テ朕カ信倚ニ副ハムコトヲ期セヨ(80)

勅語をうけた豊田聯合艦隊司令長官は、作戦中の全部隊につぎのような訓示を発して士気を鼓舞した。

捷号作戦劈頭《へきとう》ニ於テ御稜威《みいつ》ノ下緒戦有利ニ展開シ　畏《かしこ》クモ優渥《ゆうあく》ナル勅語ヲ賜リタルハ本職ノ恐懼感激ニ堪ヘザル所ナリ　今ヤ捷号決戦ノ神機目睫《もくしょう》ニ迫リ本職ハ陸軍ト緊密ニ協同指揮下全兵力ヲ挙ゲテ之ニ臨マントス　全将兵ハ茲ニ死所ヲ逸セザルノ覚悟ヲ新ニシ必死奮戦以テ驕敵《きょうてき》ヲ殲滅シ皇恩ニ報ズベシ
本職ハ皇国興廃ノ関頭ニ立チ神霊ノ加護ヲ信ジ　将兵一同ノ必死体当リノ勇戦ニ依リ誓ツテ敵ヲ殲滅シテ　聖旨ニ副ヒ奉ランコトヲ期ス(81)

「緒戦有利ニ展開シ」とあるように、台湾沖航空戦の「大勝利」は今一押しで米軍の進攻を食い止められるにちがいない、というとてつもない希望的観測を作り出していた。しかしながら、米軍側資料によれば一〇月一二日〜一五日における米機動部隊の損害は、沈没なし、損傷六隻（空母二隻・重巡洋艦一隻・軽巡洋艦二隻・駆逐艦一隻）にすぎない(82)。なぜ、大本営による戦果発表と実際の戦果の間に、これほどの大きな開きが生じるのか。結論的に言えば、台湾沖航空戦の幻の大戦果は、戦闘に参加した現地航空部隊からの報告自体が錯誤に基づく膨大かつ曖昧なものであり（戦闘に参加した搭乗員の練度低下と気象条件などで戦果がほとんど確認できない(83)）、それが大本営においても厳密な戦果判定審査を経ないままに戦果として認定され、天皇に奏上されたのである。

天皇への奏上でも、随所にきわめて具体的な誤報がでてくる。大戦果が報告された一〇月一六日の奏上でも、

敵機動部隊ハ十四日午前九時頃ヨリ避退中デ御座居マスガ昨日ノ索敵ニ於キマシテハ午前九時三十分殆ド停止致シマシテ油ヲ流シテ居リマスル空母一隻戦艦二隻及之ノ警戒ニ当ッテ居リマスル駆逐艦十一隻ヨリ成リマスル部隊ヲ高雄ノ九八度二六〇浬ニ発見致シテ居リマス　尚此ノ他各所ニ敵損傷艦ガアルモノト判断サレマスノデ聯合艦隊ニ於キマシテハ此ノ際戦果ノ拡充徹底ヲ期スル為各部隊ニ反覆攻撃ヲ加ヘル様下令致シテ居リマス(84)

などと米機動部隊の「敗残」した姿と聯合艦隊による残敵掃討命令が語られている。大本営は虚報を意図的に捏造したというよりも、誤報と希望的観測によって自己欺瞞に陥ったのである。

だが、すでに奏上された情報と明らかに相矛盾する情報であっても、軍がつかんだ最新情報は天皇に報告された。その意味で、軍にとって都合の悪い情報を、意図的に隠すということはされていない。すでに大戦果が報告された一〇月一六日の同じ奏上文にお

いても、早くも戦果とは大きく矛盾する米空母発見の報告がなされている。

尚索敵機ハ此ノ部隊ノ他ニ午前十一時過ギ「マニラ」ノ五五度六〇〇浬ニ航空母艦四隻其ノ他数隻ヨリ成リマスル部隊ヲ認メテ居リマスガ其ノ後ノ状況ハ得テ居リマセヌ（中略）

今未明夜間索敵ヲ行ナッテ居リマシタ九〇一空ノ飛行艇ハ台湾東方三ケ所ニ亘リマシテ敵機動部隊ラシキモノヲ探知致シテ居リマスガ右ハ総テ敵損傷艦ノ算ガ大デ御座イマス　午前九時頃高雄ノ一一〇度二六〇浬ニ於キマシテ大型空母二隻戦艦二隻其ノ他二隻合計六隻ヨリ成リマスル一群ト其ノ東方近巨（距）離ニ戦艦二隻巡洋艦四隻駆逐艦数隻ヨリ成リマスル一群トヲ発見致シ更ニ午前十時半頃同ジク高雄ノ九五度四三〇浬ニ於キマシテ空母七隻戦艦七隻巡洋艦十数隻ヨリ成リマスル有力ナル一部隊ヲ発見致シテ居リマス(85)

ここだけでも、空母一三隻とそれ以外に損傷艦の存在が報じられている。同じ奏上文の中で、一方で空母一〇隻撃沈・六隻撃破を言い、他方で一三隻の存在を報じているのである。当時（一九四四年九月末）、米海軍は、正規空母一五隻・軽空母（巡洋艦改造）九隻の合計二六隻を保有しており、うち正規空母一隻をのぞく二五隻を対日作戦にあてていた。またこれらの艦隊空母とは別に商船を改造した護衛空母を七四隻保有していた（うち約四五隻を対日戦に投入と軍令部は判断していた）のであるから、(86) どれだけ空母が出現してもおかしくはないが、それにしても空母群を攻撃した海域と新たに出現した海域は近すぎる。

その後も、全滅させたはずの米空母を続々と発見したという索敵機からの報告が奏上されていることからも分かるように、戦況奏上を詳細に検討してみれば、以前の戦果報告との矛盾は明らかである。しかし、現存する戦況報告文書においては、戦果を大幅に正誤訂正した例はない。台湾沖航空戦でもそうであるが、「実録」においては、戦況奏上があったという記事の後に、大本営発表の記事が連続して記述されている個所が多いが、戦況奏上の具体的な内容、天皇の発言、大本営発表との格差等については触れられていない。

次に、損害の報告について見てみよう。戦果の判定は、とりわけ夜戦や薄暮・黎明戦ともなれば非常に難しい。だが、自軍の損害の判定の方は、艦艇や航空機が未帰還になるのであるから確実に把握できる。損害について天皇は正確な報告を受けていたのだろうか。

大本営海軍部の一九四四年一〇月から一一月にかけての戦況奏上を分析してみると、艦艇の損害についてはほぼ正確な報告がなされているといえる。たとえば、台湾沖航空戦後のフィリピン沖海戦で日本海軍は水上艦艇二八隻を失ったが(うち空母四、戦艦三)、天皇へは一〇月二三日から二八日までに艦名あるいは部隊名をあげて二〇隻の沈没、六隻の落伍・航行不能が報告されている。

奏上月日	落伍・航行不能・喪失艦艇名　(　)内はのち動静判明
一〇月二三日	青葉・(高雄)航行不能、愛宕沈没、摩耶轟沈
一〇月二五日	武蔵・第二戦隊(山城・扶桑・満潮・朝雲・山雲・(時雨))・若葉沈没
一〇月二六日	筑摩・鳥海・野分・藤波・(多摩)落伍、鈴谷・最上・秋月沈没
一〇月二七日	沖波落伍、能代・阿武隈・浦波・鬼怒沈没
一〇月二八日	瑞鶴・瑞鳳・千代田・千歳沈没[87]

実際に沈没したにもかかわらず、天皇への報告で言及されなかったのは駆逐艦二隻だけである。聯合艦隊司令部でも落伍したり通信不能になった艦艇の把握が十分出来なかったのが実情であるから、天皇への奏上は艦艇の損害の速報という点ではほぼ正確だったといえる。

しかし、航空機の損害については、前述した台湾沖航空戦では一〇月一六日の奏上において「七四機未帰還[88]」と報告されているものの、実際には一七四機が失われたにもかかわらず、一七日以降、レイテ方面の報告に紛れてしまい、あらためて集計報告がなされた形跡はない。概して、戦況奏上において航空機の損害状況は分かりにくい。台湾沖航空戦については、むしろ大本営公式発表の方が実情に近く、一九日に「三一二機未帰還」[89]と公表されている(米機動部隊の空襲により地上で破壊されたものも含んでいるように思われる)。もっとも、大本営発表は艦艇の損害については虚偽が多く、フィリピン沖海戦でも水上艦艇は六隻沈没(実際は二八隻)とされている。[90]

つまり、天皇は戦況奏上を聞いている限り、自軍の損害については、とりわけ水上艦艇の損害についてはかなり正確に把握できたはずである。しかし、あまりにも誇大な戦果報告がなされるので、損害の多さからくる衝撃も中和され、奏上を受けた時には敗北したとは感じなかったかもしれない。フィリピン沖海戦でも、聯合艦隊が空母四・戦艦三を含む二〇隻以上の水上艦艇と一〇〇機以上の航空機を失ったことは奏上からも分かる(実際には二八隻沈没、二一五機喪失)。だが、同時に米海軍に対し空母八隻を含む水上艦艇二〇隻撃沈、航空機五〇〇機余撃墜の戦果をあげたと報告されているので(実際には六隻撃沈、一二五機撃墜)、天皇には完敗の戦闘であったとは感じられなかっただろう。

天皇も、フィリピン沖海戦において一〇月二五日より始まったとされる神風特攻隊による体当たり攻撃には、大きな衝撃を受けたようである。特攻隊による初戦果は、一〇月二六日の奏上の際に報告されたが、天皇は「そのようにまでせねばならなかったか、しかしよくやった」と及川古志郎軍令部総長に語ったとされている。(91)「実録」には、このようにある。

一九四四(昭和一九)年一〇月二六日　木曜日
午後四時、御学問所において軍令部総長及川古志郎に謁を賜い、比島における戦況等につき奏上を受けられる。その際、神風特別攻撃隊敷島隊等による突撃戦果につ いても奏上あり。(92)引き続き、参謀総長梅津美治郎に謁を賜い、戦況につき奏上を受けられる。

特に天皇の反応については記されていない。しかし、天皇が、この特異な作戦にショックを受け、何らかの説明を求めたのは確かである。海軍部では天皇の納得を得るため、「神風特攻隊御説明資料」を作成し、二八日に提出している。そこには、

神風特攻隊御説明資料(昭和一九—一〇—二八)
神風特攻隊ハ現戦局打開ノ為在比島海軍航空部隊ヲ以テ編成致シマシタ特別攻撃隊デ御座イマス　本攻撃隊ハ計画的ニ敵航空母艦ニ体当リヲ敢行シ其ノ機能ヲ封殺スルノヲ目的ト致シテ居リマシテ其ノ編制ハ二五〇瓩爆弾装備ノ戦闘機二—三機ヲ以

テ攻撃隊トシ之ニ略《ほぼ》同数ノ戦闘機ヲ直掩隊《ちょくえんたい》トシテ附シ掩護竝ニ戦果確認ヲ実施セシメテ居リマス

攻撃ノ成果中今日迄判明致シマシタモノハ二五日一二〇〇頃「スルアン」島ノ三〇度三〇浬ニ於キマシテ航空母艦四隻ヲ基幹トスル敵機動部隊ヲ攻撃隊四機ヲ以テ攻撃、航空母艦一隻ニ対シマシテ二機命中致シマシテ轟沈セシメ他ノ母艦一隻ニ対シマシテ一機命中之ニ火災ヲ生ゼシメ停止セシメマスト共ニ巡洋艦一隻ニ対シ一機命中之ヲ轟沈セシメテ居リマス

同日午前他ノ一隊ハ「スリガオ」東方四〇浬ノ敵機動部隊ヲ攻撃致シマシテ正規空母一隻ヲ撃破致シテ居リマス

二十六日ニハ二隊攻撃ヲ実施シ一隊(攻撃機三機)ハ午後「スリガオ」東方八〇浬ニ於テ敵航空母艦四隻ヲ攻撃、航空母艦一隻ニ二機命中全艦猛火ニ包マレ確実ニ之ヲ撃沈致シマシテ他ノ一隻ハ艦橋至近ニ突入之ニ相当ノ損害ヲ与ヘテ居リマス

右ノ一隊ハ全機未帰還ニテ情況不明デ御座イマス　右ヲ含ミマシテ二十七日迄ニ攻撃ヲ実施致シマシタモノ六隊、二十七日攻撃ヲ実施中ノモノ五隊アリマスガ戦果ハ右ノ外判明致シテ居リマセン

本特攻隊ガ帝国海軍従来ノ特別攻撃隊マタハ決死隊ト異ナリマス点ハ計画的ニ敵艦ニ突入致シマス関係上生還ノ算絶無ナル点デ御座イマス

本計画ハ最初第一航空艦隊ノ戦闘機ノミニテ編成致シテ居リマシタガ現在デハ各隊各機種ニ及ボシツツアル模様デ御座イマス(93)

とあった。「計画的ニ敵艦ニ突入致シマス関係上生還ノ算絶無」の作戦、これはもはや作戦ではなく、戦力の自滅でしかなかった。「実録」には、こう記されている。

一〇月二八日　土曜日

午後、御学問所において軍令部総長及川古志郎に謁を賜い、比島を中心とする戦況、聯合艦隊司令長官の当面の作戦指導方針、神風特攻隊の編成並びにその戦果等につき奏上を受けられる。(94)

戦争はついに日本軍の作戦遂行能力の限界点を越え、統帥部の最低限の理性すら崩壊させたのである。二六日における天皇による「よくやった」という発言は、「実録」には記されていないが、前線部隊に伝えられ、さらなる特攻作戦を強行させる重要な要因の一つとなった。なお、特攻作戦については、「実録」では、一〇月二三日、天皇が海軍の特攻艇・震洋に関する映画(映像資料)を観ていること、(95)一一月二〇日には海軍の回天部隊の編成の必要性についても奏上をうけていることが記録されている。(96)

4 「終戦」の「聖断」

台湾沖航空戦の「大勝利」に喜び、一九四四(昭和一九)年一〇月二一日には「朕深ク之ヲ嘉尚ス」との勅語まで出した天皇ではあったが、フィリピン沖海戦での聯合艦隊の大損害、期待したレイテ島地上決戦の敗北の状況が明らかになると、焦慮の念をあらわにするようになる。

『木戸幸一日記』によれば、一九四五(昭和二〇)年一月四日、天皇は小磯国昭首相に対して次のように下問している。

レイテの戦況も必しも楽観を許さず、ルソンに於て決戦するが如き方向に移行しつつある処、政府は従来レイテ決戦を呼号して国民を指導し居りし関係上、此の実相が国民に知らるゝ時は、国民は失望し、戦意の低下を来し、之が亦生産増強にも影響せざるやを恐る。右に対する政策を如何にするや。(97)

小磯首相は、統帥部のレイテ決戦方針を鵜呑みにし、一九四四年一一月八日には「レイテは天王山」との談話を発表するなど国民の士気高揚を図っていたが、すでに首相談話の二日前、一一月六日にはフィリピンの第一四方面軍参謀副長・西村敏雄少将は、南方軍参謀部に「レイテ決戦の断念」を申し入れていた。[98] だが、大本営も南方軍も台湾沖航空戦の戦果を固く信じており、しかも必ずしも現地の苦戦の模様が正確に伝わっていなかった。南方軍総司令官・寺内寿一元帥は一一月一一日、山下奉文第一四方面軍司令官に「レイテ決戦続行」を命令した。[99] ところが、米軍に制空権・制海権を完全に握られ、第一四方面軍はレイテへの兵力の移動、軍需物資の集積も自由にできず消耗を重ねた。第一四方面軍がすっかり余力を失った段階で、ようやく大本営もなす術がないことを悟り、一二月一九日に至り、レイテ決戦断念、ルソン持久戦へとひそかに方針を転換した。[100]

天皇に対しても、一二月二七日、「今後ノ作戦指導ニ関スル件」として梅津美治郎参謀総長と及川古志郎軍令部総長が列立してレイテ決戦の断念と米軍に出血を強いるためのルソン島持久戦への方針転換を上奏した。[101]

しかし、小磯首相は大本営によるレイテ決戦断念という方針転換すら知らなかった。したがって、年末に至ってもレイテ決戦を呼号してきた政府にとってみると、レイテ決戦断念を統帥部が一方的に決めてしまい、国民指導の方針を見失ってしまった。天皇はまさにその点を憂慮し、国民の士気を崩壊させないようにと注意したのである。

だが、前掲の一月四日における天皇の下問に対する小磯首相の回答は、「実は今朝其実情を聴き自分も驚き、折角《せっかく》国民指導方針につき研究し居る処[102]……」という実に頼りないものであった。

一九四五年一月六日、米軍はついにルソン島リンガエン湾に上陸を開始した。この日の午後、天皇は木戸内大臣を呼び、

米軍はルソン島上陸を企図し、リンガエン湾に侵入し来りしとの報告あり、比島の戦況は愈々重大となるが、其の結果如何によりては重臣等の意向を聴く要もあらんと思ふが如何。(103)

と下問した。「重臣等の意向を聴く」必要があるだろう、という天皇に対して木戸は、「先づ第一に我国の戦争指導の中心たる陸海両総長の真の決意を御承知遊ばすことが必要と考へます」(104)と答えている。天皇も木戸内大臣も、すでに指導性を喪失した小磯国昭内閣のことを見放している。木戸は、「陸海両総長の真の決意」を確かめるべきだと答えているものの、天皇は、その軍部の「決意」と実際の戦況の落差に疑問を深めつつあった。一月一九日、統帥部両総長は列立して、本土決戦計画の最初の全体計画である「帝国陸海軍作戦計画大綱」を上奏した。その際、天皇は、

計画ハヨク立テルガ、従来実行ガ伴ハヌガソノ点、今回ハ如何。(105)

と下問している。天皇は、一九四四年八月一九日にも「立派な方策ができたが、途中で齟齬を来さぬよう、この実施徹底に遺算なきを期せよ」(106)と発言している。それに比べても、天皇の皮肉は強くなっている。天皇は、基本的に統帥部の戦争の進め方を支持していたけれども、次第に軍部に対する信頼感が揺らいできたものと思われる。また、この時期の天皇は、戦況の悪化により精神的にはまた沈滞状態となっていた。天皇は、戦況奏上は従来通り受けていたものの、そのほかは皇族をはじめ人をあまり近づけず、いっこうに弱まる気配のない連合軍の攻勢に対して一人で憂慮・興奮していたようである。近衛文麿の秘書として情報収集にあたっていた細川護貞は、一九四五年二月一日に、高松宮の言葉として次のように記録している。

御上は防空壕中にて御生活にて、周囲には皇后陛下の外女官のみにて、一切皇族を御近附け被遊《あそばされ》ず、従つて伏見宮殿下の如きも全く熱海に御引籠りにて参内なし、自分〔高松宮〕も今年になつて一度拝謁しただけで、御話申したことはない……むしろ勅勘〔天皇の咎め〕を蒙る様ならはつきりするのだけれど、さう云ふこともあらせられず、唯御一人昂奮被遊てる様だ。(107)

また三月六日には、細川が「皇族方が御上に種々御申し上げ遊ばすことが必要」と進言したのに対し、高松宮は、

御上は政治については非常な自信をお持ちなのだから、側から申し上げたつて、さう簡単にはお動きにはならないさ(108)

と半ば諦めたようなことを言っている。細川や高松宮が気を揉んでいるのは、天皇がいっこうに戦争終結の手だてを打とうとしないからである。高松宮は、二月六日、木戸幸一内大臣に対して「オ上ニ時局収拾ノ胸算オアリノ様カ」と尋ねた。だが、木戸の答えは、「別ニナイラシ」い、というもので失望している(109)。

一九四五年二月七日から二六日にかけて、天皇は平沼騏一郎・広田弘毅・近衛文麿・若槻礼次郎・牧野伸顕・岡田啓介・東條英機らの重臣を一人ずつ呼んで、彼らの意見を聞いた。二月一四日、近衛文麿は重臣の一人として天皇に上奏した。いわゆる「近衛上奏文(110)」の提示である。その冒頭と結論で近衛は、次のように主張した。

最悪なる事態〔敗戦〕は遺憾ながら最早必至なりと存候。……勝利の見込なき戦争を之以上継続する事は、全く共産党の手に乗るものと存候。随《したが》つて国体護持の立場よ

りすれば、一日も速かに戦争終結の方途を講ずるべきものなりと確信仕候。

近衛の敗戦必至、講和促進という情勢判断は、今日から見れば、それでも遅きに失したといえる。だが、当時の国家指導層のなかでは近衛がもっともリアルに情勢をつかまえていた。彼の結論は、至極妥当なものであった。だが、結論にいたるプロセスは異様なものであった。近衛上奏文の中段はこうである。

翻つて国内を見るに、共産革命達成のあらゆる条件日々具備せられ行く観有之《これあり》候。即ち生活の窮乏、労働者発言権の増大、英米に対する敵愾心昂揚の反面たる親ソ気分、軍部内一味の革新運動、之に便乗する所謂新官僚の運動及び之を背後より操る左翼分子の暗躍等々に御座候。

右の内特に憂慮すべきは、軍部内一味の革新運動に有之候。少壮軍人の多数は、我国体と共産主義は両立するものなりと信じ居るものの如く、軍部内革新論の基調も亦ここにありと存候。皇族方の中にも此の主張に耳傾けらるる方ありと仄聞いたし候。

職業軍人の大部分は、中以下の家庭出身者にして、其の多くは共産的主張を受入れ易き境遇にあり、只彼等は軍隊教育に於て、国体観念丈は徹底的に叩き込まれ居るを以て、共産分子は国体と共産主義の両立論を以て彼等を引きずらんとしつつあるものに御座候。

軍部中枢をにぎる統制派は実はいわば「かくれ共産党」であり、彼らは敗戦を革命に転化させようとしているのだというレトリックはあまりにも異様であり現実離れしている。治安状況について当局より常々報告をうけていた天皇としては受け入れがたいものであった。(一三)この近衛の上奏について「実録」は、以下のように記している。

一九四五年二月一四日　水曜日

午前十時二十分より一時間にわたり、御文庫において元内閣総理大臣公爵近衛文麿に謁を賜う。近衛は自ら起草し、元駐英大使吉田茂と協議の上完成した上奏文に基づき奏上する。侍立の内大臣木戸幸一による要旨筆記は次のとおり。

〔近衛上奏要旨　略〕

天皇は、国体護持をめぐる軍部の観測に対する近衛の所見、並びに粛軍のための陸軍人事につき御下問になる。近衛が、現勢力への反対者か、あるいは陸軍大将阿南惟幾・同山下奉文のいずれかの起用を以てする粛軍の断行を奉答したことに対し、天皇は、今一度戦果を挙げなければ粛軍の実現は困難である旨の御感想を漏らさ

れる。(112)

「実録」では、天皇が「粛軍の実現は困難」との感想を漏らしたとされているが、木戸幸一によれば、天皇は「モウ一度戦果ヲ挙ゲテカラデナイト中々話ハ難シイト思フ」(113)と答えたとされており、近衛の上奏の趣旨は粛軍を契機とした戦争終結への転換であるので、天皇は粛軍だけでなく、戦争終結への転換の勧告を拒否したということである。だが、ここで天皇の言う「戦果」とは何か。近衛は上奏の直後、細川護貞に次のように語っている。

> 陛下は、……梅津及び海軍は、今度は台湾に敵を誘導し得ればたたき得ると言つて居るし、その上で外交手段に訴へてもいいと思ふと仰せありたりと。(114)

天皇は、参謀総長・梅津美治郎大将ら統帥部の言う「台湾決戦」(次期決戦)に期待していたのである。ただ、厳密に言えば、統帥部の構想に「台湾決戦」という選択肢はなかった。レイテ決戦断念のあと、大本営陸軍部は、台湾か沖縄への米軍上陸を想定していたが、一挙に「本土決戦」へと傾斜していた。また、大本営海軍部は、持てる限りの戦力を沖縄に投入する構えであった。しかし、台湾・沖縄・本土のいずれにせよ、米軍に一大打撃を与えたうえで外交交渉を、というのは統帥部の腹づもりでもある。天皇はまだ基本的に統帥部の「一撃講和」の方針を支持していたといえる。

米軍は台湾ではなく、次の攻略目標に沖縄を選んだ(三月二六日慶良間《けらま》諸島上陸、四月一日沖縄本島上陸)。天皇は、沖縄における反撃に大きな期待をかけていた。だが、天皇が抱いたと思われるイメージ(上陸した敵を水際で一挙に叩きつぶす)と著しく異なった作戦を現地の第三二軍(司令官・牛島満中将)が展開すると、焦慮のためか、天皇は久々に作戦に直接介入する。現地軍は地上兵力の不足を理由に決戦を避け、陣地に立てこもって徹底した持久戦を行う方針であった。

四月二日、梅津参謀総長の戦況奏上の際、天皇は、

　沖縄の敵軍上陸に対し防備の方法は無いのか、敵の上陸を許したのは、敵の輸送船団を沈め得ないからであるのか。(115)

と下問した。参謀総長は、

　現地軍も一生懸命に戦って居りますが、この間敵の一部の上陸は、当然考えられる所であり、軍司令官が、これに対し攻撃に出ることも予想せられます。陸海軍共に

張り切っておりまする故、今後大いに敵船を沈める段階になり、敵の困難は逐次増大してくることと思います(116)。

と答えている。天皇は「万事予想程には行かぬ」との悲観的な感想をもらしたとされている。天皇は、受動的な陸軍統帥部の姿勢に不満を感じたようである。翌四月三日、業を煮やした天皇は、

此戦〔沖縄戦〕ガ不利ニナレバ陸海軍ハ国民ノ信頼ヲ失ヒ今後ノ戦局憂フベキモノアリ　現地軍ハ何故攻勢ニ出ヌカ　兵力足ラザレバ逆上陸モヤッテハドウカ(117)

と言った。大本営陸軍部にも現地軍は攻勢に出るべきだという意見が、米軍が上陸した四月一日からあった。しかし、作戦部長・宮崎周一少将は、作戦干渉になると意見の発電を抑えていた。具体的な作戦は現地軍の判断にまかせるというのが作戦指導の原則だったからである。だが、天皇が「何故攻勢ニ出ヌカ」と言った以上、無視するわけにはいかなかった。天皇の攻勢要求については、「実録」でも四月二日の条に次のように記されている。

四月二日　月曜日

御文庫において参謀総長梅津美治郎に謁を賜い、戦況の奏上、及び一部海軍飛行部隊の指揮転移等に関する上奏を受けられる。なおこの頃、天皇は参謀総長に対し、沖縄作戦が不利になれば、陸海軍は国民の信頼を失い、今後の戦局も憂慮すべきものがある旨を仰せられるとともに、現地軍が攻勢に出ない理由を尋ねられ、兵力不足ならば逆上陸を敢行しては如何と御提案になる。(118)

梅津参謀総長は、天皇の下問を受けた後、ただちに宮崎周一作戦部長を呼び、第三二軍に天皇が希望するような作戦指導を加える必要はないか、と指示した。宮崎部長は迷いつつも、作戦課において起案した攻勢要望電報を決裁した。そして、翌四月四日午後、大本営陸軍部は、第三二軍に向けて、沖縄作戦に対する天皇の「御軫念」(憂慮の念)を伝達するとともに、米軍に占領された北・中飛行場の奪回を要望する電報を次長名で発電した。(119)本島の中・南部における持久戦を決め込んでいた第三二軍司令部は混乱し、結局、中途半端な攻勢作戦を行い無用な消耗をしてしまう。(120)

沖縄戦は、特攻作戦の最高潮であった。特攻は本来、レイテ沖海戦の際、米機動部隊の行動を一時的に封じるための非常の策として採用されたものであった。しかし、沖縄戦に際しては、非常の策どころか、特攻が航空攻撃の主役、作戦の主流になってしまったのである。特攻はそれ自体、異常な戦法であったが、沖縄戦において変質し、統帥の常道からさらに大きく逸脱するものとなったといえる。特攻はあくまでも「志願」によるものであったが、このように特攻が作戦の主役となり、かつ大規模化したことにより、「部隊ぐるみ」の特攻が普通になり、「志願せざるを得ない」空気が醸成されてしまった(121)。沖縄戦において特攻は「志願」から事実上、死を強要する「命令」へと変化したのである。

また、形式的にも「志願」という形をとらず、「命令」で強行された特攻に、戦艦〈大和〉を中心とする「海上特攻隊」の出撃がある。〈大和〉の出撃は、航空部隊と沖縄の第三二軍の総攻撃に呼応するという名目で、聯合艦隊と軍令部のごく一部の首脳の判断により四月五日、突如として決定されたものである。しかし、四月七日、〈大和〉以下六隻が撃沈され、合計三七二一人の戦死者を出して、この特攻作戦は中止された。

「海上特攻隊」が急遽出撃したことについては、天皇の下問が重要な役割を果たしている。「海上特攻隊」を強く主張したのは、聯合艦隊作戦参謀・神重徳大佐ら一部の参謀たちであるが、神参謀は、

　総長が米軍攻略部隊に対し航空総攻撃を行う件について奏上した際、陛下から航空部隊だけの総攻撃かとの御下問があったことであるし(122)

と強調して聯合艦隊首脳を説得した。つまり、天皇が「航空部隊だけの総攻撃か」と下問したということは、天皇に「水上部隊はなにもしないのか」と叱責されたということだから、他に使いどころのない〈大和〉ほかの艦艇を投入しろ、という論理である。当時、第五航空艦隊司令長官として鹿屋で航空特攻作戦の指揮をとっていた宇垣纏中将も、

全軍の士気を昂揚せんとして反りて悲惨なる結果を招き痛憤復讐の念を抱かしむる外何等得る無き無暴の挙と云はずして何ぞや。〔中略〕抑々《そもそも》茲に至れる主因は軍令部総長奏上の際航空部隊丈の総攻撃なるやの御下問に対し海軍の全兵力を使用致すと奉答せるに在りと伝ふ。(123)

という具合に、〈大和〉以下の特攻を「何等得る無き無暴の挙」と批判しつつも、天皇の下問が水上艦艇出撃のきっかけになったことを記している。

だが、沖縄戦緒戦における天皇の言動を考えると、沖縄を守備する第三二軍に無理やり攻勢作戦をとらせたのは、明らかに天皇の意志であったが、〈大和〉の出撃については、むしろ天皇の言葉が利用されたと見たほうがよい。なぜなら、〈大和〉の特攻については、四月三〇日に天皇は米内光政海相に対して「天号《てんごう》作戦ニ於ケル大和以下ノ使用法不適当

ナルヤ否ヤ」(124)との下問をしているからである。もしも、天皇が水上艦艇をすべてつぎ込んだ方がよいとまで考えていて、自覚的に〈大和〉を突入させようとしたのなら、後になってこのような下問はしないはずである。〈大和〉の問題について限って言えば、天皇は自分の下問がどのような結果をもたらしたのか自覚していなかった、といえる。

天皇は、四月三日(「実録」によれば二日)に「此戦(沖縄戦)ガ不利ニナレバ陸海軍ハ国民ノ信頼ヲ失ヒ今後ノ戦局憂フベキモノアリ」と言い、沖縄戦の重要性を強調していた。(125)そして、海軍の航空特攻作戦に最後の期待をかけていたのである。宇垣の『戦藻録』によれば、四月一八日には、侍従武官に対して、

海軍は沖縄方面の敵に対し非常によくやっている。而し敵は物量を以て粘り強くやって居るからこちらも断固やらなくてはならぬ。(126)

と並々ならぬ決意を語っている。四月三〇日にも及川古志郎軍令部総長に対して、

聯合艦隊指揮下の航空部隊が天号作戦に逐次戦果を挙げつゝあるを満足に思ふ。今後益々しつかりやる様に。(127)

と海軍航空部隊の活躍を称え、かつ激励している。沖縄戦は天皇にとって最後の頼みの綱であったと言ってよいであろう。だが、四月一八日の天皇の侍従武官への発言も、同三〇日の軍令部総長への発言も、ともに「実録」には記録されていない。三〇日の条には、

午後四時四十五分より五時三十分まで、御文庫において外務大臣東郷茂徳に謁を賜う。外相より、ドイツ国の崩壊とその原因、及び我が国としては戦争続行が不可能である点を重視し、今後の措置を考えるべきこと等につき、詳細な奏上を受けられる。これに対し、早期終戦を希望する旨の御言葉あり。(128)

といった記述があり、この時期に天皇が戦争終結を望んでいた旨のことが記されているが、沖縄戦での戦果に期待する天皇の言動については触れようとしていない。この時点で天皇が「早期終戦を希望する」とした旨のみを取り上げる「実録」の記述は、バランスを欠いていると言わざるをえない。天皇が戦争終結に傾斜するのは、沖縄戦の戦況が挽回不可能であることがはっきりした時点であり、そこでは天皇もいよいよ覚悟せざるをえなかったのである。

沖縄本島では、五月四日、第三二軍が全力を挙げて反攻作戦に踏み切ったが、攻勢は

一日で頓挫した。また、ヒトラーの自殺とムッソリーニ処刑の報が五月一日には大本営にもたらされていた。盟邦指導者は共に倒れ、沖縄戦の戦況もにわかに暗転した。ちょうどこの頃、すなわち五月はじめ、天皇はようやく「終戦」を決意したようである。近衛文麿は木戸内大臣に聞いたこととして、海軍内で終戦工作に従事していた高木惣吉少将に次のように話している。

なお木戸〔幸一〕に突込んで、一体陛下の思召はどうかと聞いたところ、従来は、全面的武装解除と責任者の処罰は絶対に譲れぬ。それをやるようなら最後迄戦うとの御言葉で、武装解除をやれば蘇聯が出て来るとの御意見であった。そこで陛下の御気持を緩和することに永くかかった次第であるが、最近、五月五日の二、三日前、御気持が変った。二つの問題も已むを得ぬとの御気持になられた。のみならず今度は、逆に早いほうが良いではないかとの御考えにさえなられた。

早くといっても時機があるが、結局は御決断を願う時機が近い内にあると思う、との木戸の話である。(129)

いかに天皇が責任者の処罰と全面的武装解除に強く反対していたかが分かる。つまり、天皇が沖縄での「決戦」で米軍に打撃を与え、そのうえで外交交渉をと考えていたのは、そうした戦果があがらないとこれらの問題でも譲歩せざるをえないと判断していたからである。だが、天皇は武装解除については最後までこだわったようである。五月五日、木戸の言を近衛は細川護貞には次のように伝えている。

最近御上は、大分自分〔木戸〕の按摩申し上げたる結果、戦争終結に御心を用ひさせらるゝこととなり、……唯軍の武装解除につき、多少御心残りもありたるようなりしも、「三千、五千の兵が残りたりとて、殆ど有名無実なり」と申し上げたる所、それも御断念被遊されたる様なり。(130)

五月五日より少し前の段階で、天皇と木戸内大臣は、戦争終結にともなう武装解除についてかなり突っ込んだ話し合いをしたようである。五月上旬における「実録」の記述で、木戸が出てくるところをピックアップするとこのようになる。

五月一日(火)
〔午前〕御文庫に内大臣木戸幸一をお召しになり、ドイツ国の現状を中心に種々御談話になる。
五月二日(水)

〈午前〉御文庫において内大臣木戸幸一に謁を賜う。午後、御文庫において再び内大臣に謁を賜う。内大臣は外務大臣からの依頼により、ドイツ国総統死去等の情報に伴う内閣の方針につき奏上する。

五月三日（木）

午前、御文庫において陸軍大臣阿南惟幾に謁を賜い、ビルマ国軍叛乱の状況につき奏上を受けられる。

御文庫に内大臣木戸幸一をお召しになる。

五月四日（金）

〈午前〉御文庫に内大臣木戸幸一をお召しになる。

五月五日（土）

〈午前〉御文庫に内大臣木戸幸一をお召しになる。

午後、御文庫において軍令部総長及川古志郎に謁を賜い、戦況の奏上を受けられる。また夕刻、参謀総長梅津美治郎に謁を賜い、戦況の奏上を受けられる。参謀総長に対し、沖縄並びにビルマ方面の作戦指導につき御言葉あり。

五月七日（月）

午前、御文庫に内大臣木戸幸一をお召しになる。

午後、御文庫において軍令部総長及川古志郎に謁を賜い、戦時編制改訂につき奏上を受けられる。引き続き、参謀総長梅津美治郎に謁を賜い、戦況、及び第五方面軍司令官に与える任務につき奏上を受けられる。

五月八日(火)

午後、御文庫に内大臣木戸幸一をお召しになる。

御文庫において外務大臣東郷茂徳に約一時間にわたり謁を賜い、奏上を受けられる。

五月九日(水)

午後、御文庫において内大臣木戸幸一に謁を賜う。(131)

この時期、天皇と木戸内大臣が毎日、会談していることが分かるが、「実録」はその内容については、ドイツ崩壊のこと以外全く触れていない。ドイツの崩壊、沖縄戦の戦況悪化が天皇を戦争終結に傾斜させたことは明らかであるが、「実録」はそれ以前から天皇が確たる戦争終結論を有していたという前提で叙述しているので、五月上旬の転換があまり強調されていないのである。

ところで、高木惣吉に伝えられた木戸の所見のなかで、「結局は御決断を願う時機が近い内にあると思う」という部分は注目に値する。最終的には天皇が終戦の「聖断」を下すようにもっていくというシナリオは、天皇側近の宮中グループで固められつつあったのである。この種の「聖断」シナリオは、すでに沖縄戦以前の段階で考えられていた。

三月一六日、内大臣府秘書官長・松平康昌は高木惣吉に次のように語っている。

次期政権は一応A〔陸軍〕にやらせて戦争一本で進んで、或る限度に来たとき、HM〔His Majesty ＝天皇〕表面に出られて転換を令せらる。Aが引っこむ、事後の収拾対策にかかる、こういう方式はどうか。
それは重臣と政府首脳、軍部首脳との御前会議で決める。〔中略〕
次ぎのHMの出方は、
世界平和の提唱、堂々たるべきこと、
責任は木戸〔幸一〕一人にてとる。
爾前に重臣に或る資格を与えて後にやると、責任分散の印象を与えて工合が悪い。
一日あればそれは出来る。(132)

「戦争一本」すなわち本土決戦路線で行けるところまで行って、「或る限度」つまり軍事的な破綻がきたとき、HM＝天皇が前面にでて転換を命令する。木戸も松平秘書官長とほぼ同様のことを考えていたのであろう。しかし、この「聖断」シナリオには、明らかに大きな弱点があった。それは、「或る限度」にこなければ事が進まないという点である。そして「或る限度」をどのあたりと見極めるかが難しいところである。そのため、ようやく天皇が「終戦」に傾斜したとはいっても、「聖断」シナリオを発動するタイミングはなかなか訪れなかった。天皇自身も、いかなるシナリオに乗るにせよ、あくまでも大元帥としての権威が失墜しないように心がけ、統帥事項について発言を続けた。

天皇が、「終戦」に転換した直後と思われる五月九日、梅津参謀総長は、対ソ戦準備のため、第一七方面軍(旧朝鮮軍)をただちに関東軍の隷下に編入したい旨上奏したが、天皇はこれをはっきりと拒否した。(133)統帥部案では、外国(満洲国)に駐屯する部隊が国内(朝鮮)の部隊を隷下に置くことになり前例がなく、また、方面軍に改組されたとはいっても朝鮮軍の天皇直属の原則をおかすことになるからである。天皇の拒否によって、第一七方面軍の関東軍への編入は断念され、結局、北部朝鮮の防衛は関東軍が担当し、第一七方面軍から所在の部隊が関東軍に移籍することになった。(134)朝鮮軍自体が、関東軍に隷属することを嫌ったこともあるが、天皇が統帥部案を裁可しなかったことが決定的に重要である。天皇は、敗戦を悟りつつも、最後まで統帥大権の侵害は断固として許さなかった。この第一七方面軍の関東軍編入について「実録」はこのように叙述している。

五月九日　水曜日

御文庫において参謀総長梅津美治郎に一時間余にわたり謁を賜い、戦況及び作戦構想等の奏上、並びに第五方面軍の任務に関する上奏を受けられる。参謀総長に対し、タラカン島の我が部隊の奮戦を御嘉賞になる。また、朝鮮軍を関東軍の隷下に入れる件につき一考を要すべきこと、第五方面軍の対ソ静謐の必要等を述べられる。この日、参謀総長より関係指揮官に対し、第五方面軍は敵の北東方面に対する空海基地の推進を破摧するとともに、日本海に対する敵の策動を防遏《ぼうあつ》するに努め、以て本土決戦の遂行を容易ならしむべき旨の大陸命が伝宣される。(135)

「実録」は「一考を要すべき」としているが、天皇はこの件を裁可しなかったのであるから、この表現は適切なものではないだろう。

第一七方面軍の隷属問題で、統帥部に大元帥としての権威を示したものの、天皇はいまだ転換を表明することはできなかった。六月八日の最高戦争指導会議(御前会議)では、「戦争一本」の路線すなわち本土決戦方針があらためて確認された。天皇が、最高戦争指導会議の構成員に対して「戦争終結について努力するよう」と発言したのは、このあと六月二二日のことである。ようやく天皇に「戦争終結」を言わせる契機となったのは、大連での関東軍総司令官・支那派遣軍総司令官との打ち合わせを終えて帰国した梅津美治郎参謀総長が行った六月九日の奏上であった。その奏上について、松平康昌が高木惣吉に語っている。

土曜日〔九日？〕梅津〔美治郎〕総長が大連における打合わせより帰り、上奏せるとき、従来になき内容を申上げた。

即ち在満支兵力は皆合せても米の八個師〔団〕分位の戦力しか有せず、しかも弾薬保有量は、近代式大会戦をやれば一回分よりないということを奏上したので、御上は、それでは内地の部隊は在満支部隊より遥かに装備が劣るから、戦にならぬではないかとの御考えを懐かれた様子である。

また先だって、総長、関東防備の実状はどうかとの御下問があったにも拘らず、未だにそのことに関する奏上が済んで居ないことも御軫念のようである。

御前会議〔六月八日〕の国力判断も、あれでは戦は出来ぬではないかとの思召のようである。

梅津は従来と変ったことを奏上して、御上に助け船を出して戴きたい考えかもしれぬ。尤も上奏の書きものには右のことはなく、全く書きものに出さず部下に知らさず申上げたようである。(136)

梅津美治郎参謀総長の九日の奏上について「実録」は、
午後三時、御文庫において本日満洲より帰京の参謀総長梅津美治郎に謁を賜い、一時間以上にわたり関東軍・支那派遣軍・第十七方面軍の軍状等につき奏上を受けられる。梅津は大陸作戦に関する命令伝宣と軍状聴取のため、去る六月一日に米子を出発、朝鮮京城において第十七方面軍司令官上月良夫と連絡を取り、四日大連に到着、同地において関東軍総司令官山田乙三・支那派遣軍総司令官岡村寧次と会談する。○侍従日誌、侍従職日誌、内舎人日誌、侍従武官日誌、陸軍上聞書控簿、徳川義寛終戦日記、細川日記、木戸幸一関係文書、高木惣吉 日記と情報、山田乙三回想日記、終戦史録、戦史叢書、語らずの将軍(137)

と記しているが、肝心の梅津の奏上の内容、天皇と梅津のやり取りについては全く触れていない。ただし、六月一一日の条で、

御文庫において内大臣木戸幸一をお召しになり、参謀総長より奏上の支那派遣軍の装備の不足等につき御内話になる。○侍従日誌、侍従武官日誌、木戸幸一日記、木戸幸一関係文書(138)

としているので、梅津の奏上のごく一部は紹介した形にはなっている。

ともあれ、この梅津の奏上で、天皇は本土決戦(米軍への一大打撃)への一縷の望みも絶

たれた反面、梅津の態度から転換への徴候を見いだしたと思われる。木戸・松平らの宮中グループもいよいよ「或る限度」が近づいたと判断した。

松平の話には、天皇が「関東防備の実状はどうかとの御下問」をすでにしていたが、それについての参謀総長の奏上がないので、天皇が心配している旨の部分があるが、天皇は、奏上を待つことなく、六月三日・四日に侍従武官の大部分を九十九里浜方面に派遣して実状を視察させていた(139)。梅津の奏上とあわせて、日本軍の戦力・防備について、天皇はまとまった認識を得たと思われるが、「実録」にはこの侍従武官の派遣・復命についてはは全く記されていない。

この後の経過はよく知られているように、宮中グループによる「聖断」シナリオは、それでもまだ発動できなかった。土壇場になって近衛文麿を特使としてソ連に派遣してその仲介にすがろうとしたことも、かえって決断を遅らせることになった。また、宮中グループも高木惣吉らも、鈴木貫太郎首相の真意をはかりかね、腹の探りあいに時間を費やしてしまった。結局、七月二六日にポツダム宣言が出されても、いまだ本土決戦派の動向を恐れて決断がつかず、原爆投下とソ連参戦という完全に万策尽きた段階で「聖断」シナリオは実行されたのである。「実録」においては、八月八日に「聖断」発動の準備が整ったことが記されている。

八月八日　水曜日

午前、御文庫に内大臣木戸幸一をお召しになる。内大臣は拝謁前、前外相重光葵と時局収拾につき懇談し、対ソ特使の派遣等は間に合わず、よって日本の態度及び天皇の思召しを国内外に示し得る環境を作るため、皇族を煩わすべきこと等を申し合わせる。

午後一時二十八分より三時二十二分まで、御文庫において国務大臣下村宏【情報局総裁】に謁を賜い、情報局の現状、及びその他の政情等につき奏上を受けられる。下村はこの中で、今や帝国存亡の秋に直面し、至る所から聞かれる大号令という声には、和戦いずれにしても聖断を仰ぐべき時なりとする一億国民の心持ちが窺われる旨を言上する。〔中略〕

午後四時四十分、御文庫附属室において外務大臣東郷茂徳に謁を賜い、昨七日傍受の新型爆弾に関する敵側の発表とその関連事項、及び新型爆弾の投下を転機として戦争終結を決するべき旨の奏上を受けられる。これに対し、この種の兵器の使用により戦争継続はいよいよ不可能にして、有利な条件を獲得のため戦争終結の時機を逸するは不可につき、なるべく速やかに戦争を終結せしめるよう希望され、首相へも伝達すべき旨の御沙汰を下される。外相は拝謁後、首相に御沙汰を伝達し、最高戦争指導会議構成員会議の招集を申し入れる。(140)

「実録」は、戦争終結に至る過程を天皇の主導性と木戸内大臣の補佐という流れをもって叙述している。しかし、「実録」の記述からも、天皇も木戸も、ポツダム宣言が出てもなお、ソ連を仲介にした工作に一定の期待を持っていたことは確かで、原爆の投下によってようやく戦争終結に踏み切った。

八月九日夜一一時五〇分より開かれた御前会議において天皇はポツダム宣言受諾を決した。このあと軍部内の本土決戦派は、国体が護持できるか否か、一一日夜に連合軍側からラジオ放送された「バーンズ回答」(降伏後は天皇も連合国軍最高司令官に従属するとする)をめぐってまきかえしをはかった。だが、九日〜一〇日の御前会議によってすでに大勢は決していたといえる。一部軍人には、本気になってクーデターをやってでも本土決戦をすべきだと考えていた者もいたし、現実に「玉音放送」阻止をねらって、偽命令によって近衛師団を動かした将校もいたが、九日の天皇の「聖断」によって中央の多くの軍事官僚たちは意気消沈していた。

御前会議の模様を梅津参謀総長は、次長ら部下に「軍ニ対スル御信頼ガ全ク失ワレタノダ」[141]と説明した。参謀次長・河辺虎四郎中将は、翌一〇日の参謀本部内の様子を、当日、日誌に、侃諤《かんがく》又ハ泣訴等ノ挙ニ出ヅルモノ参謀本部少壮ノ間ニ認メ得ズ（正直ナル気持チニ於テ、継戦ノ困難性ハ作戦主務ノ参謀本部ガ最モヨク感得シアリ[142]）

と記している。軍による一撃論（決戦後講和論）も「一億玉砕」に傾斜しつつあった本土決戦準備も、あくまでも天皇が支持を与えていればこそ存立し得た。大元帥・天皇の信頼を失い、軍部の継戦意欲は急速にしぼんだ。二回の御前会議の後、八月一二日、天皇は、二・二六事件の際と同様に皇族軍人たちを皇居に集めて、皇族の結束を促した。「実録」には次のようにある。

八月一二日　日曜日

午後三時二十分、御文庫附属室に（高松宮）宣仁親王・（三笠宮）崇仁親王・（賀陽宮）恒憲王・邦壽《くになが》王・（久邇宮）朝融《あさあきら》王・（梨本宮）守正王・（閑院宮）春仁王・（朝香宮）鳩彦《やすひこ》王・（東久邇宮）稔彦《なるひこ》王・盛厚《もりひろ》王・（竹田宮）恒徳《つねよし》王・李王垠・李鍵公をお召しになり、現下の情況、並びに去る十日の御前会議の最後に自らポツダム宣言受諾の決心を下したこと、及びその理由につき御説明になる。守正王は皇族を代表し、一致協力して聖旨を補翼し奉るべき旨を奉答する。終わって、一同と茶菓を共にされ、種々御会話になる[143]。

この皇族会議は、皇族軍人を結束させ、軍部の暴発分子に一人でも皇族が取り込まれないようにするための措置であったと考えられる。二・二六事件の際と同じように、ここでも皇族たちは、すなおに結束したわけではなかった。『昭和天皇独白録』には、次のようにある。


十二日、皇族の参集を求め私の意見を述べて大体賛成を得たが、最も強硬論者である朝香宮が、講和は賛成だが、国体護持が出来なければ、戦争を継続するか〔と〕質問したから、私は勿論だと答へた。

賀陽宮、東久邇宮、久邇宮は終始一貫、弱い意見であつたが、賀陽宮は松平恒雄を排斥したり白鳥敏夫や徳富猪一郎を推薦したりする様な時には、本人自身の気持と違つた事を口にした。

秩父宮は日独同盟は主張したが、その后病気となつたので意見は判らぬ。

高松宮はいつでも当局者の意見には余り賛成せられず、周囲の同年輩の者や、出入の者の意見に左右され、日独同盟以来、戦争を謳歌し乍ら、東条内閣では戦争防止の意見となり、其后は海軍の意見に従はれた、開戦后は悲観論で、陸軍に対する反感が強かつた。

東久邇宮と朝香宮は兄弟であり乍ら、終始反対の意見を持つてゐた。
この集会をお茶の后散会した。[144]

八月一四日付で「終戦」の詔書を発布し、八月一五日正午に「玉音放送」がなされても、まだ、大元帥としての天皇の仕事が終わったわけではなかった。

八月一五日、陸軍は大陸命第一三八一号で、「詔書ノ主旨完遂」「現任務続行」「積極進攻作戦ヲ中止スヘシ」[145]と命じ、また海軍も、同日、大海令第四七号において「何分ノ令アル迄対米英蘇支積極進攻作戦ハ之ヲ見合ハスベシ」[146]と命令した。しかし、これらは「積極進攻作戦」の中止を下令したもので、全面的な停戦命令ではなかった。そのため、第五航空艦隊司令長官・宇垣纏中将らの「私兵特攻」が強行された。大本営は、一六日、大陸命第一三八二号・大海令第四八号をもって「自衛」目的の戦闘を除いて「即時戦闘行動ヲ停止」せよと命じた。[147]

八月一七日には、天皇は陸相を兼任した東久邇宮稔彦大将と海相・米内光政大将に陸海軍人への勅語を、二五日にも海相と新任された陸相・下村宏大将に復員に関する勅語を下した。一七日から一九日にかけて天皇は、皇族軍人を支那派遣軍・関東軍・南方軍の各総司令部に派遣し、天皇の「聖旨」を伝達させた。天皇から親授された陸軍の各聯隊の軍旗を処分せよ、とのいわゆる「軍旗奉焼」特別命令は、二四日に下村陸相から通達された。

＊　＊　＊

戦争終結に果たした天皇の役割についてあらためて考えてみよう。「実録」の記述からは、天皇の戦争終結への傾斜、考え方の変化がよく分からない。一九四五年二月一四日の近衛上奏（粛軍の断行と速やかな終戦を進言）の段階では「モウ一度戦果ヲ挙ゲテカラデナイト中々話ハ難シイト思フ」としていた天皇が、五月上旬には無条件降伏やむなしとの転換を示すのであるが、「実録」は天皇がもともと戦争終結を望んでいたというストーリー性のもとに叙述されているため、天皇が一貫して戦争終結を牽引した存在として描かれている。

しかしながら、「実録」の記述を分析すると、そこからも陸海軍の頂点に立つ大元帥としての天皇を支える冷静なアドバイザーやスタッフが不在であることがよく分かる。本来、天皇の軍事面での最高顧問は元帥府であるが、それはほとんど機能しておらず、侍従武官は天皇と陸海軍それぞれとの伝達役ではあっても、陸海軍間で情報は共有されていなかった。大本営が宮中に置かれていてもそれは「東一ノ間」という空間にすぎず、大本営命令の発令者である天皇を支える一元的な司令部が存在していなかったことがあらためて確認できる。

また、ポツダム宣言受諾決定後における国家指導層の思考停止状態も、「実録」の記述から逆説的に見えてくる。「実録」一九四五年八月二三日の条には次のような記述がある。

〔午前〕御文庫において外務大臣重光葵に謁を賜う。外相より、聯合軍より全権委員河辺虎四郎に手交された日本国天皇布告案・降伏文書・陸海軍命令第一号案の三件に関しては無修正にて承諾するほかなきこと、今後ポツダム宣言の実施に当たっては治安維持に最善の努力を要すること、同宣言の履行に当たっての内政上の問題点、並びに外交上の注意点と見通し等につき奏上を受けられる。外相に対し、大東亜戦争終結に関する詔書の内容等が敵国側において印象悪しき理由及びその事情につき御下問になり、また日本語による表現の趣旨を外国人が理解し得るよう説明することが一層肝要である旨の御意見を述べられる。[148]

天皇は終戦の詔書が外国で評判が悪いことを気にしているが、「実録」のこの前後の記述を見ても、天皇をはじめとする国家指導層の中で、国際法上の停戦実施となる降伏文書調印を急いだ形跡は見られず、ソ連軍による千島占領への危機感、対応などの記述も見当たらないのである。

おわりに

「昭和天皇実録」における天皇と戦争との関わりについて検討してきた。

「実録」の記述は膨大であり、分析できた個所は限られているが、それでも冒頭で検討した御前会議・大本営政府連絡会議の決定がどのように扱われているか、天皇の戦争指導における消極的発言(戦争に踏み込むことへの躊躇)と積極的発言(積極的作戦の督促、決戦の要求)がいかなるバランスで記録されているのかを見ると、一定の傾向性は導き出せるであろう。

「実録」は、昭和天皇は、一貫して軍部の強硬な対外膨張、戦争遂行に憂慮し、事態の拡大や欧米列強との衝突を極力避けようとしたと描いている。これは、必ずしも全てが間違いではないが、天皇は事態を憂慮しつつも、大日本帝国の勢力圏・領土の拡張を常に容認してきたことも確かである。本論でも触れたように、マキャベリズムはいやだが八紘一宇ならばよいという論理で、急激なやり方で国際秩序を破壊することは望まなかったが、機会をとらえて穏やかに見えるやり方で大日本帝国が膨張すること、日本軍の威武を内外に示すことは何等否定するものではなかったのである。

本書は、「実録」で残されたこと、消されたことという観点から、その叙述の検討をしてきた。「実録」において軍事・政治・儀式にかかわる天皇の姿が詳細に残されたことは、歴史叙述として大いに評価してよい点であるが、過度に「平和主義者」のイメージを残したこと、戦争・作戦への積極的な取り組みについては一次資料が存在し、それを「実録」編纂者が確認しているにもかかわらず、そのほとんどが消されたことは、大きな問題を残したといえよう。なぜならば、「実録」が発表・刊行された以上、昭和天皇について、あるいは昭和戦前期における天皇制について調べようとする人々は、まず、この公式の伝記に目を通すからである。その際、史料批判の観点を十分に有さない読者にあっては、「実録」によって強い先入観を植え付けられてしまう恐れがある。

「実録」における歴史叙述は、従来の「昭和天皇＝平和主義者」のイメージを再編・強化するためのものであり、そのストーリー性を強く打ち出したものである。しかし、第一章で検討した一九四三年五月三一日御前会議決定「大東亜政略指導大綱」の要約のところでも分かるように、現在のマレーシア・シンガポール・インドネシアの各国にあたる領域は、すべて「帝国領土ト決定シ重要資源ノ供給地」とすると決定されたにもかかわらず、この「帝国領土ト決定シ」という、日本の領土変更＝拡張を意味するきわめて重要な決定事項を「実録」は記述していないのである。本来ならば、これは省略しても良い部分ではない。にもかかわらず、ここであえて記述されなかった部分を補ってみると、むしろ非常にはっきりと何を残したくなかったかが浮き彫りになってくる。

「実録」は、私たちが掘り起こし、継承し、歴史化していかなければならない〈記憶〉を逆説的に教えてくれるテキストであるといえよう。

「実録」という膨大なテキストを読み込んでみると、第二次世界大戦期において、日本という国家には、世界規模の、なおかつ高度なテクノロジーを集約した戦争を統括し、遂行できるシステムがなかったことが浮かび上がってくる。陸軍と海軍は、形式的には天皇によって統括されているが、天皇という極めて多忙な存在に、常に陸海軍を一体のものとしてその戦略・戦術を決定していくことはできないし、天皇を常時支えている軍事スタッフは、軍部との連絡役である侍従武官長と数名の侍従武官がいるに過ぎない。天皇の下に大本営は存在しても、それはあくまでも陸軍部と海軍部の縦割り組織であり、真の意味での日本軍の統合司令部は存在せず、大本営会議の場である「東一ノ間」という皇居内の空間があるのみである。軍事情報の収集・分析も一元的に行われていたわけではないし、情報の共有も、情報に基づく戦略の決定も、戦略・戦術を左右する重要兵器の開発も、縦割り・分散型であり、トップダウン・集約型にはならなかった。全てを統括している天皇という建前の存在が、戦時においても効率的なシステムの構築を阻害していたと言ってよいだろう。

陸軍も海軍も、高度な情報を天皇に奏上してはいるが、天皇に伝えられたとしても、それが必ずしも陸海軍間で共有され、その後の戦略決定、作戦立案に生かされているわけではないのである。参謀総長や軍令部総長が頻繁に天皇に戦況奏上を行い、大本営命令の裁可を仰ぐ上奏を行う。この事務量・労力は膨大なものであるが、それでも、天皇という存在に情報を伝え、裁可を得るというルートを経なければ歯車が動かないシステムであったのである。当時の天皇を頂点とする仕組みは、大戦争を行うにはあまりにもキャパシティーに乏しく、刻一刻変化する戦況に対応するにはあまりにも風通しの悪い硬直したものであった。「実録」を読みながら、システムとして状況に対応できない日本のあり方が改めて浮き彫りになったといえよう。

＊　＊　＊

なお、本書の執筆にあたっては、岩波書店編集部の吉田浩一氏に多くのアドバイスをいただいた。末筆ながら、御礼申し上げる次第である。

二〇一六月一二月八日

山田　朗

補章　公開新資料から見た昭和天皇の戦争

本章では、拙著『昭和天皇の戦争――「昭和天皇実録」に残されたこと・消されたこと』が刊行された二〇一七年以降に公開あるいは刊行された資料から明らかになった昭和天皇の戦争への関与について検討したい。分析の対象とするのは、主として、侍従長『百武三郎日記』、侍従武官『坪島文雄日記』、初代宮内庁長官・田島道治『拝謁記』であり、必要に応じて「昭和天皇実録」(以下、「実録」)や『昭和天皇独白録』(以下、『独白録』)などの記述と比較検討する。

1　『百武三郎日記』から見た昭和天皇の戦争

百武三郎《ひゃくたけさぶろう》(一八七二～一九六三年)は、佐賀県出身の海軍大将で、一九二八(昭和三)年に予備役となり、三六年一一月から四四年八月まで七年九カ月にわたり、激動の戦時期に侍従長を務めた人物である。百武三郎の弟・源吾《げんご》も海軍大将(一九四二年に予備役)、弟・

晴吉《はるよし》は陸軍中将でガダルカナル攻防戦の際の第一七軍司令官という軍人一族であった。

　予備役海軍大将の侍従長は、百武の前任である鈴木《すずき》貫太郎《かんたろう》（一九二九年一月～三六年一一月）に始まり、後任の藤田《ふじた》尚徳《ひさのり》（一九四四年八月～四六年五月）に至るまで三代続いた。予備役海軍大将を侍従長にしたのは、田島道治『拝謁記』における昭和天皇の回想によれば「侍従長を海軍のバツクで〔陸軍を〕いくらかおさへる意味で、現役では余りいかんので予備又は予備〔後備の誤記か〕にして海軍大将にしたのだよ」[1]とされている。侍従長は、内大臣・宮内大臣・侍従武官長と並ぶ天皇の側近であり、宮中において天皇の日常業務を補佐する侍従を監督する立場にあったが、陸軍が慣例として侍従武官長を握っていた関係で、昭和戦前期の侍従長は、海軍上層部とのパイプ役、国際・軍事情報や海軍戦略に関するアドバイザーという、いわば第二侍従武官長としての役割も期待されていたと考えられる。

　侍従長が関与する情報について言えば、『百武三郎日記』には、海外短波放送の訳文を侍従長がセレクトして天皇に報告していることが示されている[2]。例えば、一九四二年一月二七日には、「短波放送中参考トナルモノ訳文奉呈ノコト」とあり、同三〇日にも「短波放送ハ宣伝戦ニシテ之ヲ一々御覧アルハ有害無益ナルニ付従来通リ侍従長ヨリ選択ノ上聖聴ニ達スルコトニ奏上済」[3]とある。三〇日の記述からは、おそらく海外短波放送の情報を天皇がさらに所望したことが推察される。だが、情報の多くが宣伝戦（情報撹乱）の要素を帯びているので、全てを天皇に報告するのは「有害無益」と判断し、「従来通リ」侍従長が情報を選択することにしたとされている。

また、短波放送のレベルではなく、外務省の対外諜報機関からと思われる情報が天皇に伝えられていたことも示されている。一九四二年四月二八日には、「英米攻勢作戦極秘文書須磨公使入手の分訳文上呈」(4)とある。これは、須磨弥吉郎スペイン公使や三浦文夫一等書記官らによって一九四一年一二月から四二年一月にかけて組織された「東（TO）機関」(5)による情報収集の成果か、あるいは、スペイン外相セラーノ・スニェルら対日協力者から得た情報(6)である可能性もある。いずれにせよ、アメリカ合衆国内の日本側スパイ網が、米側の日系人隔離政策によって機能しなくなった段階であるので、枢軸寄りの中立国であるスペイン・ポルトガルを介した情報収集は重要度を増大させており、その一部が天皇のもとにも届いていたことの意味は大きい。なお、「実録」には、侍従長によるこの時の短波放送の情報と須磨公使からの情報の件は、いずれも記されていない。

また、侍従長は、側近の中でも天皇の近辺で執務することが多く、天皇の表情や顔色を最も観察しやすい立場にあった。百武の天皇観察は、なかなか微妙な所を捉えている。一般にミッドウェー海戦直後の天皇については、一九四二年年六月八日の木戸幸一内大臣の日記の記述で語られることが多い。

天顔を拝するに神色自若として御挙措平日と少しも異らせ給はず。今回の損害は誠に残念であるが、軍令部総長には之により士気の沮喪を来さゞる様に注意せよ、尚、今後の作戦消極退嬰とならざる様に注意せよと命じて置いたとの御話あり。英邁なる御資質を今目の当りに景仰し奉り、真に皇国日本の有難さを痛感せり。(7)

同じ日の『百武三郎日記』は、結論は似ているが、「天機御案シ申上ケシ程ニモナク平静ニ拝セルモ御血色御宜シカラズ　然レトモ御陪食時等勉メテ御談話ナド被遊御様誠ニ御大器ノ点ニ付有難覚ヘタリ」(8)とある。「御血色御宜シカラズ」ではあるが、それでも動揺を外に見せずに振る舞う天皇の姿が記されている。それでも、一一日には、「ミツドウエーイ」海戦ニ付米側報導及宣伝上聞ニ入ル、天機麗ハシカラス恐懼ノ至也」(9)とあり、日米双方の報道を確認し、機嫌を悪くする天皇の様子が記録されている。そして、機嫌だけでなく体調も良くなく見えたらしく、この頃から百武や松平恒雄宮内大臣らの側近も、東条英機首相も天皇の健康のために日光への転地を勧め始める。二六日にも「聖上稍《やや》御疲労ノ御様子ニ拝ス」(10)とあり、百武・松平らはしばしば天皇に日光行幸を勧めるが、軍務多忙な天皇は、それをなかなか認めず、むしろ聯合艦隊のもとに行幸して士気を鼓舞したいという意思を示す。「実録」にも七月八日に以下のようにある。

この日午前・午後の各一回、宮内大臣松平恒雄に謁を賜う。宮相より去る六日に引き続き、改めて御避暑のための日光行幸につき奏請を受けられる。天皇はその際、明治天皇が夏期に御転地なかりしことに触れられるとともに、目下戦時中につき転地の意思はなく、むしろ海軍が今後米軍との本格的な戦闘を控えているため、聯合艦隊へ赴き、激励したき旨を仰せになる。宮相より、東京の明治時代と現在との環境の相違、並びに陸海軍への行幸は別途考慮すべきこと等につき言上を受けられ、ようやく日光行幸を御内許になる。[11]

百武も、七月七日の日記に松平宮相からの伝として「日光行幸ニ先チ陸海軍士気鼓舞ノ御思召」[12]を記しており、さらに「〔木戸幸一〕内府ノ言ニ依レバ　近時海軍ノ前衛屢々失策アルニ御軫念ノ由恐懼ノ至也」[13]とある。「海軍ノ前衛」とは空母機動部隊のことであるので、天皇は、珊瑚海海戦の不手際、ミッドウェー海戦の敗北によって心配が高まり、軍の士気の鼓舞が是非とも必要と考えたものと思われる。

結局、天皇による将兵の士気の鼓舞と転地静養は、「実録」によれば、七月一三日に第一一聯合航空隊(霞ヶ浦海軍航空隊・土浦海軍航空隊)を視察、一六日には日光田母沢御用邸に行幸、二一日には日光から陸軍の宇都宮飛行場へ行き、落下傘部隊による降下攻防演習を視察、二九日には日光から一旦、東京に戻り、明治天皇三十年式年祭や各種の軍務を行ない、八月一日、再び日光田母沢御用邸に行くという実に慌ただしいものとなった。だが、この天皇の日光での静養中に米軍のガダルカナル島上陸が起こるのである。

八月七日、天皇とともに日光に滞在していた百武のもとにも「今朝敵戦艦以下多数ノ運送船ヲ率ヒタル部隊「ツラギ」基地ニ襲来セリ」[14]との情報が入っている。翌八日の日記には、天皇から「「ツラギ」敵襲ヲ受ケル件ニ関シ東京還御如何ニ付御尋ネアリ」[15]とされているから、天皇は事態を楽観視せず、東京に戻った方が良いのではと考えていたようである。百武ら側近は、「合議ノ上其御心配ナキ様申上ク」[16]としている。この段階では、百武ら天皇側近にはソロモン諸島で起きつつあることへの危機感はほとんど感じられない。天皇は、事前のスケジュール通り、一二日に東京に戻った。

ガダルカナル攻防戦の泥沼化とそれに対する天皇の苛立ち、危機感の高まりについては本書第六章で記したところであり、『百武三郎日記』にも「「ソロモン」戦意ノ如クナラズ御軫念拝察シ奉ル」(八月二八日)、「「ソロモン」「ニューギニア」戦面白カラズ御軫念拝察セラル」(九月三日)、「「ソロモン」戦ニ関聯シ軍令部ト聯合艦隊司令部トノ意見疎通セザルモノアリ御軫念ノ由武長ヨリ聞」(九月九日)、「「ソロモン」及「ポートモレスビー」方面ノ作戦ニ付御軫念畏多ク拝聞ス」(九月一七日)、「「グアダル」島作戦ニ関シ御軫念深シ」(九月二一日)、「「ソロモン」「ブナ」方面戦順調ナラズ　独伊亦タ振ハザル場合御軫念ノ御様子誠ニ畏キ限ナリ」(一二月二日)、「天機明朗ナラズ恐懼ノ至リ也」(一二月七日)、「「ニユーギニア」戦況振ハズ　「グアダルカナル」補給自由ナラズ　御軫念畏多シ」(一二月八日)などと繰り返し天皇の「御軫念」が綴られている。

また、ミッドウェー海戦後の天皇の「御血色御宜シカラズ」のように、『百武三郎日記』には天皇の身近で仕える者でなければ見聞し得ないことも記されている。川口支隊によるガダルカナル島での攻撃が失敗した直後、九月一五日、天皇は陸軍航空隊のソロモン方面への進出などを統帥部に要求していたが(本書一九八頁)、翌一六日には百武は天皇が「大声何カ推論アラセラル　「ソロモン作戦」ノ失敗ニ因スルカ」[17]と記している。天皇の独り言は知られているが、大声でのというのは尋常なことではない。天皇の強い苛立ち、焦燥感のあらわれとみてよいであろうし、百武が推測しているように、戦況の深刻な行き詰まりに起因するものであろう。

また、同じく九月一六日、「木、蓮ニ聞クトコロニ依レバ高松宮直々ノ情報等雑音トナルコト多ク困ルコトアリト云フ」[18]といった記載もある。「木」は木戸幸一内大臣、「蓮」は蓮沼蕃《はすぬましげる》侍従武官長のことで、当時、軍令部第一部作戦課に勤務していた高松宮宣仁海軍中佐が天皇に伝える情報は、「雑音トナルコト多ク困ル」というのである。これは、二人を困らせているだけでなく、わざわざ海軍出身の侍従長に伝えているところを見ると天皇を困らせているということだろう。高松宮が具体的にどのような「雑音」

を発しているかは不明であるが、『高松宮日記』八月二四日の冒頭部分に次のような記述がある。

> 野村、来栖大使ノ申上ゲタ中デ陛下ガ戦争ヲスルナト仰セラルレバ絶対ニ開戦ニナラヌト考ヘテヰタラシイトノオ話ナリ。陛下トナサツテモ、アノ二十七日ノ米ノ案（最後案とナツタモノ）ヲ出サレテ、内閣ヲ代へ、又アノ案デ納得出来ルノデナイシ、日本ノ案ハ十分ニ譲歩シタ案デアツタノダカラ、アレデモ戦争セヌトハ云ヘヌデハナイカトノコトダツタ。全ク日本ノ経済包囲等ノ情勢ニツキ米国ニアル大使ノ認識ガ欠クルモノアリシナラン[19]。

「実録」によれば、この前日の八月二三日に高松宮夫妻と三笠宮夫妻は皇居に新築された天皇の住居「御文庫」に招待され、会食をしているので、二三日に天皇が高松宮たちに語ったことが二四日の日記に記載されたものと思われる。天皇の語った内容は、八月二〇日に交換船でアメリカ合衆国から帰国した野村吉三郎《のむらきちさぶろう》・来栖《くるす》三郎《さぶろう》両大使が、二一日に天皇に拝謁し語ったことと、それへの天皇の感想である。野村・来栖は、「陛下ガ戦争ヲスルナト仰セラルレバ絶対ニ開戦ニナラヌト考ヘテヰタ」ようだが、それに対して天皇は、「アノ二十七日ノ米ノ案」（ハルノート）を突きつけられた以上、「アレデモ戦争セヌトハ云ヘヌデハナイカ」と語っているのである。高松宮はこれ以上は日記に書いていないが、ハルノートが米国側から提示された直後、高松宮は、戦争をやらないのなら、今決断する必要があることを天皇に直言している。これについて『独白録』には、次のようにある。

　翌〔一一月〕三十日、高松宮が昨日の様子をきゝに来た。そして「今この機会を失すると、戦争は到底抑へ切れぬ、十二月一日から海軍は戦闘展開をするが、已にさうなつたら抑へる事は出来ない」との意見を述べた。戦争の見透に付ても話し合つたが、宮の言葉に依ると、統帥部の予想は五分五分の無勝負か、うまく行つても、六分四分で辛うじて勝てるといふ所ださうである。私は敗けはせぬかと思ふと述べた。宮は、それなら今止めてはどうかと云ふから、私は立憲国の君主としては、政府と統帥部との一致した意見は認めなければならぬ、若し認めなければ、東条は辞職し、大きな「クーデタ」が起り、却て滅茶苦茶な戦争論が支配的になるであらうと思ひ、戦争を止める事に付ては、返事をしなかつた。

　十二月一日に、閣僚と統帥部との合同の御前会議が開かれ、戦争に決定した、その時は反対しても無駄だと思つたから、一言も云はなかつた。[20]

野村と来栖の「陛下ガ戦争ヲスルナト仰セラルレバ絶対ニ開戦ニナラヌト考ヘテヰタ」との発言が、天皇の「アレデモ戦争セヌトハ云ヘヌデハナイカ」との言葉を生んだ時、高松宮はやはりあの時に決断すべきではなかったのか、といった趣旨のことを天皇に言ったのではないだろうか。ガダルカナル攻防戦の苦戦に神経をすり減らしていた天皇に、追い討ちをかけるようなことを高松宮が言ったとすれば、日々、戦況を憂慮している天皇に接している側近たちにとっては「雑音トナルコト多ク困ル」ことであった。

2　『坪島文雄日記』から見た昭和天皇の戦争

坪島文雄《つぼしまふみお》(一八九三〜一九五九年)は、広島県出身の陸軍軍人(陸軍士官学校二七期)で一九四一年九月から四五年四月までの三年八カ月にわたって侍従武官を務めた。侍従武官就任当時は陸軍少将で、四四年三月に中将に昇進している。陸軍の侍従武官としては、陸軍大将・蓮沼蕃侍従武官長(一九三九年八月〜四五年一一月)につぐ地位であり、高級武官と称されていた。坪島文雄の戦時日記は、全九巻にわたり、侍従武官期の第一巻『服務ノ研究』(一九四一年一二月八日以降)、第二巻から第八巻『服務の参考』(一九四二年七月七日以降一九四五年三月一〇日まで)と題されたもの、第一四六師団長内示以降の第九巻『陣中展望集録』(一九四五年三月一〇日以降八月一二日まで)に分けられるが、本章では一括して

『坪島文雄日記』と呼称することにする。

天皇の戦争への関与という観点から『坪島文雄日記』を読み解くと、部隊への論功行賞の一環としての「御言葉」下賜の際の侍従武官長の役割がよく分かる。現在までのところ、蓮沼侍従武官長の日記類などの存在が確認されていないので、坪島の日記は貴重である。例えば、一九四一年一二月八日(および九日か)に天皇から戦果が挙がった場合の「御言葉」下賜の意向と武官長の考えが示されている。

一、今次の戦争に於て陸海軍の成果に対し適宜又は御言葉を下賜あらせらるる旨の思召を武官長に御沙汰あり　依て武官長は其時機方法に就ては武官府に於ても研究すへく又統帥部にも伝ふる旨奉答す

〔以下は八日の欄に記されているが、九日に記述されたと思われる〕

一、右は十二月九日〔参謀本部〕第一部長に伝へたり其際の談合左の通

1. 開戦直後の「ハワイ」の急襲の如きは別に考へる
2. 作戦一段落に
3. 時期を失はさると共に濫発に陥らさること
4. 陸海の連繫に留意すること(21)

翌一二月一〇日の条にもこのようにある。

一、日支事変間に於ては戦争にあらさりしに依り屡々《しばしば》御言葉を賜はりありたく然るに御言葉と勅語の区別は明確ならす
故に本戦争間に於ては御言葉の形式を廃止し戦績の明確(しつかりしたる場合に)なる際に勅語を頂くことに武官長の内大臣と協議し同意を得られたり(22)

ここでは、基本的に天皇の意向に基づいて、「勅語」を作戦一段落後に時期を失することなく、かつ濫発にならないように下賜することが示されている。だが、戦争の進展にともない、統帥部側からの要請で「御言葉」を出すということも起こってくる。例えば、一九四二年五月一八日、「辻(政信)中佐来府　南海支隊に対し　御言葉を賜はる様配慮あり度旨連絡あり(23)」とある。参謀本部作戦課作戦班長の辻政信が侍従武官府にやってきて、これまでに大本営直轄部隊としてグアム島やニューブリテン島ラバウルの攻略に従事した南海支隊(堀井富太郎少将、歩兵第一四四連隊基幹)に「御言葉」を賜りたいと要請してきたのである。南海支隊は、ちょうどこの頃に立案されていた米豪遮断のためのFS作戦(フィジー・サモア攻略)に充当される予定の部隊で、五月一八日付の大陸命第六三二号において、ラバウルに新設された第一七軍(百武晴吉中将)の隷下に移されたばか

り（隷属転移は五月二〇日零時）であった。(24)参謀本部としてはこれからの作戦のためにも部隊の士気を鼓舞する目的で「御言葉」が欲しかったのであろう。しかし、このような要求に対して、坪島は、蓮沼侍従武官長の考えを忖度し「御勅語の尊厳を飽く迄保持する為濫発は厳に戒めさるへからす」(25)としている。しかし、武官長は、五月一九日、このような「御言葉、御勅語を奏請することの穏当ならさる」(26)としながらも、

武官長の一存を以て処理し得らるるが如く思考せらる　依て参謀本部と速に連絡せられて参謀総長拝謁の際南海支隊に対する御沙汰を頂く之を参謀総長より伝達することとす(27)

というところに着地させた。天皇から直接に部隊に下賜する「勅語」ではなく、参謀総長に伝達させる「御沙汰」という少し軽い扱いにしたのである。五月二〇日の「実録」には次のようにある。

午後二時、御学問所において参謀総長杉山元に謁を賜い、戦況につき奏上を受けられる。また、南海支隊【第十七軍隷下】に対する左の御沙汰を下される。

南海支隊カ克ク海軍ト協カシ開戦劈頭瓦無島ヲ占領シ更ニ「ビスマルク」群島及

「ニユーギニア」島ノ各要地ヲ攻略セルハ戦局ノ進展ニ寄与スルトコロ大ナルモノト認メ深ク満足ニ思フ各自一層奮励努カシ其重責ヲ全ウスル様申伝ヘヨ(28)

従来、戦果を嘉賞する「勅語」を下賜する場合には、参謀総長あるいは軍令部総長を宮中に呼び出して、つまりその目的だけに統帥部の責任者を「お召しになり」、下賜していた。南海支隊の場合、許可を得た上で戦況奏上にやってきた参謀総長に「御沙汰」を下すというやり方にしたのであるが、結果的には統帥部の要請に基づく、「御言葉」の「濫発」になってしまったと言えるであろう。

『坪島文雄日記』を読むと、昭和天皇が大元帥として、統帥部が戦争の全般的状況をどのように把握し、どのような見通しを持って戦略・作戦を立てていくべきか、ということに深い関心を持っていたことが分かる。例えば、前節で見たように、天皇はガダルカナル攻防戦に、当初から強い危機感を持って臨んでいた。『百武三郎日記』に天皇が「大声何カ推論アラセラル」と記された二日後、一九四二年九月一八日の坪島の日記によれば、天皇は侍従武官長に次のように下問している。

一、武官長に対し左の要旨の御下問あり
一昨日の総長上奏には「ガ」島攻撃再興は十月中旬とのこととなりしに

昨日の上奏には海軍と協定の結果九月下旬乃至十月上旬の間に実施するとのことなり　此の度の攻撃失敗せは取り返しつかさるに至るものと考ふ
攻撃再興時機を早める為所要に充たさる兵力を以て匆急なる攻撃を行ふこととはならさるや
再興に先立つてする兵力其輸送状況等具体的に承知し度㉙

陸軍が一〇月中旬に予定していた攻撃再興を、海軍との協定の結果、九月下旬から一〇月上旬の間に早めるというが、今度失敗したら「取り返しつかさるに至る」から、準備不足の攻撃にならないよう、兵力の輸送などについて知りたい、という天皇の憂慮の念の表明である。武官長からそれを聞いた坪島は、直ちに参謀本部に連絡して、次のような回答を得た。

一、右参謀本部に連絡せし結果次の如し
1. 御下問の件は調査の上総長より上奏す
2. 再攻《ママ》の時機は海軍の希望もあり九月下旬も一応研究せしも兵力輸送間に合はず早くも十月上旬以降なるへし
此の期日は現地軍の状況に依りて異なる

3. 使用兵力現に「ガ」島に在り若は之に向ひつつある兵力に昨日御允裁を得たる〔部隊名省略〕等を増加し攻撃を再興する予定なり(30)

天皇が憂慮した通り、ガダルカナル島での攻撃再興は、「兵力輸送間に合はず早くも十月上旬以降」になるとのことで、増援部隊についても示されたが、陸海軍の間の調整のあり方に対する天皇の疑念・憂慮は解消されなかったことは間違いない。

翌一九四三年には東部ニューギニアのブナ失陥、ガダルカナル島からの「転進」、アッツ島の「玉砕」など非常に厳しい戦況の中で、本書第六章で記したように、六月から八月にかけて天皇の「決戦」要求が高まる。だが、ソロモン・ニューギニアで消耗してしまった日本軍にその力はなく、ジリジリと後退せざるを得ない状態が続く。九月三〇日の御前会議においていわゆる「絶対国防圏」が設定される。それに先立って、天皇は統帥部に対して全般・全局の情勢判断を示すように強く求めていたことが『坪島文雄日記』からも分かる。一九四三年九月一〇日には次のような記述がある。

一、武官長に対する御下問

1. 17D〔第17師団〕の使用方面は定まりしや

2. 敵の反攻は南東、南西、東北方面に於て明になりつつあり　此際に於て総長より全般、全局的の情勢判断を聞き度思召さる

特に緬甸方面を御軫念の如く拝察せらる

右の内には敵の企図判断、我方の現況(兵力配置)、治安の現況(関係地域)之に対する我作戦指導の大綱(地上、航空兵力の運用、後方兵站補給等)につき申し上くれは可なるへし

一、右第一項は第二課長と連絡(17Dは全力ラバウルに指向)

第二項は第一部長に連絡済[31]

最初の天皇の下問「17Dの使用方面は定まりしや」は、ラバウルの防備強化を図る海軍が、中国に駐屯していた第一七師団の同地派遣を求めたのに対し、陸軍は師団全力のラバウル派遣には難色を示し、陸軍と海軍の間、派遣反対の陸軍省と一部派遣を主張する参謀本部の間で九月上旬に激しい論議が交わされていたのだが、どのように決着をつけたのかということである。『高松宮日記』にも、高松宮が九月七日に天皇に「第十七師団ノ問題ニツキ、要スルニ陸軍大臣ガ作戦方針ノ全般ヲ了解セヌタメト思フ」と話したところ、天皇は、「御前研究ヲ早クヤツテ、陸海軍大臣ガ出問スルコトヲ許シタラ、ソシテソレデツキヌ点ヲ陛下(自分)ガオ尋ネニナル様ニシタラヨカラウ[32]」と語ったとさ

れている。ラバウル方面の防備の強化と補給の実施は、天皇も強く望んでいたことであったので、(33)「17Dは全力ラバウルに指向」という真田穣一郎作戦課長の答えは天皇を満足させたであろう。だが、天皇は、ラバウルに兵団を送るか送らないかにとどまらず、さらに「此際に於て総長より全般、全局的の情勢判断を聞き度」と要望したのである。戦争指導者としての天皇の視野が分かる発言である。この天皇の要望を受けて、九月二三日には大本営会議が開催されて「陸海軍連合御前兵棋」が行なわれ、「将来の我方の作戦指導方針並各方面作戦指導要領」が検討された。この際、天皇は、次のような下問をしている。

一、敵の兵力判断は過少評価しあらさるや
一、フィンシユ北方に敵上陸せるか　ラボールの防衛に大なる影響なきや
一、南方の兵力増強の為支那より転用する計画なる所満洲よりなし得さるや(34)

敵側の兵力の見積もりが「過少評価」ではないかといった「御前兵棋」の根本に関わる問題から、東部ニューギニアの要衝ラエ東方のフィンシュハーフェンへの敵軍上陸が、ますますラバウルとニューギニアを分断することへの懸念、「満洲」からの兵力転用の可能性は、現実に、この後、関東軍からの南方戦域への兵力抽出が本格化することを考

えれば、いずれも戦略判断としては妥当な指摘であろう。

3　田島道治『拝謁記』から見た昭和天皇の戦争

田島道治《たじまみちじ》(一八八五〜一九六八年)は、愛知県出身の銀行家・実業家で、一九四八年六月に宮内府(宮内省の後身、宮内庁の前身)長官に就任し、五三年一二月まで宮内庁長官を務めた。田島が書き残した『拝謁記』は、一九四九年二月三日から始まり、五三年一二月一六日(この月まで田島は在任)までの四年一〇カ月にわたって記録されている。『拝謁記』は、田島の日常の日記ではなく(『田島道治日記』は別に存在する)、天皇への拝謁時だけに特化した備忘録である。『拝謁記』を中心とする田島道治に関する資料は、古川隆久・茶谷誠一・冨永望・瀬畑源・河西秀哉・舟橋正真編『昭和天皇拝謁記――初代宮内庁長官田島道治の記録』全七巻(岩波書店、二〇二一〜二三年)として刊行されている。これらのうち第一巻から第五巻が『拝謁記』、第六巻が『田島道治日記』、第七巻が『関連資料』である。

『拝謁記』の特徴は、他の側近の日記や回想などに比べ、天皇の肉声と言えるものを、その語り口やニュアンスをも含めて忠実・詳細に記録している点にある。また、天皇の発言と田島がどのように応答したのか(しなかったのか)、天皇の所作から推定する天皇発言の意図や田島の感想なども含めて記されている。記録された天皇の発言は、世界情勢、マッカーサーとGHQの動向、国内情勢、政府の施策や人事に関する感想、戦時中の回顧、人物評、さらには皇族・旧皇族の動向、天皇一家（皇太后・皇后・親王・内親王）の諸問題に至るまで実に多岐に及んでいる。本書の課題である昭和天皇の戦争への関与ということに関しても、天皇の戦争認識を示す記述が数多く記録されている。(35)

本節では、『拝謁記』を終戦直後の一九四六年三月から四月にかけての時期に側近によって記録された『独白録』と読み比べ、(36)戦後数年が経過した時点での天皇の主張の力点の変化を確認したい。

まず、『独白録』には戦前のドイツとの関係については、いろいろと触れられているが、

当時欧洲に於る独乙の成功は我が国に影響し日独同盟論者は益〻増加し、又一方近衛の新体制運動が起つたのと、且つは陸海軍間の感情論等からして米内〻閣は陸軍に倒された(37)

というように、ドイツの一九四〇年春以降の西方攻勢が、日本国内の同盟論を強め、米内内閣を倒壊させたという一般的な記述にとどまっている。だが、『拝謁記』では、し

ばしば次のように語られている。

私は実に心配しているのだが、戦争前の状況といふか、大正末期から昭和の始めへかけての社会の有様と最近〔一九五二年〕は非常に似てると思ふ。独乙が持つ国持たざる国といふ標語で〔日本の〕軍人に渡りをつけ、……そしてそれは日本の一部の人間をその心酔者にして了ふ。〔中略〕あの頃は血気にはやる青年将校を此等の事情が刺戟して段々さはぎを大きくした[38]……

此前〔戦前〕の反英米の気分に乗つて、独乙といふものに軍人といふ組織をもつたものが結びついて右翼とつらなつて、心ある人が沈黙して、多数の意思でもない事がずる〳〵と出来ていつた[39]。

ここでは、ドイツが日本陸軍に影響力を行使して、陸軍の中に心酔者を作り、ドイツにいわば操られた陸軍が組織力を持って日本を戦争の道へと歩ませたとの認識が語られている。日独提携の端緒となった日独防共協定が結ばれたのが一九三六年一一月であるから、天皇が語るように「大正末期から昭和の始め」というのは早すぎる感があるが、ドイツ―陸軍―戦争という図式は、一九五二年当時の日本に対する天皇の時局認識を反映しているのである。天皇は田島にこのようにも語っている。

議会の現状に憤慨した往年の軍の一部、独乙―軍閥―戦争―敗亡といふやうに今の国会の有様に憤慨して学生、労働者―ソ連―共産党―戦争―敗亡といふ余りに相似的な事に目をさまさぬのはどうした事か。(40)

天皇は、戦前におけるドイツ―陸軍―戦争―敗亡という図式を、『拝謁記』が記録された時点におけるソ連―共産党(組織労働者)―戦争(革命)―敗亡という図式と重ね合わせて語っているのである。天皇のこの図式的歴史認識は、防共協定が結ばれたのと同じ年に二・二六事件が起き、その二・二六事件の青年将校たちに近い存在だった三国同盟論者の秩父宮雍仁親王がいたことを考えると、天皇にとっては自然な結びつきだったといえよう。

『独白録』でも秩父宮が三国同盟論者であったこと、その点で天皇と衝突したことは記されているが、『拝謁記』では、三国同盟をめぐる秩父宮との対立については語られているものの、主張の内容での批判だけでなく、天皇は、陸軍の軍人だった秩父宮と三笠宮崇仁親王を「陸軍風」だとして繰り返し批判している。「どうも陸軍の教育といふものは常に積極的で活動に移すことで、何かといふと臨機措置でどんどん動くといふ傾向がある。これは秩父さんも三笠さんも同様だ」、「陸軍の教育で独断専行とは臨機の処置とかいふ事で積極的にすぎるやうだ、〔……〕どうも陸軍風だ。三笠さんも秩父さんもどうも此陸軍風だ」といった具合である。(41)(42)

ドイツ―陸軍―戦争―敗亡という図式にのっとり、ドイツ心酔者や政治に深く介入した軍人への天皇の評価は『拝謁記』においても辛辣である。『独白録』と違うのは、東京裁判の判決後の評価という点である。例えば、『拝謁記』ではこのようにある。

豊田〔副武・元軍令部総長〕の無罪〔不起訴〕はアメリカの日本に対する傾向の差を表はす事大なるものだ。広田〔弘毅・元首相〕の死刑は気の毒、豊田の無罪と対比し、木戸〔幸一・元内大臣〕、重光〔葵・元外相〕、東郷〔茂徳・元外相〕の有罪は可愛相だとの仰せ。鈴木貞一〔元企画院総裁〕、橋本欣五郎、大島〔浩・元駐独〕大使などの死刑でなきは不思議、白鳥〔敏夫・元駐伊大使〕もわるいとの仰せあり。(43)

広田弘毅を「気の毒」、木戸幸一・重光葵・東郷茂徳を「可愛相」とする一方で、豊田副武の不起訴に不満を示し、鈴木貞一・橋本欣五郎・大島浩などが「死刑でなきは不思議」、白鳥敏夫も「わるい」としている。昭和天皇にとって東京裁判とは、戦争犯罪を裁くものではなく、日本を「敗亡」に追い込んだ者を裁くべきものと認識されていたことを示している。また、公職追放についても同様の認識が語られている。

橋本〔欣五郎〕とか小磯〔国昭・元首相〕とかいふ、追放に値するものは仕方がないが、その外追放に値しない人には一日も早く解放せねば駄目だとの御話。〔中略〕本当は私は荒木〔貞夫・元陸相〕は支那事変を拡大せしめたし、真崎〔甚三郎・元教育総監〕は共産党排撃の目的かは知らぬが士官学校で政治の事を青年将校にふきこんだのは真崎が校長時代又教育総監時代の責任故、私は追放に値すると思ふ……。(44)

ここでも、橋本欣五郎・小磯国昭を「追放に値するもの」、荒木貞夫・真崎甚三郎についても同様だとされている。

このように見てみると、天皇の戦争時代の認識、人物評価は、天皇が語る時点での国内政治の状況などで微妙に変化している部分があることが分かる。そのことは、近衛文麿と東条英機に対する評価でも言える。『独白録』(一九四六年)の段階では、天皇は近衛には非常に批判的で、東条に対しては比較的理解を示す語り口であったが、『拝謁記』(一九四九年)の段階では、次のような述懐となる。

近衛は毒を以て毒を制する主義で色々な一寸変りものを好く癖のあつたこと、〔一九四一年〕九月五日会議のとき御思召なれば責任を陛下に帰すること、等々御話になり、東条は仏印へ兵を進めたものを罰したこと、ぼや事件で近衛の師団長等、旅団長賀陽〔金枝玉葉〕を罰したこと等、信頼出来る長所はあつたが政治的識見を欠いた等のこと、何れにしても下克上のあつたこと、いはゞ東条と近衛とを一身に持つ様な人間があればと思ふとのいつもの仰せを相当永くいろいろの実例にて御話あり。(45)

近衛と東条のそれぞれに対するコメントは、『独白録』段階とほぼ変わらないが、「東条と近衛とを一身に持つ様な人間があれば」という評価は、『独白録』にはなかったものである。これも、吉田茂を念頭に、政治的利点を「一身に持つ様な人間」が、その時にいないという天皇の憂慮〔現状認識〕を反映したものである。天皇の回想は、現実の状況との対応関係の中で、新たな解釈の下になされていることが分かる。例えば、天皇は、「一身に持つ様な人間」がその時の政界にはなかなか存在しないということが分かると、吉田の欠点を補う、良いコンビになる人物について言及するようになる。そうすると、過去の回想においてもコンビの重要さが強調されるようになる。

東条は私の心持を全然知らぬでもないと思ふが、とても鈴木貫太郎のやうに本当に私の気持を知つてない。終戦は鈴木、米内、木戸、それから陸相の阿南、と皆私の気持をよく理解してゝくれて其コムビがよかつた。東条と木戸わるくはなかつたが、とても鈴木の時のやうではない。私の気持を本当に理解して、その上コムビがよい時に始めて事は成功する。もつと早く私が終戦させようと思つても陸軍が中々駄目だ。其点からはおかしな話だが、スターリンの参戦といふ事で陸軍もあきらめがついたといふ事にもなるのだ。あの処刑された板垣などは、一ついふと二つ目に辞表を出すといふ。陸相に辞表出されると動きがつかぬ。阿南があの時辞表を出さなかつたのは実によかつた。兎角人物は相当のものが居てもコムビが必要だ。コムビがわるければ人物が居ても駄目だとの御述懐あり。(46)

この回想がなされたのは一九五一年一〇月三〇日のことであるが、一二月二四日には、「又芦田の事務的万能、論理的のものゝ進め方を御理解らしく、芦田は中々出来る。吉田とコムビになるといゝがナー。一所にやれば吉田は老人だし自然に芦田も首相になれるといふ様な御話(47)」、一九五二年二月二六日でも、「吉田の愛国の至誠は党人の党本位や個人本位と違ふ事。但し知識が少く、其点芦田は物知りで此二人の長所を合せるといゝ人となる。コムビにならぬ、残念との御話(48)」という具合に、芦田均が吉田とコンビを組めばという話になる。『拝謁記』は、天皇の戦争認識・時局認識を検討する上で、極めて重要な資料であるが、ここで語られる天皇による戦前期についての回想には、天皇が田島に語った際の時局認識が強く反映していることを考慮する必要があろう。

＊　＊　＊

本章では、近年公開あるいは刊行された『百武三郎日記』、『坪島文雄日記』、田島道治『拝謁記』から昭和天皇の戦争への関与について検討してきた。本章で扱ったのは、これらの資料のごく一部分に過ぎないが、それでも「実録」だけからはうかがい知ることができない、昭和天皇の戦争への関与のあり方、戦争認識が見えてきたと思う。今後、これらの資料の分析がさらに進み、昭和天皇の戦争に関する研究がさらに深化することを願ってやまない。

注

はじめに

（1）二〇一六年一一月末現在において刊行された宮内庁編『昭和天皇実録』（東京書籍）は、第一巻〈明治三四年～大正二年〉（二〇一五年三月刊）、第二巻〈大正三年～九年〉（同前）、第三巻〈大正一〇年～一二年〉（二〇一五年九月刊）、第四巻〈大正一三年～昭和二年〉（同前）、第五巻〈昭和三年～六年〉（二〇一六年三月刊）、第六巻〈昭和七年～一〇年〉（同前）、第七巻〈昭和一一年～一四年〉（同前）、第八巻〈昭和一五年～一七年〉（二〇一六年九月刊）、第九巻〈昭和一八年～二〇年〉（同前）である。以後、第一〇巻（昭和二一年から）～第一五巻（昭和四八年まで）が二〇一七年に、第一六巻（昭和四九年から）～第一八巻（昭和六四年まで）が二〇一八年に、第一九巻（索引）が二〇一九年に刊行される予定である。

（2）二〇一六年一一月末現在、「昭和天皇実録」を検討対象・史料にして刊行された主な書籍は、単行本に限っても以下の通り（刊行順、ムック類・雑誌特集などは除く）。
半藤一利・御厨貴ほか『「昭和天皇実録」の謎を解く』（文春新書、二〇一五年三月）。

保阪正康『昭和天皇実録　その表と裏』第一巻（毎日新聞社、二〇一五年三月）。

保阪正康『昭和天皇実録　その表と裏』第二巻（毎日新聞社、二〇一五年七月）。

豊下楢彦『昭和天皇の戦後日本――〈憲法・安保体制〉にいたる道』（岩波書店、二〇一五年七月）。

栗原俊雄『「昭和天皇実録」と戦争』（山川出版社、二〇一五年八月）。

勝岡寛次『昭和天皇の祈りと大東亜戦争――『昭和天皇実録』を読み解く』（明成社、二〇一五年九月）。

半藤一利『「昭和天皇実録」にみる開戦と終戦』（岩波ブックレット、二〇一五年九月）。

原武史『「昭和天皇実録」を読む』（岩波新書、二〇一五年九月）。

小田部雄次『昭和天皇実録評解――裕仁はいかにして昭和天皇になったか』（敬文舎、二〇一五年九月）。

古川隆久・茶谷誠一・森暢平編『「昭和天皇実録」講義――生涯と時代を読み解く』（吉川弘文館、二〇一五年一一月）。

米窪明美『天皇陛下の私生活――一九四五年の昭和天皇』（新潮社、二〇一五年一二月）。

保阪正康『昭和天皇実録　その表と裏』第三巻（毎日新聞社、二〇一六年二月）。

井上亮『昭和天皇は何と戦っていたのか――『実録』で読む八七年の生涯』（小学館、二〇一六年四月）。

（3）「実録」巻二十七、一二四頁。刊本第八巻、一四八頁。
（4）同前、一七四頁。刊本同前、二〇七頁。
（5）『真田穣一郎少将日記』、参謀本部編『杉山メモ』下（原書房、一九六七年）、解説二四～二五頁所収。
（6）「実録」巻三十一、一三二頁。刊本第九巻、一五三頁。

（7）〈戦争の記憶〉の〈公的な継承〉については、拙著『兵士たちの戦場――体験と記憶の歴史化』（岩波書店、二〇一五年）二〜三頁を参照のこと。

第一章　国務と統帥の統合者としての昭和天皇

（1）「実録」巻二十八、二四〜二五頁。刊本第八巻（東京書籍、二〇一六年）、三一一〜三一二頁。
（2）外務省編『日本外交文書　第二次欧州大戦と日本　第一冊　日独伊三国同盟・日ソ中立条約』（六一書房、二〇一二年）三二四頁。外務省編『日本外交年表竝主要文書』下（原書房、一九六六年）、四八〇頁および参謀本部編『杉山メモ』上（原書房、一九六七年）、一七六頁。
（3）JACAR（アジア歴史資料センター）/Ref.B02032963200、大東亜戦争関係一件／戦争準備資料（A-7-0-0-9_50）（外務省外交史料館）。
（4）前掲『日本外交文書　第二次欧州大戦と日本　第一冊』三二六頁。同趣旨の書き込み「二月八日首相、平沼内相、陸、海相、両総長、両次長署名」が、『日本外交年表竝主要文書』下、四八二頁にもある。
（5）前掲『日本外交文書　第二次欧州大戦と日本　第一冊』三二四〜三二五頁。
（6）前掲『日本外交年表竝主要文書』下、五三一〜五三二頁。
（7）拙著『昭和天皇の軍事思想と戦略』（校倉書房、二〇〇二年）一七七頁。
（8）「実録」巻二十九、一一七頁。刊本第八巻、五五二頁。
（9）防衛庁防衛研修所戦史室・戦史叢書20『大本営陸軍部（2）』（朝雲新聞社、一九六八年）六四八〜六四九頁所収。
(10) 「実録」巻三十一、九三〜九四頁。刊本第九巻（二〇一六年）、一〇九頁。
(11) 前掲『日本外交年表竝主要文書』下、五八三〜五八四頁。
(12) 前掲『昭和天皇の軍事思想と戦略』一〇八頁。
(13) 「実録」巻二十四、一七〇〜一七一頁。刊本第七巻（二〇一六年）、四六四頁。
(14) 前掲『昭和天皇の軍事思想と戦略』一〇四頁。
(15) 「実録」巻二十五、六頁。刊本第七巻、四九五頁。
(16) 同前、一二九頁。刊本同前、六四三頁。
(17) 「実録」巻二十六、五四頁。刊本第七巻、七六四頁。
(18) 「実録」巻二十七、二六〜二七頁。刊本第八巻、三〇頁。
(19) 同前、一〇七頁。刊本同前、一二七頁。
(20) 同前。刊本同前。
(21) 「実録」巻二十四、一七九頁。刊本第七巻、四七五頁。
(22) 同前、一八八頁。刊本同前、四八六頁。
(23) ただし、「大海令」は大本営設置前の一九三七年七月二八日に第一号が発令されており、一九四一年九月六日までに三〇四件が、それ以降はあらためて第一号から付番し直されて対英米開戦までに九件が発令された。

第三章　軍事と政治・儀式のはざま

（1）「実録」巻二十四、四頁。刊本第七巻、二六六頁。
（2）「実録」巻三十三、五頁。刊本第九巻、五二八頁。
（3）「日本ニュース」第二四一号（一九四五年一月一一日付）、NHK戦争証言アーカイブス http://cgi2.nhk.or.jp/shogenarchives/jpnews/movie.cgi?das_id=D0001300369_00000&seg_number=001
（4）「実録」巻六、七三〜七四頁。刊本第二巻（二〇一五年）、五一六頁。
（5）「実録」巻十五、五八頁。刊本第五巻（二〇一六年）、七一〜七二頁。
（6）「実録」巻三十一、七一頁。刊本第九巻、八二頁。
（7）「実録」巻十五、七一頁。刊本第五巻、二四四〜二四六頁。
（8）「実録」巻十五、一三九〜一四一頁。刊本第五巻、一七三〜一七四頁。
（9）同前、一四一頁。刊本同前、一七四〜一七五頁。
（10）同前、一四五頁。刊本同前、一七九頁。
（11）同前、一四六頁。刊本同前、一八一頁。
（12）「実録」巻十四、一四七〜一四九頁。刊本第四巻、七九八〜八〇〇頁。
（13）「実録」巻二十三、一八〇頁。刊本第七巻、二一六頁。
（14）「実録」巻十五、二〇〇頁。刊本第五巻、二四八〜二五一頁。

第三章　軍部独走への批判から容認へ

（1）「実録」巻十五、二一六頁。刊本第五巻、二六八頁。

(2) 田中義一伝記刊行会編『田中義一伝記』下（原書房、一九八一年復刻）、一〇三〇頁。
(3)「実録」巻十五、二一七頁。刊本第五巻、二六九頁。
(4) 同前、二一九頁。刊本同前、二七一～二七二頁。
(5) 粟屋憲太郎ほか編『昭和初期の天皇と宮中　侍従次長河井弥八日記』第二巻〈一九二八年〉（岩波書店、一九九三年）、二二二頁。
(6) 波多野澄雄ほか編『侍従武官長　奈良武次日記・回顧録』第三巻〈昭和三年～八年〉（柏書房、二〇〇〇年）、九六頁。
(7)「実録」巻十六、九九頁。刊本第五巻、三九四～三九五頁。傍線と(1)(2)は山田によるもの。
(8) 寺崎英成、マリコ・テラサキ・ミラー編『昭和天皇独白録』（文春文庫、一九九五年）二七頁。
(9)「実録」巻十六、九九頁。刊本第五巻、三九五～三九六頁。
(10) 同前、一〇四頁。刊本同前、四〇〇頁。
(11)「実録」巻十八、九〇～九一頁。刊本第五巻、八六六～八六七頁。
(12) 同前、九三頁。刊本同前、八七〇頁。
(13) 同前、九七頁。刊本同前、八七五頁。
(14) 同前、一〇〇頁。刊本同前、八七九頁。
(15) 同前、一〇一頁。刊本同前。
(16) 同前。刊本同前。

(17) 井原頼明『増補 皇室事典』(冨山房、一九四二年、復刻版一九八二年)四六七頁。
(18) 「実録」巻十九、一二五～一二六頁。刊本第六巻、一四九～一五〇頁。
(19) 同前、一三四～一三五頁。刊本同前、一六〇頁。
(20) 同前、一三五頁。刊本同前、一六一頁。
(21) 同前、一三六頁。刊本同前、一六二頁。
(22) 前掲『昭和天皇独白録』(文春文庫、一九九五年)二九～三〇頁。
(23) 「実録」巻二十、三頁。刊本第六巻、二二〇頁。
(24) 同前、八頁。刊本同前、二二五頁。
(25) 同前、一〇頁。刊本同前、二二八頁。
(26) 伊藤隆・広瀬順晧編『牧野伸顕日記』(中央公論社、一九九〇年)五三八頁。
(27) 「実録」巻二十、一六頁。刊本同前、二三六頁。
(28) 前掲『昭和天皇の軍事思想と戦略』六四～六七頁。
(29) 「実録」巻二十、一九～二〇頁。刊本第六巻、二三九～二四〇頁。
(30) 同前、二〇頁。刊本同前、二四〇頁。
(31) 本庄繁『本庄日記』(原書房、一九六七年)一五九頁。
(32) 「実録」巻二十、五一頁。刊本第六巻、二七九頁。
(33) 防衛庁防衛研修所戦史室・戦史叢書８『大本営陸軍部(1)』(朝雲新聞社、一九六七年)三三六頁。
(34) 同前、三三七頁。

(35) 前掲『本庄日記』一六〇頁。
(36) 同前。
(37) 細川護貞ほか編『高松宮日記』第二巻〈昭和八年〜十二年〉(中央公論社、一九九五年)、八九〜九〇頁。
(38) 「実録」巻二十三、二六頁。刊本第七巻、三一頁。
(39) 同前、三五頁。刊本同前、四一頁。
(40) 「実録」巻三十一、三四頁。刊本第九巻、一五五頁。

第四章　戦争指導・作戦指導の確立

(1) 原田熊雄述『西園寺公と政局』第六巻(岩波書店、一九五一年)、二九〜三一頁。
(2) 「実録」巻二十四、九〇頁。刊本第七巻、三六九〜三七〇頁。
(3) 寺崎英成、マリコ・テラサキ・ミラー編著『昭和天皇独白録　寺崎英成・御用掛日記』(文藝春秋、一九九一年)三五〜三六頁。前掲『昭和天皇独白録』(文春文庫、一九九五年)四一〜四二頁。
(4) 木戸日記研究会校訂『木戸幸一日記』下(東京大学出版会、一九六六年)、八〇二頁。
(5) 「実録」巻二十四、八三頁。刊本第七巻、三五八頁。
(6) 同前。刊本同前、三五九〜三六〇頁。
(7) 浅田喬二・小林英夫編『日本帝国主義の満州支配』(時潮社、一九八六年)二一七頁。
(8) 防衛庁防衛研修所戦史室・戦史叢書27『関東軍(1)』(朝雲新聞社、一九六九年)三二九〜

三三六頁。
(9)「実録」巻二十四、八四～八五頁。刊本第七巻、三六三頁。
(10) 同前、八六頁。刊本同前、三六五頁。
(11) 前掲『西園寺公と政局』第六巻、一三六～一三七頁。
(12) 同前、一三七頁。
(13) 同前、一四〇頁。
(14) 同前、一四一頁。
(15) 前掲『高松宮日記』第二巻、五一八頁。一九三七年八月四日の条。
(16)「実録」巻二十四、一六四～一六五頁。刊本第七巻、四五八～四五九頁。
(17) 前掲『西園寺公と政局』第六巻、二〇二～二〇三頁。
(18)「実録」巻二十五、六頁。刊本第七巻、四九五頁。
(19)「実録」巻二十六、八五～八六頁。刊本第七巻、八〇〇頁。
(20) 同前、八八頁。刊本同前、八〇四頁。
(21)「実録」巻二十七、一一四頁。刊本第八巻、一三五～一三六頁。
(22) 同前、一四九頁。刊本同前、一七八頁。
(23) 井本熊男『作戦日誌で綴る支那事変』（芙蓉書房、一九七八年）二五五頁。
(24) 同前、二五七頁。
(25) 原田熊雄述『西園寺公と政局』第七巻（岩波書店、一九五二年）、五一頁。
(26) 同前。

(27) 同前。
(28) 「実録」巻二十五、九六〜九七頁。刊本第七巻、六〇四頁。
(29) 前掲『関東軍(1)』三五一頁。
(30) 同前、三六七頁。
(31) 稲田正純「ソ連極東軍との対決」、『別冊知性・秘められたる昭和史』(一九五六年一二月号)所収。
(32) 前掲『関東軍(1)』三六八頁。
(33) 同前。
(34) 「実録」巻二十五、一〇二頁。刊本第七巻、六〇四頁。
(35) 前掲『関東軍(1)』四一〇頁。原資料は、参謀本部調製『張鼓峯事件史』(昭和一八年一〇月)。
(36) 藤原彰『昭和天皇の十五年戦争』(青木書店、一九九一年)一〇九頁。
(37) 防衛庁防衛研修所戦史室・戦史叢書90『支那事変陸軍作戦(3)』(朝雲新聞社、一九七五年)一五五頁。
(38) 「大陸命第四二六号」、森松俊夫監修・原剛解説『「大本営陸軍部」大陸命・大陸指総集成』第五巻〈昭和一五年〉(エムティ出版、一九九四年)、三八〜三九頁所収。
(39) 前掲『支那事変陸軍作戦(3)』一八八頁。
(40) 前掲『作戦日誌で綴る支那事変』四二八頁。
(41) 「実録」巻二十七、四九〜五〇頁。刊本第八巻、五八頁。

(42) 前掲『支那事変陸軍作戦(3)』一五五〜一五七頁。前掲『作戦日誌で綴る支那事変』四二六頁。
(43)「大陸指第六八四号」、前掲『「大本営陸軍部」大陸命・大陸指総集成』第五巻、八九頁所収。
(44) 防衛庁防衛研修所戦史室・戦史叢書95『海軍航空概史』(朝雲新聞社、一九七六年)一一九頁。
(45) 前掲『支那事変陸軍作戦(3)』二一二頁。
(46)「実録」巻二十七、八五頁。刊本第八巻、一〇〇〜一〇一頁。
(47) 前掲『支那事変陸軍作戦(3)』二一三〜二一四頁。
(48) 前掲『作戦日誌で綴る支那事変』四四〇頁。

第五章　アジアとの戦争／欧米との戦争

(1) 前掲『木戸幸一日記』下、七九四頁。
(2)「実録」巻二十七、九〇頁。刊本第八巻、一〇六頁。
(3) 佐々木隆爾『現代天皇制の起源と機能』(昭和出版、一九九〇年)八〇頁。
(4) 一九八〇年九月二日、那須御用邸における記者団に対する昭和天皇の発言(高橋紘『陛下、お尋ね申し上げます――記者会見全記録と人間天皇の軌跡』文春文庫、一九八八年、二九五〜二九六頁)。
(5) 前掲『杉山メモ』上、一五六頁。

（6）種村佐孝『大本営機密日誌』（芙蓉書房、一九七九年）六一頁。
（7）同前。
（8）「実録」巻二十七、二二一頁。刊本第八巻、二五一頁。
（9）前掲『大本営機密日誌』六一頁。
（10）前掲『木戸幸一日記』下、八五四頁。
（11）「実録」巻二十八、一九頁。刊本第八巻、三〇四頁（二月一日の条に「後日」のこととして記述されている）。
（12）「実録」巻二十九、二二一〜二二二頁。刊本第八巻、四三六〜四三七頁。
（13）前掲『杉山メモ』上、二七六〜二七八頁。
（14）前掲『木戸幸一日記』下、八九五頁。
（15）防衛庁防衛研修所戦史室・戦史叢書65『大本営陸軍部・大東亜戦争開戦経緯（1）』（朝雲新聞社、一九七三年）三六八頁。
（16）同前。
（17）実松譲『米内光政秘書官の回想』（光人社、一九八九年）四五頁。
（18）前掲『木戸幸一日記』下、八九五頁。
（19）同前、八九六頁。
（20）細川護貞ほか編『高松宮日記』第三巻〈昭和十五年〜十六年〉（中央公論社、一九九五年）、二八三頁。一九四一年八月二四日の条。
（21）同前、二八四頁。一九四一年八月二四日の条。

(22)「実録」巻二十九、三三頁。刊本第八巻、四五〇頁。
(23) 前掲『日本外交年表竝主要文書』下、五四四頁。
(24) 近衛文麿『平和への努力』(日本電報通信社、一九四六年)八五〜八六頁。
(25) 同前、八六頁。
(26) 前掲『杉山メモ』上、三一〇頁。
(27) 防衛庁防衛研修所戦史室・戦史叢書70『大本営陸軍部・大東亜戦争開戦経緯(4)』(朝雲新聞社、一九七四年)五四二頁。原資料は、田中新一少将『業務日誌』。以下、田中『業務日誌』と記す。
(28) 前掲『平和への努力』八六〜八七頁。
(29) 前掲『杉山メモ』上、三一〇頁。
(30) 前掲『大本営陸軍部・大東亜戦争開戦経緯(4)』五四二頁。
(31) 前掲『平和への努力』八七頁。
(32) 福留繁『海軍の反省』(日本出版協同、一九五一年)一一七〜一一八頁。
(33) 前掲『杉山メモ』上、三一〇〜三一一頁。
(34) 前掲『大本営陸軍部・大東亜戦争開戦経緯(4)』五四二頁および五六九頁、前掲『大本営陸軍部(2)』四三一頁。
(35) 前掲『大本営陸軍部・大東亜戦争開戦経緯(4)』五六九頁。
(36) 前掲『杉山メモ』上、三一一頁。
(37)「実録」巻二十九、四七〜四八頁。刊本第八巻、四六七〜四六九頁。

(38) 上法快男編『軍務局長武藤章回想録』(芙蓉書房、一九八一年)二六二頁。
(39) 防衛庁防衛研修所戦史室・戦史叢書76『大本営陸軍部・大東亜戦争開戦経緯(5)』(朝雲新聞社、一九七四年)四九頁。原資料は『石井秋穂大佐回想録』(防衛省防衛研究所戦史部所蔵)。
(40) 同前、一一七頁。
(41) 同前、一一六〜一一七頁。
(42) 高山信武『参謀本部作戦課』(芙蓉書房、一九七八年)一二五〜一三一頁。
(43) 「対英米蘭戦争ニ於ケル初期及数年ニ亘ル作戦的見透シニ就テ」、参謀本部第二課『昭和一六年上奏関係書類綴』巻一(防衛省防衛研究所図書館所蔵)所収。JACAR/Ref.C13071024700.
(44) 同前。
(45) 同前。
(46) 「兵棋ニ依ル作戦計画御説明ニ関スル件」、前掲『昭和一六年上奏関係書類綴』巻一所収。JACAR/Ref.C13071024900.
(47) 「山本司令長官から嶋田海軍大臣あての書簡」(一九四一年一〇月二四日付)、防衛庁防衛研修所戦史室・戦史叢書10『ハワイ作戦』(朝雲新聞社、一九六七年)五三四頁。
(48) 前掲「兵棋ニ依ル作戦計画御説明ニ関スル件」。
(49) 同前。
(50) 「実録」巻二十九、一〇七〜一〇八頁。刊本第八巻、五三九〜五四〇頁。
(51) 前掲『大本営陸軍部(2)』六三四頁。原資料は参謀本部作戦課員・井本熊男中佐『業務日誌』。以下、井本『業務日誌』と記す。

(52) 同前、六三四〜六三五頁。
(53) 前掲「兵棋ニ依ル作戦計画御説明ニ関スル件」。
(54) 「大海指第一号」、前掲『ハワイ作戦』付録第五、五三八頁。末國正雄・秦郁彦監修『連合艦隊海空戦戦闘詳報』第一巻〈大海令・大海指〉(アテネ書房、一九九六年)、二〇頁。
(55) 防衛庁防衛研修所戦史室・戦史叢書80『大本営海軍部・聯合艦隊(2)』(朝雲新聞社、一九七五年)四四頁。
(56) 富田健治『敗戦日本の内側――近衛公の思い出』(古今書院、一九六二年)一九六頁。
(57) 前掲『木戸幸一日記』下、九一三頁。
(58) 一九四四年三月七日における伏見宮博恭王の岡田啓介への発言。高木惣吉『高木海軍少将覚え書』(毎日新聞社、一九七九年)二一頁。
(59) 前掲『木戸幸一日記』下、九一四頁。
(60) 同前。
(61) 前掲『軍務局長 武藤章回想録』二六九頁。
(62) 大本営陸軍部第二〇班『大本営機密戦争日誌』(防衛省防衛研究所図書館所蔵)一九四一年一〇月二〇日の条。軍事史学会編『大本営陸軍部戦争指導班・機密戦争日誌』上(錦正社、一九九八年)、一七三頁。
(63) 前掲『大本営機密戦争日誌』、一〇月二一日の条。
(64) 田中新一著・松下芳男編『田中作戦部長の証言』(芙蓉書房、一九七八年)三〇〇頁。
(65) 同前。

(66) 木下道雄『側近日誌』（文藝春秋、一九九〇年）一四六頁。一九四六年二月一二日の条。
(67) 前掲『大本営機密戦争日誌』一九四一年一一月二日・四日・五日の条。前掲『大本営陸軍部戦争指導班・機密戦争日誌』上、一八一〜一八二頁。
(68) 松谷誠『大東亜戦争収拾の真相』（芙蓉書房、一九八〇年）一四頁。
(69) 前掲『杉山メモ』上、五二三〜五二五頁。
(70) 同前、五四四頁。
(71) 「実録」巻二十九、一三七〜一四〇頁。刊本第八巻、五七五〜五八〇頁。
(72) 「開戦ニ関スル条約」（一九〇七年一〇月一八日ハーグにて調印、一九一二年一月一二日批准）、海軍大臣官房編『海軍制度沿革』第一七巻の二（原書房、一九七二年）、八九一頁所収。
(73) 前掲『木戸幸一日記』下、九三三頁。
(74) 防衛庁防衛研修所戦史室・戦史叢書35『大本営陸軍部（3）』（朝雲新聞社、一九七〇年）二九〇頁。原資料は田中『業務日誌』および『業務日誌に基づく手記』。
(75) 同前、二九〇頁。
(76) 「実録」巻三十、五頁。刊本第八巻、六一三〜六一四頁。
(77) 同前、一〇頁。刊本同前、六一九頁。
(78) 前掲『大本営陸軍部（3）』三〇四頁。原資料は田中『業務日誌』。
(79) 同前、三〇六頁。原資料は田中『業務日誌に基づく手記』。
(80) 同前、三〇六〜三〇七頁。
(81) 「実録」巻三十、一五〜一六頁。刊本第八巻、六二六頁。

(82) 防衛庁防衛研修所戦史室・戦史叢書2『比島攻略作戦』(朝雲新聞社、一九六六年)二八五頁。原資料は田中『業務日誌に基づく手記』。
(83) 同前、二八一頁所収の損害表から算出。
(84) 同前、二九三頁。
(85) 前掲『杉山メモ』下、二三頁。
(86) 「実録」巻三十、二七頁。刊本第八巻、六三九頁。
(87) 前掲『大本営陸軍部(3)』四〇九頁。原資料は田中『業務日誌』、井本『業務日誌』。
(88) 同前、四一二頁。原資料は田中『業務日誌』。
(89) 「実録」巻三十、三九頁。刊本第八巻、六五三～六五四頁。
(90) 前掲『杉山メモ』下、二六頁。
(91) 前掲『木戸幸一日記』下、九四六頁。
(92) 「実録」巻三十、四七頁。刊本第八巻、六六二頁。
(93) 同前、八七頁。刊本同前、七〇九頁。
(94) 富永謙吾『大本営発表の真相史』(自由国民社、一九七〇年)七三頁。
(95) 同前、二八一頁。

第六章　悪化する戦況と「国体護持」

(1) 防衛庁防衛研修所戦史室・戦史叢書63『大本営陸軍部(5)』(朝雲新聞社、一九七三年)三五〇頁。原資料は、田中『業務日誌』(防衛省防衛研究所所蔵)。

(2)「実録」巻三十、一三四頁。刊本第八巻、七六三頁。
(3) 奥宮正武『ラバウル海軍航空隊』（朝日ソノラマ文庫、一九八二年）一〇八頁。
(4) 同前、三五三頁。
(5)「実録」巻三十、一五七頁。刊本第八巻、七九〇頁。
(6) 前掲『大本営陸軍部（5）』三五一頁。
(7) 前掲『作戦日誌で綴る大東亜戦争』二二六〜二二七頁。
(8)「実録」巻三十、一九九頁。刊本第八巻、八三八頁。
(9) 防衛庁防衛研修所戦史室・戦史叢書14『南太平洋陸軍作戦（1）』（朝雲新聞社、一九六八年）三二五頁。
(10) 前掲『大本営陸軍部（5）』四四頁。
(11) 同前。
(12) 同前、四五頁。
(13) 同前。
(14) 同前、五五頁。
(15) 同前、五六頁。
(16) 宇垣纏『戦藻録』（原書房、一九六八年）二二二〜二二三頁。
(17)「実録」巻三十、一八五頁。刊本第八巻、八二三頁。
(18) 前掲『戦藻録』二二四頁。
(19) 同前。

(20)「実録」巻三十、一八七頁。刊本第八巻、八二五頁。
(21)前掲『戦藻録』二二四～二二五頁。
(22)細川護貞ほか編『高松宮日記』第五巻〈昭和十七年一月～九月〉（中央公論社、一九九六年）、一五一頁。一九四二年一〇月二八日の条。
(23)前掲『戦藻録』二三四頁。
(24)前掲『大本営陸軍部(5)』五六一頁。
(25)「実録」巻三十、二三九頁。刊本第八巻、八七二頁。
(26)前掲『大本営陸軍部(5)』五六二頁。
(27)「用兵事項ニ関シ奏上」（一九四二年一二月三一日付）、参謀本部第二課『昭和十八年上奏関係書類綴』巻一（防衛省防衛研究所図書館所蔵）所収。
(28)「実録」巻三十、二三〇～二三一頁。刊本第八巻、八七四頁。
(29)防衛庁防衛研修所戦史室・戦史叢書66『大本営陸軍部(6)』（朝雲新聞社、一九七三年）二八頁。原資料は、井本『業務日誌』（防衛省防衛研究所所蔵）。
(30)『真田穣一郎少将日記』、前掲『杉山メモ』下、解説一八～一九頁所収。
(31)前掲『大本営陸軍部(5)』五六七頁。
(32)前掲『大本営陸軍部(6)』三一頁。原資料は、『侍従武官尾形健一中佐業務日誌』（防衛省防衛研究所所蔵）。
(33)「実録」巻三十一、三八～三九頁。刊本第九巻、四四～四五頁。
(34)山本親雄『大本営海軍部』（朝日ソノラマ文庫、一九八二年）一二三～一二四頁。

(35) 前掲『大本営陸軍部(6)』四四四頁。原資料は『侍従武官尾形健一中佐業務日誌』。
(36) 同前、四五五〜四五六頁。
(37) 『真田穣一郎少将日記』、前掲『杉山メモ』下、解説二〇頁所収。
(38) 同前、解説二二頁所収。
(39) 同前。
(40) 同前、解説二一〜二二頁所収。
(41) 「実録」巻三十一、一〇二頁。刊本第九巻、一一八頁。
(42) 防衛庁防衛研修所戦史室・戦史叢書39『大本営海軍部・聯合艦隊(4)』（朝雲新聞社、一九七〇年）三六五頁。
(43) 前掲『ラバウル海軍航空隊』二四〇〜二四一頁。
(44) 前掲『大本営海軍部・聯合艦隊(4)』三六六頁。
(45) 細川護貞ほか編『高松宮日記』第六巻〈昭和十八年二月〜九月〉（中央公論社、一九九七年）、四一二頁。一九四三年七月二日の条。当時、高松宮は、軍令部作戦課参謀であった。
(46) 同前、三九〇〜三九一頁。
(47) 同前、三九一頁。
(48) 『真田穣一郎少将日記』、前掲『杉山メモ』下、解説二四〜二五頁所収。
(49) 「実録」巻三十一、一三二頁。刊本第九巻、一五三頁。
(50) 前掲『木戸幸一日記』下、一〇三九頁。
(51) 『真田穣一郎少将日記』、前掲『杉山メモ』下、解説二三頁所収。

(52) 同前、解説二三～二四頁。（　）内の「註」は真田穣一郎が補足したものであろう。
(53) 前掲『大本営海軍部・聯合艦隊（4）』四二八頁。原資料は、『真田穣一郎少将日記』（防衛省防衛研究所所蔵）。
(54) 『真田穣一郎少将日記』、前掲『杉山メモ』下、解説二五頁所収。
(55) 同前。
(56) 大井篤『海上護衛戦』（朝日ソノラマ文庫、一九八三年）一一六頁。
(57) 野村実編『侍従武官・城英一郎日記』（山川出版社、一九八二年）三六〇頁。
(58) 防衛庁防衛研修所戦史室・戦史叢書58『南太平洋陸軍作戦（4）』（朝雲新聞社、一九七二年）三六三頁。
(59) 細川護貞ほか編『高松宮日記』第七巻〈昭和十八年十月～十九年十二月〉（中央公論社、一九九七年）、二五九頁。一九四四年二月一日の条。
(60) 同前。
(61) 防衛庁防衛研修所戦史室・戦史叢書45『大本営海軍部・聯合艦隊（6）』（朝雲新聞社、一九七一年）二一頁。原資料は、『中澤佑少将業務日誌』（防衛省防衛研究所所蔵）。
(62) 同前。
(63) 同前、二二頁。
(64) 「実録」巻三十二、九三～九五頁。刊本第九巻、三七〇・三七一・三七二頁。
(65) 前掲『大本営海軍部・聯合艦隊（6）』三三頁。
(66) 同前、三七頁。

(67) 入江為年監修『入江相政日記』第一巻（朝日新聞社、一九九〇年）、三八三頁。

(68) 防衛庁防衛研修所戦史室・戦史叢書81『大本営陸軍部（9）』（朝雲新聞社、一九七五年）三二八頁。原資料は国武輝人軍事課課員のメモ。

(69) 前掲『侍従武官・城英一郎日記』「解題」一八頁。

(70) 山本親雄『大本営海軍部』（朝日ソノラマ文庫、一九八二年）一二五～一二六頁。

(71) 木戸日記研究会編『木戸幸一関係文書』（東京大学出版会、一九六六年）一二八頁。

(72) 大本営海軍部『昭和十九年十月奏上書』（防衛省防衛研究所所蔵）。以下、この『奏上書綴』におさめられている該当する月日の戦況奏上から引用する。

(73) 前掲『大本営海軍部・聯合艦隊（6）』四三六～四三七頁。

(74) Samuel Eliot Morison, *LEYTE June 1944–January 1945, Volume XII of History of United States Naval Operations in World War II* (Little, Brown and Company, Boston, 1984), p. 90.

(75) 及川古志郎軍令部総長「戦況ニ関シ奏上　昭和十九年十月十二日」、前掲『昭和十九年十月奏上書』所収。

(76) 及川古志郎軍令部総長「戦況ニ関シ奏上　昭和十九年十月十三日」、前掲『昭和十九年十月奏上書』所収。

(77) 及川古志郎軍令部総長「戦況ニ関シ奏上　昭和十九年十月十六日」表、前掲『昭和十九年十月奏上書』所収。

(78) 前掲『大本営海軍部・聯合艦隊（6）』四四六頁。

(79) 前掲『木戸幸一日記』下、一一四八頁。
(80) 前掲『大本営海軍部・聯合艦隊(6)』四四七頁。
(81) 同前、四九六頁。
(82) 米国海軍省戦史部編纂・史料調査会訳編『第二次大戦米国海軍作戦年誌　一九三九〜一九四五年』(出版協同社、一九五六年)一八三〜一八四頁。
(83) 一〇月一二日から一六日に至る期間における現地航空部隊から大本営にあてた戦果報告電報のうち、現在残っている電文だけを集計しても、撃沈二一〜二五隻(空母一六〜二〇隻、うち大型空母八〜一〇隻)、撃破二隻(いずれも空母)ということになってしまう。第二復員局残務処理部資料課『台湾沖航空戦竝関連電報綴(昭和十九年十月十日〜二十日)』(防衛省防衛研究所図書館所蔵)より算定。
(84) 前掲「戦況ニ関シ奏上　昭和十九年十月十六日」。
(85) 同前。
(86) 前掲『大本営海軍部・聯合艦隊(6)』一三八〜一四二頁。
(87) 前掲『昭和十九年十月奏上書』所収の「戦況ニ関シ奏上」「戦況ニ関シ御説明資料」より作成。
(88) 前掲「戦況ニ関シ奏上　昭和十九年十月十六日」。
(89) 前掲『大本営発表の真相史』一九一頁。
(90) 同前、二〇〇頁。
(91) 猪口力平・中島正『神風特別攻撃隊』(河出書房、一九六七年)一一一〜一一二頁。

(92)「実録」巻三十二、一八二頁。刊本第九巻、四七一〜四七二頁。
(93)「神風特攻隊御説明資料　昭和十九年十月二十八日」、前掲『昭和十九年十月奏上書』所収。
(94)「実録」巻三十二、一八二頁。刊本第九巻、四七三頁。
(95)同前、一七八頁。刊本第九巻、四六八頁。
(96)同前、一九七頁。刊本第九巻、四九〇頁。
(97)前掲『木戸幸一日記』下、一一六三頁。
(98)防衛庁防衛研修所戦史室・戦史叢書41『捷号陸軍作戦（1）』（朝雲新聞社、一九七〇年）四二二頁。
(99)同前、四二七頁。
(100)種村佐孝『大本営機密日誌』（芙蓉書房、一九七九年）二五二頁。
(101)及川古志郎軍令部総長・梅津美治郎参謀総長「今後ノ作戦指導ニ関スル件　昭和十九年十二月二十七日」、参謀本部第二課『昭和十九年上奏関係書類綴』巻三（防衛省防衛研究所図書館所蔵）所収。
(102)前掲『木戸幸一日記』下、一一六三頁。
(103)同前、一一六四頁。
(104)同前。
(105)細川護貞ほか編『高松宮日記』第八巻〈昭和二十年〜二十二年〉（中央公論社、一九九七年）、一八頁。
(106)前掲『大本営陸軍部（9）』九〇頁。

(107) 細川護貞『細川日記』下（中公文庫、一九七九年）、六九頁。
(108) 同前、八七頁。
(109) 前掲『高松宮日記』第八巻、三〇頁。
(110) 前掲『細川日記』下、八〇〜八四頁。最初の一節は、近衛が準備した上奏文には、「敗戦」とあったが、上奏する際に「最悪なる事態」と言い換えた。
(111) 荻野富士夫『昭和天皇と治安体制』（新日本出版社、一九九三年）一八八頁。
(112) 「実録」巻三十三、三一〜三五頁。刊本第九巻、五五八〜五六四頁。
(113) 前掲『木戸幸一関係文書』四九八頁。
(114) 前掲『細川日記』下、七四頁。
(115) 大田嘉弘『沖縄作戦の統帥』（相模書房、一九八四年）四〇一〜四〇二頁。
(116) 同前、四〇二頁。
(117) 防衛庁防衛研修所戦史室・戦史叢書82『大本営陸軍部(10)』（朝雲新聞社、一九七五年）一一三頁。
(118) 「実録」巻三十三、九一頁。刊本第九巻、六三〇頁。
(119) 前掲『沖縄作戦の統帥』四〇三頁。
(120) 拙稿「沖縄戦の軍事史的位置」、『近代日本軍事力の研究』（校倉書房、二〇一五年）所収、三〇一〜三〇三頁。
(121) 奥宮正武『海軍特別攻撃隊』（朝日ソノラマ文庫、一九八二年）三〇〇頁。
(122) 防衛庁防衛研修所戦史室・戦史叢書93『大本営海軍部・聯合艦隊(7)』（朝雲新聞社、一九七六年）二七四頁。
(123) 前掲『戦藻録』四八八頁。四月七日の条。
(124) 前掲『大本営海軍部・聯合艦隊（7）』二八三頁。
(125) 前掲『大本営陸軍部（10）』一一三頁。
(126) 前掲『戦藻録』五〇〇頁。
(127) 同前、五〇七頁。
(128) 「実録」巻三十三、一一三頁。刊本第九巻、六五七頁。
(129) 前掲『高木海軍少将覚え書』二三八頁。
(130) 前掲『細川日記』下、一一四頁。
(131) 「実録」巻三十三、一一四〜一一八頁。刊本第九巻、六五七〜六六二頁。
(132) 前掲『高木海軍少将覚え書』一七六頁。
(133) 前掲『大本営陸軍部（10）』二三五頁。
(134) 防衛庁防衛研修所戦史室・戦史叢書73『関東軍（2）』（朝雲新聞社、一九七四年）三七八頁。
(135) 「実録」巻三十三、一一八〜一一九頁。刊本第九巻、六六二〜六六三頁。
(136) 前掲『高木海軍少将覚え書』二八八〜二八九頁。
(137) 「実録」巻三十三、一四八頁。刊本第九巻、六九六〜六九七頁。
(138) 同前、一五〇頁。刊本同前、六九九頁。
(139) 前掲『大本営陸軍部（10）』四四九頁。
(140) 「実録」巻三十四、二八〜三〇頁。刊本第九巻、七四八〜七四九頁。

(141)　前掲『大本営陸軍部(10)』四五三頁。
(142)　同前。
(143)　「実録」巻三十四、四二頁。刊本第九巻、七六二頁。
(144)　前掲『昭和天皇独白録』（文春文庫、一九九五年）一五一～一五二頁。
(145)　「大陸命第一三八一号」、森松俊夫監修・原剛解説『「大本営陸軍部」大陸命・大陸指総集成』第一〇巻〈昭和二十年〉（エムティ出版、一九九四年）二〇九～二一〇頁。
(146)　「大海令第四七号」、末國正雄・秦郁彦監修『連合艦隊海空戦戦闘詳報』第一巻〈大海令・大海指〉（アテネ書房、一九九六年）、三七九頁。
(147)　「大陸命第一三八二号」、前掲『「大本営陸軍部」大陸命・大陸指総集成』第一〇巻〈昭和二十年〉、二一〇～二一一頁。「大海令第四八号」、前掲『連合艦隊海空戦戦闘詳報』第一巻〈大海令・大海指〉、三七九頁。
(148)　「実録」巻三十四、六五頁。刊本第九巻、七九〇頁。

補章　公開新資料から見た昭和天皇の戦争

(1)　古川隆久・茶谷誠一・冨永望・瀬畑源・河西秀哉・船橋正真編『昭和天皇拝謁記――初代宮内庁長官田島道治の記録』（以下、『昭和天皇拝謁記』）第四巻（岩波書店、二〇二二年）、一〇七頁、一九五二年一二月一八日の条。
(2)　『百武三郎日記』一九四二年一月二七日の条（東京大学近代日本法政史料センター原資料部所蔵、以下同じ）。

(3) 同前、一九四二年一月三〇日の条。
(4) 同前、一九四二年四月二八日の条。
(5) フロレンティーノ・ロダオ（深澤安博ほか訳）『フランコと大日本帝国』（晶文社、二〇一二年）一七〇～一七二頁。
(6) 同前、一六七～一六九頁。
(7) 木戸幸一『木戸幸一日記』下（東京大学出版会、一九六六年）、九六六～九六七頁、一九四二年六月八日の条。
(8) 『百武三郎日記』一九四二年六月八日の条。
(9) 同前、一九四二年六月一一日の条。
(10) 同前、一九四二年六月二六日の条。
(11) 「実録」刊本第八巻（二〇一六年）、七四七～七四八頁、一九四二年年七月八日の条。
(12) 『百武三郎日記』一九四二年七月七日の条。
(13) 同前。
(14) 同前、一九四二年八月七日の条。
(15) 同前、一九四二年八月八日の条。
(16) 同前。
(17) 同前、一九四二年九月一六日の条。
(18) 同前。
(19) 細川護貞ほか編『高松宮日記』第四巻〈昭和十七年一月～九月〉（中央公論社、一九九六年）、四二九頁。一九四二年八月二四日の条。
(20)　前掲『昭和天皇独白録』(文春文庫、一九九五年)八九～九〇頁。
(21)　『坪島文雄日記』第一巻、一九四一年一二月八日の条(国立国会図書館憲政資料室所蔵、以下同じ)に記されているが、内容から見て後半は翌九日に記されたものと思われる。
(22)　同前、一九四一年一二月一〇日の条。
(23)　同前、一九四二年五月一八日の条。
(24)　森松俊夫監修『「大本営陸軍部」大陸命・大陸指総集成』第七巻(エムティ出版、一九九四年)、五三頁。
(25)　前掲『坪島文雄日記』第一巻、一九四二年五月一八日の条。
(26)　同前、一九四二年五月一九日の条。
(27)　同前。
(28)　前掲『昭和天皇実録』第八、七一七頁。【　】内は原文の割注。
(29)　『坪島文雄日記』第二巻、一九四二年九月一八日の条。
(30)　同前。
(31)　『坪島文雄日記』第五巻、一九四三年九月一〇日の条。
(32)　細川護貞ほか編『高松宮日記』第六巻〈昭和十八年二月～九月〉(中央公論社、一九九七年)、五八六～五八七頁。一九四三年九月七日の条。
(33)　拙著『大元帥　昭和天皇』(ちくま学芸文庫、二〇二〇年)二九八～三〇〇頁。
(34)　前掲『坪島文雄日記』第五巻、一九四三年九月二三日の条。

(35)『拝謁記』に見られる昭和天皇の戦争認識の特徴については、拙著『昭和天皇の戦争認識――「拝謁記」を中心に』(新日本出版社、二〇二三年)を参照されたい。
(36)『昭和天皇独白録』の内容分析については、拙著『日本の戦争Ⅲ　天皇と戦争責任』(新日本出版社、二〇一九年)第五章を参照されたい。
(37) 前掲『昭和天皇独白録』(文春文庫、一九九五年)五八頁。
(38)『昭和天皇拝謁記』第三巻、一七三頁、一九五二年四月一八日の条。
(39) 同前、一八九頁、一九五二年四月三〇日の条。
(40) 同前、二三五頁、一九五二年六月二四日の条。
(41)『昭和天皇拝謁記』第一巻、一一九頁、一九五〇年三月八日の条。
(42) 同前、一三六〜一三七頁、一九五〇年五月二日の条。
(43) 同前、三一一頁、一九四九年九月七日の条。
(44) 同前、一六五頁、一九五〇年六月二六日の条。ここで天皇は、「荒木は支那事変を拡大せしめた」としているが、荒木は満州事変勃発後の犬養毅内閣・斎藤実内閣時の陸相であるので、「支那事変」ではなく、満州事変の思い違いであろう。
(45) 同前、六三頁、一九四九年一一月三〇日の条。
(46)『昭和天皇拝謁記』第二巻、二五七頁、一九五一年一〇月三〇日の条。
(47)『昭和天皇拝謁記』第三巻、四一頁、一九五一年一二月二四日の条。
(48) 同前、九六頁、一九五二年二月二六日(第二回)の条。

参考文献一覧

本文中に引用あるいは参照した文献を、著者・編者の五十音順・刊行年順に並べた。


赤間剛『昭和天皇の秘密』三一書房、一九九〇年。

浅田喬二・小林英夫編『日本帝国主義の満州支配』時潮社、一九八六年。

粟屋憲太郎『〈昭和の歴史6〉昭和の政党』小学館、一九八三年。

家永三郎『戦争責任』岩波書店、一九八五年。

家永三郎『太平洋戦争 第二版』岩波書店、一九八六年(岩波現代文庫、二〇〇二年)。

伊勢弘志『石原莞爾の変節と満州事変の錯誤』芙蓉書房出版、二〇一五年。

伊藤隆ほか編『真崎甚三郎日記』全六冊、山川出版社、一九八一～一九八七年。

伊藤隆・広瀬順晧編『牧野伸顕日記』中央公論社、一九九〇年。

伊藤之雄『昭和天皇伝』文藝春秋、二〇一一年。

稲田正純「ソ連極東軍との対決」『別冊知性・秘められたる昭和史』一九五六年一二月号。

井上清『天皇の戦争責任』現代評論社、一九七六年(岩波同時代ライブラリー、一九九一年)。

井上亮『昭和天皇は何と戦っていたのか――『実録』で読む八七年の生涯』小学館、二〇一六年。

猪口力平・中島正『神風特別攻撃隊』河出書房、一九六七年。

猪瀬直樹監修・森山康平編『目撃者が語る昭和史1〈昭和天皇〉』新人物往来社、一九八九年。

井原頼明『増補 皇室事典』冨山房、一九四二年(復刻版一九八二年)。

井本熊男『作戦日誌で綴る支那事変』芙蓉書房、一九七八年。

井本熊男『作戦日誌で綴る大東亜戦争』芙蓉書房、一九七九年。

井本熊男監修、外山操・森松俊夫編著『帝国陸軍編制総覧』芙蓉書房出版、一九八七年。

入江為年監修『入江相政日記』全六巻、朝日新聞社、一九九〇～一九九一年。

宇垣纒『戦藻録』原書房、一九六八年。

江口圭一『〈昭和の歴史4〉十五年戦争の開幕』小学館、一九八二年。

江口圭一「昭和天皇の虚像と実像」『文化評論』一九九一年三月号。

江口圭一『十五年戦争小史〈新版〉』青木書店、一九九一年。

大井篤『海上護衛戦』朝日ソノラマ文庫、一九八三年。

大江志乃夫『〈昭和の歴史3〉天皇の軍隊』小学館、一九八二年。

大江志乃夫『統帥権』日本評論社、一九八三年。

大江志乃夫編・解説『支那事変大東亜戦争間動員概史』不二出版、一九八八年復刻。

大江志乃夫『御前会議――昭和天皇十五回の聖断』中公新書、一九九一年。

大田嘉弘『沖縄作戦の統帥』相模書房、一九八四年。

岡部牧夫「明治憲法と昭和天皇」『歴史評論』第四七四号、一九八九年。

荻野晃也・河野益近編『昭和天皇新聞記事集成　昭和元年～一五年』第三書館、一九九〇年。

荻野富士夫『昭和天皇と治安体制』新日本出版社、一九九三年。

小田部雄次・林博史・山田朗『キーワード日本の戦争犯罪』雄山閣出版、一九九五年。

小田部雄次『天皇と宮家』新人物往来社、二〇一〇年。

小田部雄次『昭和天皇と弟宮』角川選書、二〇一一年。

小田部雄次『昭和天皇実録評解――裕仁はいかにして昭和天皇になったか』敬文舎、二〇一五年。

海軍大臣官房編『海軍制度沿革』第二巻、原書房、一九七一年復刻。

外務省編『日本外交年表竝主要文書』上下、原書房、一九六五〜一九六六年。

河西秀哉『「象徴天皇」の戦後史』講談社選書メチエ、二〇一〇年。

風見章『近衛内閣』中公文庫、一九八二年。

勝野駿『昭和天皇の戦争』図書出版社、一九九〇年。

加藤陽子『〈天皇の歴史8〉昭和天皇と戦争の世紀』講談社、二〇一一年。

神田文人「統帥権と天皇制」『横浜市立大学論叢　人文科学系列』第三七巻第二・三合併号、一九八六年。

神田文人「統帥権と天皇制　二」『横浜市立大学論叢　人文科学系列』第四〇巻第一号、一九八九年。

甘露寺受長『背広の天皇』東西文明社、一九五七年。

木坂順一郎『〈昭和の歴史7〉太平洋戦争』小学館、一九八二年。

岸田英夫『天皇と侍従長』朝日文庫、一九八六年。

木戸日記研究会校訂『木戸幸一日記』上下、東京大学出版会、一九六六年。

木戸日記研究会編『木戸幸一関係文書』東京大学出版会、一九六六年。

木戸日記研究会編集校訂『木戸幸一日記・東京裁判期』東京大学出版会、一九八〇年。

木下道雄『側近日誌』文藝春秋、一九九〇年。

宮内庁編「昭和天皇実録」第一巻〜第九巻、東京書籍、二〇一五〜二〇一六年。

栗原俊雄『「昭和天皇実録」と戦争』山川出版社、二〇一五年。

黒田勝弘・畑好秀編『天皇語録』講談社、一九八六年。

黒羽清隆『十五年戦争史序説』上下、三省堂、一九八四年。

桑田悦・前原透編著『日本の戦争——図解とデータ』原書房、一九八二年。

纐纈厚・山田朗『遅すぎた聖断』昭和出版、一九九一年。

児島襄『天皇と戦争責任』文藝春秋、一九八八年。

児玉幸多編『〈日本史小百科8〉天皇』近藤出版社、一九七八年（東京堂出版、新装版一九九三年）。

後藤致人『内奏——天皇と政治の近現代』中公新書、二〇一〇年。

近衛文麿『平和への努力』日本電報通信社、一九四六年。

五味川純平『御前会議』文藝春秋、一九七八年。

桜井忠温編『国防大事典』中外産業調査会、一九三二年（国書刊行会、復刻版一九七八年）。

佐々木隆爾『現代天皇制の起源と機能』昭和出版、一九九〇年。

佐々木隆爾ほか編『ドキュメント・真珠湾の日』大月書店、一九九一年。

佐藤賢了『東条英機と太平洋戦争』文藝春秋新社、一九六〇年。

実松譲『米内光政秘書官の回想』光人社、一九八九年。

参謀本部編『杉山メモ』上下、原書房、一九六七年。

参謀本部所蔵『敗戦の記録』原書房、一九六七年。

参謀本部編『満洲事変作戦経過ノ概要』巌南堂書店、一九七二年復刻。

重光葵『昭和の動乱』上下、中央公論社、一九五二年。

上法快男監修・外山操編『陸海軍将官人事総覧　陸軍篇・海軍篇』芙蓉書房、一九八一年。

上法快男編『軍務局長武藤章回想録』芙蓉書房、一九八一年。

尚友倶楽部編『岡部長景日記――昭和初期華族官僚の記録』柏書房、一九九三年。

史料調査会編『復刻版　大海令』毎日新聞社、一九七八年。

末國正雄・秦郁彦監修『連合艦隊海空戦戦闘詳報』全一八巻・別巻二、アテネ書房、一九九六年。

杉田一次『情報なき戦争指導』原書房、一九八七年。

鈴木多聞『「終戦」の政治史　一九四三―一九四五』東京大学出版会、二〇一一年。

千田夏光『天皇と勅語と昭和史』汐文社、一九八三年。

高木惣吉『高木海軍少将覚え書』毎日新聞社、一九七九年。

高木惣吉『高木惣吉日記』毎日新聞社、一九八五年。

高橋紘・鈴木邦彦『天皇家の密使たち』現代史出版会、一九八一年（文春文庫、一九八九年）。

高橋紘『陛下、お尋ね申し上げます――記者会見全記録と人間天皇の軌跡』文春文庫、一九八八年。

高橋紘編著『昭和天皇発言録』小学館、一九八九年。

高橋紘ほか編『昭和初期の天皇と宮中――侍従次長河井弥八日記』全六巻、岩波書店、一九九三～一九九四年。

高橋紘『昭和天皇 1945-1948』岩波現代文庫、二〇〇八年。

高橋紘『人間 昭和天皇』上下、講談社、二〇一一年。

高山信武『参謀本部作戦課』芙蓉書房、一九七八年。

田中義一伝記刊行会編『田中義一伝記』上下、原書房、一九八一年復刻。

田中新一著・松下芳男編『田中作戦部長の証言』芙蓉書房、一九七八年。

田中伸尚『ドキュメント昭和天皇』全八巻、緑風出版、一九八四〜一九九三年。

種村佐孝『大本営機密日誌』芙蓉書房、一九七九年。

千本秀樹『天皇制の侵略責任と戦後責任』青木書店、一九九〇年。

茶谷誠一『昭和戦前期の宮中勢力と政治』吉川弘文館、二〇〇九年。

茶谷誠一『昭和天皇側近たちの戦争』吉川弘文館、二〇一〇年。

角田順校訂『宇垣一成日記』第一巻、みすず書房、一九六八年。

寺崎英成、マリコ・テラサキ・ミラー編著『昭和天皇独白録 寺崎英成・御用掛日記』文藝春秋、一九九一年(文春文庫、一九九五年)。

東郷茂徳『時代の一面——大戦外交の手記』中公文庫、一九八九年。

富田健治『敗戦日本の内側——近衛公の思い出』古今書院、一九六二年。

富永謙吾『大本営発表の真相史』自由国民社、一九七〇年。

土門周平『戦う天皇』講談社、一九八九年。

豊下楢彦『昭和天皇・マッカーサー会見』岩波現代文庫、二〇〇八年。

豊下楢彦『昭和天皇の戦後日本——〈憲法・安保体制〉にいたる道』岩波書店、二〇一五年。

永井和『近代日本の軍部と政治』思文閣出版、一九九三年。

永井和『青年君主昭和天皇と元老西園寺』京都大学学術出版会、二〇〇三年。

中村政則『象徴天皇制への道』岩波新書、一九八九年。

日本海軍航空史編纂委員会編『日本海軍航空史(2)軍備篇』時事通信社、一九六九年。

日本国際政治学会太平洋戦争原因研究部編『太平洋戦争への道』全七巻・別巻、朝日新聞社、一九六二〜一九六三年。

日本史研究会・京都民科歴史部会編『天皇制を問う』人文書院、一九九〇年。

ねずまさし『天皇と昭和史』上下、三一新書、一九七六年。

野村実編『侍従武官・城英一郎日記』山川出版社、一九八二年。

秦郁彦編『日本陸海軍総合事典』東京大学出版会、一九九一年。

波多野澄雄・黒沢文貴編『侍従武官長　奈良武次日記・回顧録』全四巻、柏書房、二〇〇〇年。

原田熊雄述『西園寺公と政局』全八巻・別巻、岩波書店、一九五〇〜一九五二年、一九五六年。

原武史『昭和天皇』岩波新書、二〇〇八年。

原武史『「昭和天皇実録」を読む』岩波新書、二〇一五年。

半藤一利・御厨貴ほか『「昭和天皇実録」の謎を解く』文春新書、二〇一五年。

半藤一利『「昭和天皇実録」にみる開戦と終戦』岩波ブックレット、二〇一五年。

ハーバート・ビックス『昭和天皇』上下、講談社、二〇〇二年。

福留繁『海軍の反省』日本出版協同、一九五一年。

藤田尚徳『侍従長の回想』中公文庫、一九八七年。

藤原彰『天皇制と軍隊』青木書店、一九七八年。

藤原彰・吉田裕・伊藤悟・功刀俊洋『天皇の昭和史』新日本新書、一九八四年。

藤原彰編著『沖縄戦と天皇制』立風書房、一九八七年。

藤原彰『日本軍事史』上下、日本評論社、一九八七年。

藤原彰・今井清一編『十五年戦争史』全四巻、青木書店、一九八八〜一九八九年。

藤原彰『昭和天皇の十五年戦争』青木書店、一九九一年。

藤原彰・荒井信一編『現代史における戦争責任』青木書店、一九九〇年。

藤原彰・粟屋憲太郎・吉田裕・山田朗『徹底検証・昭和天皇「独白録」』大月書店、一九九一年。

藤原彰・粟屋憲太郎・吉田裕『昭和二〇年／一九四五年』小学館、一九九五年。

古川隆久『昭和天皇――「理性の君主」の孤独』中公新書、二〇一一年。

古川隆久・茶谷誠一・森暢平編『「昭和天皇実録」講義――生涯と時代を読み解く』吉川弘文館、二〇一五年。

辺見じゅん・保阪正康『よみがえる昭和天皇』文春新書、二〇一二年。

防衛教育研究会編『統帥綱領・統帥参考』田中書店、一九八三年復刻。

防衛庁防衛研究所戦史部『戦史叢書史料集　海軍年度作戦計画』朝雲新聞社、一九八六年。

防衛庁防衛研究所戦史部『戦史叢書史料集　南方の軍政』朝雲新聞社、一九八五年。

防衛庁防衛研修所戦史室『戦史叢書』2・8・10〜12・14・17・20・27・28・35・39〜41・45・51・57・59・63・65〜71・73・75〜77・80〜82・86・89〜91・93・95・100〜102、朝雲新聞社、一九六六〜一九八〇年。

保阪正康『東條英機と天皇の時代』上下、文春文庫、一九八八年。

保阪正康『昭和天皇実録　その表と裏』第一巻～第三巻、毎日新聞社、二〇一五～二〇一六年。

細川護貞『細川日記』上下、中公文庫、一九七九年。

細川護貞ほか編『高松宮日記〈大正十年～昭和二十二年〉』全八巻、中央公論社、一九九五～一九九七年。

堀栄三『大本営参謀の情報戦記――情報なき国家の悲劇』文藝春秋、一九八九年。

本庄繁『本庄日記』原書房、一九六七年。

本庄繁『本庄繁日記　昭和五年一月～昭和八年十二月』山川出版社、一九八三年。

毎日新聞社訳編『太平洋戦争秘史――米戦時指導者の回想』毎日新聞社、一九六五年。

松谷誠『大東亜戦争収拾の真相』芙蓉書房、一九八〇年。

『現代史資料9〈日中戦争2〉』みすず書房、一九六四年。

『現代史資料37〈大本営〉』みすず書房、一九六七年。

『続・現代史資料4〈陸軍・畑俊六日誌〉』みすず書房、一九八三年。

三宅正樹『日独伊三国同盟の研究』南窓社、一九七五年。

宮沢俊義編『世界憲法集　第四版』岩波文庫、一九八三年。

村上重良『天皇の祭祀』岩波新書、一九七七年。

村上重良編『皇室辞典』東京堂出版、一九八〇年。

百瀬孝『事典・昭和戦前期の日本――制度と実態』吉川弘文館、一九九〇年。

森松俊夫監修・原剛解説『「参謀本部」臨参命・臨命総集成』第一巻、エムティ出版、一九九四、年。

森松俊夫監修・原剛解説『「参謀本部」臨参命・臨命／「大本営陸軍部」大陸命・大陸指総集成』第二巻、エムティ出版、一九九四年。

森松俊夫監修・原剛解説『「大本営陸軍部」大陸命・大陸指総集成』第三巻〜第一〇巻、エムティ出版、一九九四年。

安田浩『近代天皇制国家の歴史的位置』大月書店、二〇一一年。

山田朗『昭和天皇の戦争指導』昭和出版、一九九〇年。

山田朗『大元帥・昭和天皇』新日本出版社、一九九四年。

山田朗「日本の敗戦と大本営命令」『駿台史学』第九四号、一九九五年。

山田朗「昭和天皇の戦争指導——情報集中と作戦関与」『季刊・戦争責任研究』第八号、一九九五年。

山田朗『軍備拡張の近代史——日本軍の膨張と崩壊』吉川弘文館、一九九七年。

山田朗『昭和天皇の軍事思想と戦略』校倉書房、二〇〇二年。

山田朗『近代日本軍事力の研究』校倉書房、二〇一五年。

山田朗『兵士たちの戦場——体験と記憶の歴史化』岩波書店、二〇一五年。

山本七平・星野甲子久・保阪正康・吉井道郎・岡野弘彦・橋本明・加瀬英明・松崎敏弥『昭和天皇全記録』講談社、一九八九年。

山本親雄『大本営海軍部』朝日ソノラマ文庫、一九八二年。

山本智之『日本陸軍戦争終結過程の研究』芙蓉書房出版、二〇一〇年。

山本智之『「聖断」の終戦史』ＮＨＫ出版、二〇一五年。
吉田裕『昭和天皇の終戦史』岩波新書、一九九二年。
吉田裕『天皇の軍隊と南京事件』青木書店、一九八六年。
歴史学研究会編『太平洋戦争史』全六巻、青木書店、一九七一〜一九七三年。
渡辺治『戦後政治史の中の天皇制』青木書店、一九九〇年。

Samuel Eliot Morison, *LEYTE June 1944-January 1945, Volume XII of History of United States Naval Operations in World War II*, Little, Brown and Company, Boston, 1984.
Samuel Eliot Morison, *VICTORY ON THE PACIFIC 1945, Volume XIV of History of United States Naval Operations in World War II*, Little, Brown and Company, Boston, 1984.

岩波現代文庫版あとがき

本書の単行本を出版した二〇一七年一月以降、天皇と戦争との関わりを明らかにする上で、あるいは近現代の歴史を考察する上で、いくつもの重要なことがあった。

第一は、「実録」刊行本の出版が完結したことである。本書単行本刊行の時点では、宮内庁編修『昭和天皇実録』(東京書籍、全一八冊＋人名索引・年譜)は第九(昭和十八〜二十年)までしか刊行されておらず、その後、戦後編の第十から第十八が二〇一八年三月までに、人名索引・年譜が二〇一九年三月に刊行されて、全一九冊の出版が完結した。完結してみると「実録」の膨大さがあらためて実感できた。「実録」刊行本は、本文一八冊・一万四七〇九頁(目次などを含めると一万四八三六頁)で、昭和天皇誕生の一九〇一(明治三四)年から敗戦の一九四五(昭和二〇)年(天皇四四歳)までが本文九冊・七七六七頁、敗戦翌年の一九四六年から死去の一九八九年(八七歳)までが本文九冊・六九四二頁に及ぶ。その情報量はたいへんなものだ。「実録」刊行本の完結によって、戦後期を含めての天皇制・天皇研究をさらに深める土台ができたと言える。

第二は、本書(岩波現代文庫版)の補章でもふれたように、戦中・戦後期における昭和天皇の近くで勤務した重要人物の日記類が公開されたり、刊行されたりしたことである。戦時中に侍従長を務めた百武三郎や侍従武官を務めた坪島文雄の日記は、「実録」でも典拠としてしばしば使われている極めて重要な史料であり、これらが原本所有者と関係者の努力により公的機関(『百武三郎日記』は東京大学近代日本法政史料センター原資料部、『坪島文雄日記』は国立国会図書館憲政資料室)に収められ、公開されたことの意義は大きい。また、初代宮内庁長官を務めた田島道治の『拝謁記』を中心とする史料群が、古川隆久・茶谷誠一・冨永望・瀬畑源・河西秀哉・舟橋正真編『昭和天皇拝謁記――初代宮内庁長官田島道治の記録』全七巻(岩波書店、二〇二一～二三年)として刊行されたことは、戦後政治と天皇との関わり、昭和天皇の戦争認識・時局認識などを研究する上での多くの新しい知見を提供することとなった。このような重要史料の公開・刊行が進むことは、新たな歴史学研究の成果と歴史教育の実践を生む源泉となるであろう。

第三は、天皇の代替わり、「改元」が行なわれたことである。戦前の戦争と戦後の改革・高度経済成長の「昭和」から「失われた三〇年」の「平成」をへて、二〇一九年五月一日から「令和」が始まった。しかしながら、「令和」になったといっても、「昭和」から先送りされてきた戦争処理の諸問題、崩壊と低迷という「平成」の内実がリセットされたわけではない。君主の在位を基準にした「時代」の特徴づけは、「明治」「大正」

「昭和」と天皇名＝元号名が三代・一二一年にわたって使われてきたことより、社会的に浸透している部分がある。このような歴史認識(時間基準)の最大の問題点は、元号の転換によって、「新時代」が到来したかのごとく人びとに信じさせてしまうことである。だが、歴史認識の問題としては、リセットや区分よりも連続性、「昭和」「平成」「令和」を貫通する問題を忘却しないことが重要なのである。しかし、「平成」をへて「令和」になったことで、「昭和」の時代の戦争、戦争責任への関心が低下しているのではないかと思われてならない。天皇が「大元帥」であったこと、天皇の具体的な戦争への関与、天皇の戦争責任といった問題は、天皇が国家の中枢機関であり、国家指導者の一員であった以上、戦争の時代の実態と戦争責任、それを受け継ぐ戦後責任を考える上で、決して軽視できる問題ではない。

そして第四は、二〇二二年二月に始まったロシアによるウクライナ侵攻とそれに触発された形で喧伝されている「台湾有事＝日本有事」論によって、「戦争」が現実の問題として私たちに迫ってきたことである。眼前の「脅威」とされるものに対して、将来への見通しを熟考することもなく、慌ただしく軍備拡張で対応しようとする、これはあまりにも過去の歴史から学ぼうとしないやり方ではないだろうか。過去の軍事同盟と軍備拡張は、近代天皇制の下での戦争・植民地支配・言論抑圧の下で戦争に帰結した。過去と現在では、日本の国家体制(憲法のあり方)も軍事力のあり方も、大きく異なっていることは確かであり、同じことを繰り返すとは単純には言えないが(また、戦争への道を容認しない潮流も一定の力を有しているが)、それでも、軍事同盟・軍備拡張はパワーポリティクスの産物であり、その道に積極的に踏み込むことは、次第に戦争に接近していく可能性をはらむものである。

以上、本書単行本刊行後の状況についてさまざまな位相の問題に触れてきた。人間は歴史から学ぶという英智を有するが、残念ながら、歴史の記憶や重要な教訓を忘却してしまうという弱点もあわせ持っている。『拝謁記』において、昭和天皇は、戦争はいわばドイツと組んだ軍部の暴走であり、どうしても止めることができなかったとしばしば語っている。統治権の総攬者であり、「大元帥」である天皇にもどうすることもできなかった、というのである。だが、ひるがえって言えば、将来において、主権者である国民が、あの時は、「どうすることもできなかった」などと言うようなことは決して再びあってはならないと思う。

なお、本書刊行にあたっては、単行本刊行の時と同様に、岩波書店の吉田浩一氏にたいへんお世話になった。末筆ながら御礼申し上げたい。

二〇二三年八月一五日

山田　朗

解　説

古川隆久

著者について

本書の著者である山田朗氏は日本近現代史、なかでも数少ない軍事史の専門家である。一九五六年に大阪府で生まれ、東京都立大学大学院で佐々木隆爾氏に師事した。一九九四年からは明治大学文学部史学地理学科で教鞭をとっている（現在は教授）。

氏が軍事指導者としての昭和天皇に注目するようになったのは、一九八九年二月、昭和天皇の「大喪の礼」が契機であった（同氏著『昭和天皇の軍事思想と戦略』の「あとがき」）。氏は、軍事指導者としての昭和天皇について、一九九〇年に『昭和天皇の戦争指導』を昭和出版から刊行し、同書はその後『大元帥　昭和天皇』（新日本出版社、一九九四年。二〇二〇年にちくま学芸文庫）をへて学位論文「昭和天皇による戦争指導の軍事史的研究」となり、一九九九年一月に同論文により東京都立大学から博士（史学）の学位を受けた。

この学位論文は、二〇〇二年に『昭和天皇の軍事思想と戦略』として校倉書房から刊行された。防衛庁防衛研修所戦史室（現防衛省防衛研究所戦史研究センター）に残された旧軍の史料を活用して、昭和天皇が大元帥として専門的な軍事知識を十分に持ち、主体的に戦争指導に関わっていたこと、軍部の軍事的膨張主義に疑念を抱きつつもそれに対抗する論理を持っていなかったため軍部に説得されてしまったこと、天皇には最大限の軍事情報が提供されていたこと、昭和天皇の作戦指導方針は常識的なもの、つまり、先制攻撃、兵力の集中を原則としたものであり、時に軍部とズレが見られたことなどを明らかにした。そして、それらをふまえ、日本軍の最高統率者たる大元帥としての昭和天皇に戦争責任があることを改めて示した。

そもそも、昭和天皇は、一九一二年夏の父嘉仁皇太子(大正天皇)の天皇践祚(位を引き継ぐこと)に伴い、一二歳で皇太子となってまもなく陸海軍少尉に任官し、以後陸海軍の軍人を教師役として軍事に関する学習を継続していく(拙著『昭和天皇――「理性の君主」の孤独』中公新書、二〇一一年、第一章)。昭和天皇は軍事には素人どころか、最高水準の軍事教育を受けていたのであるから、山田氏の研究成果は大変説得的である。

軍事指導者としての昭和天皇に関する歴史学的研究として、本書を超えるものはその後出ておらず、現在においても、軍事指導者としての昭和天皇に関するもっともすぐれた研究といえる。

その他、山田氏は、近現代日本軍事史の基本的文献といえる、『軍備拡張の近代史――日本軍の膨張と崩壊』(吉川弘文館、一九九七年)、『護憲派のための軍事入門』(花伝社、二〇〇五年)、一般向けの各論的な著作として、『〈戦争の日本史20〉世界史の中の日露戦争』(吉川弘文館、二〇〇九年)、『〈戦争の経験を問う〉兵士たちの戦場――体験と記憶の歴史化』(岩波書店、二〇一五年)など数多くの著作があるほか、論文集として『近代日本軍事力の研究』(校倉書房、二〇一五年)など、近現代日本軍事に関するさまざまな著作を精力的に公刊している。

また、氏の勤務先の明治大学の生田キャンパスが、旧日本陸軍が秘密戦(謀略戦)に用いる兵器・資材の開発を行なっていた陸軍第九技術研究所(陸軍登戸研究所)の跡地であったことから、遺構の保存と同研究所の歴史の研究にも取り組み、二〇一〇年開設の明治大学平和教育登戸研究所資料館の館長を務めるほか、『登戸研究所から考える戦争と平和』(渡辺賢二、齋藤一晴と共著、芙蓉書房出版、二〇一一年)など、登戸研究所に関する共著も数多い。

『昭和天皇実録』をめぐって

本書が検討の対象としているのは宮内庁が編纂し、二〇一四年に公開された『昭和天皇実録』(以下『実録』)である。この書物については、本書「はじめに」で概要が紹介されているのでここで詳細な紹介は避けるが、一点だけ、本書単行本刊行時にはまだ刊行が進行中だった『実録』全一九巻(本文一八巻、人名索引と年譜)の刊行は、二〇一九年に完了した。

『実録』は公開当時大変な反響を呼び、二〇一六年までに、『実録』の解説、あるいは読み解くといった趣旨の書物が多数刊行された（詳細は、本書「はじめに」注2参照）。その中には小生を編者の一人とする『「昭和天皇実録」講義 生涯と時代を読み解く』（吉川弘文館、二〇一五年）も含まれている。

右掲書の「はじめに」でも述べたが、そもそも『実録』は、昭和天皇の実像をまんべんなく伝えているわけではない。

『実録』作成にあたって参照された諸史料のなかには、昭和天皇の発言が記録されているものも多数あるはず（「はず」としたのは、いまだ原本未公開の史料があるからである）だが、間接表現に改められており、発言の微妙なニュアンスは判らない形になっていることが多い。それに、本書の主題である軍事も含め、従来の昭和天皇研究の成果からみて、本来は詳しく触れないと不自然な話題が簡単にしか触れられていないことがままある。特に、戦争を含む政治外交について、十分な説明なしでは物議をかもしそうなところは踏み込まないという姿勢が一貫している。従来の昭和天皇研究の蓄積を知らずに読めば、今の視点からという意味での「平和主義者」であったかのような誤解をしかねない内容となっているのである。

本書の特徴

『実録』を題材にした書物の中には、そうした誤解を招かないようにという視点から描かれたものがいくつかあるが、本書はその一つである。二〇一七年に刊行された本書の特徴は、何といっても軍事指導者としての昭和天皇の事績が、どれだけ『実録』の記載に反映しているかということに焦点をしぼって、『実録』の価値を評価しているところにある。

本書は、軍事指導者としての昭和天皇を考えるにあたって、重要と思われる事象を選び、まず『実録』ではそれについてどのように記述されているかを確認した上で、その記述と、現在公開、公刊されている史料や、山田氏自身の研究を含むこれまでの研究成果を比較対照し、『実録』に何が「残され」、何が「消され」たのかを明らかにしていくという手法で論を進める形になっている。では、内容的に注目すべきところについて見ていこう。

第Ⅰ部は、題名のとおり、大日本帝国という国家システムのなかにおける、大元帥としての天皇の位置づけについて論じている。『実録』における軍事指導者としての昭和天皇に関する記事を読み解くための前提が示されているのである。注目すべきは、第一章のまとめの部分(本書三〇頁)で、本来は詳細な軍事情報が昭和天皇のもとに届いていたにもかかわらず、『実録』では、その点の記載が少ないことを指摘していることである。

第Ⅱ部では、時系列順に、軍事指導者としての昭和天皇の言動について、『実録』の記載と、史料や研究で分かっていることの比較検討が行われている。圧巻は、やはり、太平洋戦争の開戦過程を扱った第五章と、戦局が悪化する中での戦争指導を扱った第六章であろう。

第五章2では、昭和天皇が太平洋戦争開戦を決断していく過程について、いかに『実録』の記述が「実像」を伝えていないかが明らかにされているとともに、軍事専門家としての昭和天皇がどのように開戦を決断したのかについてわかりやすい説明がなされている。

第六章では、昭和天皇の積極的な戦争指導の「実像」が、いかに『実録』に反映していないのかが非常によくわかるように説明されており、合わせて昭和天皇にもたらされていた軍事情報の質についても言及されている。

補章では、本書単行本刊行後に公開された、昭和戦時期の侍従長百武三郎の『百武三郎日記』(以下『百武日記』)、太平洋戦争期の侍従武官坪島文雄の『坪島文雄日記』と、やはり本書単行本刊行後に発見、刊行された初代宮内庁長官田島道治の記録『昭和天皇拝謁記』(以下『拝謁記』)を検討している。

このうち、『拝謁記』は、二〇一九年八月一六日のＮＨＫのスクープ報道と翌一七日

NHK総合テレビ「〈NHKスペシャル〉昭和天皇は何を語ったのか――初公開・秘録「拝謁記」」でその存在と概要が明らかになった。その後、『百武日記』は二〇二一年九月に公開されてNHKほかで広く報道され、二〇二一年一二月NHK教育テレビ「〈ETV特集〉昭和天皇が語る　開戦への道」前編・後編で両者が紹介・活用された。二〇二二年八月NHK教育テレビ「〈ETV特集〉侍従長が見た　昭和天皇と戦争」は『百武日記』の内容を詳しく紹介している。以上の番組で古川はこれらの史料を広く紹介することに関わることができた。その後、二〇二一年一二月から二〇二三年五月にかけて、『拝謁記』本文と関連史料が七巻に分けて岩波書店から刊行されたが、これにも編者の一人として関わった。

山田氏は、「侍従長が見た　昭和天皇と戦争」に出演されており、これらの史料の特徴を的確に捉えた上で戦争についての記述を評価している。特に、戦争についての記述は戦後における回想となっている『拝謁記』について、「天皇が田島に語った際の時局認識が強く反映している」(本書三二〇―二一頁)という指摘は重要である。

そして、「「実録」だけからはうかがい知ることができない」(同右)昭和天皇の戦争関与や認識がわかるとしている。その点に関連して、『拝謁記』の戦争関連記述の特徴は、軍事指導者としての昭和天皇自身の戦時中の言動や行動については、ほとんど話題になっていないことである。昭和天皇はむしろ田島に対してその種の話を避けていることが明らかである。『実録』と『拝謁記』のこの一致は、何を物語るのだろうか。
昭和天皇が少なくとも好戦論者でないこと、いろいろな留保の上で「平和主義者」であることはまちがいないが、「帝国」の政府および軍隊の最高指導者として、避戦を最優先にすることが困難であったこともまちがいない。そうした視点を含んではじめて昭和天皇の「実像」、ひいては昭和戦前・戦中の日本の「実像」が見えてくることを本書は示しているのである。

（ふるかわ・たかひさ／日本近現代史・日本大学文理学部教授）

『昭和天皇の戦争――「昭和天皇実録」に残されたこと・消されたこと』は二〇一七年一月、岩波書店より刊行された。岩波現代文庫への収録に際し、「補章 公開新資料から見た昭和天皇の戦争」を加え、書名を『増補 昭和天皇の戦争――「昭和天皇実録」に残されたこと・消されたこと』とした。

増補 昭和天皇の戦争
――「昭和天皇実録」に残されたこと・消されたこと

2023年 9 月 15 日　第 1 刷発行
2024年 10 月 15 日　第 2 刷発行

著　者　山田《やまだ》 朗《あきら》

発行者　坂本政謙

発行所　株式会社 岩波書店
〒101-8002 東京都千代田区一ツ橋 2-5-5
案内 03-5210-4000　営業部 03-5210-4111
https://www.iwanami.co.jp/

印刷・精興社　製本・中永製本

ISBN 978-4-00-600469-9　　Printed in Japan

岩波現代文庫創刊二〇年に際して

二一世紀が始まってからすでに二〇年が経とうとしています。この間のグローバル化の急激な進行は世界のあり方を大きく変えました。世界規模で経済や情報の結びつきが強まるとともに、国境を越えた人の移動は日常の光景となり、今やどこに住んでいても、私たちの暮らしは世界中の様々な出来事と無関係ではいられません。しかし、グローバル化の中で否応なくもたらされる「他者」との出会いや交流は、新たな文化や価値観だけではなく、摩擦や衝突、そしてしばしば憎悪までをも生み出しています。グローバル化にともなう副作用は、その恩恵を遥かにこえていると言わざるを得ません。

今私たちに求められているのは、国内、国外にかかわらず、異なる歴史や経験、文化を持つ「他者」と向き合い、よりよい関係を結び直してゆくための想像力、構想力ではないでしょうか。

新世紀の到来を目前にした二〇〇〇年一月に創刊された岩波現代文庫は、この二〇年を通して、哲学や歴史、経済、自然科学から、小説やエッセイ、ルポルタージュにいたるまで幅広いジャンルの書目を刊行してきました。一〇〇〇点を超える書目には、人類が直面してきた様々な課題と、試行錯誤の営みが刻まれています。読書を通した過去の「他者」との出会いから得られる知識や経験は、私たちがよりよい社会を作り上げてゆくために大きな示唆を与えてくれるはずです。

一冊の本が世界を変える大きな力を持つことを信じ、岩波現代文庫はこれからもさらなるラインナップの充実をめざしてゆきます。

（二〇二〇年一月）